Todos los libros de Linkgua Ediciones cuentan con modelos de Inteligencia Artificial entrenados por hispanistas. Pregúntale al chat de tu libro lo que desees acerca de la obra o su autor/a.

Para **ebooks**: Accede a nuestro modelo de IA a través de este enlace.

Para **libros impresos**: Escanea el código QR de la portada con tu dispositivo móvil.

Obtén análisis detallados de nuestros libros, resúmenes, respuestas a tus preguntas y accede a nuestras ediciones críticas generativas para una experiencia de lectura más enriquecedora.
La transparencia y el respeto hacia la autoría de las fuentes utilizadas son distintivos básicos de nuestro proyecto. Por ello, las respuestas ofrecen, mediante un sistema de citas, las fuentes con las que han sido elaboradas.

José de la Luz y Caballero

Obras

Tomo III

Barcelona **2024**
Linkgua-ediciones.com

Créditos

Título original: Obras.

© 2024, Red ediciones S.L.

e-mail: info@linkgua.com

Diseño de cubierta: Mario Eskenazi.

ISBN tapa dura: 978-84-1126-591-1.
ISBN rústica: 978-84-9007-784-9.
ISBN ebook: 978-84-9007-484-8.

Sumario

La vida

José de la Luz y Caballero nació el 11 de julio de 1800, La Habana, Cuba y murió el 22 de junio de 1862. Fue considerado maestro por excelencia y formador de conciencias, pues engrandeció el sentido de la nacionalidad cubana. El pensamiento de José de la Luz y Caballero se centra en la importancia de ahondar en el conocimiento y la comunicación para fusionar en el hombre la verdad científica con el sentimiento de patriotismo.

Sus obras aparecieron en diarios y revistas. Alfredo Zayas se encargó de recoger, en 1890, algunas de sus obras en dos tomos bajo el título de *Obras de José de la Luz y Caballero*.

La mejor síntesis de su vida está resumida en este breve aforismo: «Instruir puede cualquiera, educar solo quien sea un evangelio vivo».

I. Discurso pronunciado en el Seminario de san Carlos en la apertura del Curso de filosofía el 14 de septiembre de 1824

Felices nosotros, si logramos conciliar las profundas indagaciones con la claridad, y la verdad con la novedad.

David Hume

Considerad,[1][2] caros amigos, qué sentimientos se habrán apoderado de mi espíritu, desde el momento en que me impuse el deber de venir a ocupar el mismo puesto que llenó mi ilustre y siempre apreciable maestro y predecesor, hombre que sin duda alguna lo destinó la naturaleza para ser el órgano por donde había de comunicar a la juventud sus leyes inmutables y sus profundos arcanos, dirigiéndola por el sendero de las ciencias, y enseñándole las máximas de filosofía, no como quiera por lecciones orales, sino siendo el primero en practicarlas. Sí, varón virtuoso, recibe benigno este justo desahogo de mi admiración y agradecimiento, mientras que después te tribute otro que te será más aceptable; penetrado íntimamente de mi insuficiencia, yo seguiré el camino que me has trazado, yo haré cuanto esté de mi parte para mostrarme tu digno discípulo, y con este objeto no te separaré un instante de mi memoria, ora tras faenas, ora estudiando tus obras, ora inspirando a mis discípulos aquel amor por la ciencia y la virtud que tú sabías infundir solo con tu presencia; y he aquí el homenaje más aceptable a tu modestia, que mi amor y mi gratitud y mi admiración pudieran rendirte.[3]

---

1   El propio Luz Caballero lo denominó «mi profesión de fe filosófica». Vid. Francisco G. Del Valle, Luz como educador, pág. 28, nota (Roberto Agramonte).

2   El presente discurso se imprimió por vez primera —y creo que única hasta la fecha— en la publicación quincenal que con el título de Brisas de Cuba redactaron en La Habana Néstor Ponce de León, Fernando Valdés Aguirre y Santiago de la Huerta, en cuyo tomo K correspondiente al año de 1855, puede verse (pág. 361). José Ignacio Rodríguez lo supone pronunciado el día 4 de septiembre de 1824, habiendo sido el día 14; quizás sea errata de imprenta.

La cátedra de Filosofía que comenzó entonces a explicar Luz Caballero, la había ocupado Varela, hasta que en 1822 partió a desempeñar su cargo de diputado a cortes, quedando en su lugar como interino José Antonio Saco (Alfredo Zayas)

3   Se refiere a Félix Varela (Roberto Agramonte.)

•••

Señores: El estudio de la filosofía va a ser el objeto de nuestras tareas. Demos principio a nuestra lección llorando los extravíos y errores de los hombres que en todos tiempos han asestado sus tiros contra las cosas más respetables, sin que esta filosofía, a quien tanto debe la especie humana, haya podido escaparse de sus mordaces diatribas, ni los que la cultivan sustraerse a su indignación y aún a su menosprecio. Con efecto, muchos hay que al oír pronunciar esta dulce voz filosofía, prorrumpen, como si los impulsara un santo celo, en imprecaciones contra ella, persuadidos de que las palabras filosofía e inmoralidad son sinónimas, que esta ciencia, fundamento de la moral, ha sido quien la ha echado por tierra; pero no des oído a los que así discurren; ellos merecen antes bien nuestra compasión, pues sus facultades están poseídas por aquel espíritu de prevención, enemigo irreconciliable del espíritu de análisis y de indagación.

No faltan otros, y ésos son los peores, que trasluciendo a pesar de su prevención, los frutos que cosecha el género humano en el estudio de la naturaleza, quisieran apagar de una vez, dejándolo en perfectas tinieblas, las luces brillantes que nos han de alumbrar en la senda espinosa de la vida, e impedir que caigamos en la sima del error, cuando marchamos al templo del saber. Su empeño es desacreditar a la filosofía y a los que la profesan, no perdiendo coyuntura de inculcar sus perniciosas máximas.

Yo os pido que con respecto a estos tales no hagáis otra cosa que suspender vuestro juicio, hasta que vosotros mismos, estudiando la ciencia de las ciencias, podáis graduar el valor que merecen sus principios; que nunca se diga que incurrís en esa misma prevención que los anima.

Otros hay finalmente, que se persuaden que un filósofo ha de ser un ente raro, extravagante, que se separa en todo de los usos y costumbres establecidas, teniendo un grande ahínco en distinguirse del vulgo de los hombres en sus pensamientos y acciones; ¡pero cuán errada idea es la que éstos se forman del carácter de un filósofo! que solo debe distinguirse de aquellos que siguen el error no siguiéndolo, de los que le insultan perdonándolos, de los que se entregan al vicio inmolándose por la virtud...

Triste, sin duda, os habrá parecido mi exordio, mas mi ánimo ha sido preveniros para que no os dejéis sorprender de muchos que están siempre, digámoslo así, haciendo casa de nuestro incauto candor. Consolaos, empero, al contemplar el grandioso cuadro de hombres célebres que os presente, de los que uno basta a eclipsar toda la caterva de detractores; de aquellos varones infatigables que han consagrado sus vigilias al estudio de nuestra ciencia, colmando de bienes a sus semejantes y recibiendo en justo galardón las bendiciones de sus contemporáneos y de la posteridad no siempre ingrata a sus afanes. ¡Sombra respetable del inmortal Newton, penétrame de aquel santo fervor que te animaba en el curso de tus profundas meditaciones y de tus fecundas indagaciones, comunícame un destello de inextinguible luz, para que guiado por ella emprenda en consorcio de mis discípulos la gran peregrinación de la Naturaleza!...

Sí, compañeros, empezaremos estudiando al hombre, obra maestra de su autor. Consideraremos sus facultades intelectuales, el modo de cultivarlas y corregirlas, como igualmente el origen de sus ideas, asuntos interesantes, que constituyen lo que se llama Ideología; pasaremos enseguida a estudiar las pasiones y afectos del ánimo, manantial fecundo de la ventura o desventura de los mortales, a cuyo efecto pediremos auxilios a una ciencia llamada Fisiología, que explica el modo cómo se ejercen las importantes funciones de la economía animal, puesto que es más íntima de lo que se cree la relación entre lo físico y lo moral; pasando después, como una consecuencia de lo primero, a dar reglas para moderar estas pasiones, o mejor dicho, para dirigirlas bien, que es a lo que se reduce la ciencia de los deberes del hombre para con su autor, para con los demás y para consigo mismo, o sea la Moral.

Así que hayamos conocido algún tanto las funciones que se operan dentro de nosotros mismos, saldremos a hacer nuestras excursiones por todo el vasto espacio de la naturaleza; sí, que nada hay en el mundo que no esté sujeto al resorte de la Filosofía; veremos la materia en sus elementos aparentes, y en sus infinitas modificaciones; no nos contentaremos con observar solo las cosas que se nos ofrecen fácilmente en la superficie de la tierra, sino que bajaremos a las más hondas cavernas a escudriñar sus entrañas, no dirigidos por el espíritu de la vil codicia a buscar oro y plata, sino a contemplar y analizar cuantos fenómenos presenta en su seno, siendo mil veces más apreciable para el filósofo descubrir una nueva combinación de la gran masa de que se compone el Universo, que hallar los tesoros más estimados; nos remontaremos a la región de los luminares; observaremos con la ayuda de los instrumentos, sus movimientos, sus detenciones, sus anomalías, y las leyes a que están sujetas esas moles enormes que en sus variados cursos parecen burlarse de toda ley y sujeción; al atravesar la atmósfera penetraremos la naturaleza ya bien conocida de ese fluido que mantiene nuestra vida y circunda el planeta que habitamos; la luz, ese cuerpo tan delicado y tan sutil, sin el cual sería un caos el universo, no podrá resistirse a nuestro examen: el prisma newtoniano nos pondrá de manifiesto los colores refulgentes que la componen, presentándonos en el mismo suelo que pisamos aquel arco encantador tenido hasta el siglo XVI como el precursor del buen tiempo, y hoy por lo tanto que es en sí, el lujo y ornamento de nuestra atmósfera; el rayo, el trueno amenazador, el relámpago, y hasta el terremoto, muy lejos de ser para nosotros objeto de terror, lo serán de nuestro entretenimiento, pues examinaremos cómo se producen unos fenómenos en los que ostenta la naturaleza todas sus fuerzas, y como que hace alarde de su poder sobrehumano, imitándolos con nuestras máquinas artificiales; en una palabra, todo cuanto ha creado el sabio autor del mundo será el blanco de nuestras tareas.

Por este rapidísimo e imperfecto bosquejo que acabo de trazaros de la ciencia que va a ocuparnos, podréis juzgar cuán ameno e interesante será su estudio; no lo creáis sembrado de espinas, ni que se presentan obstáculos insuperables en el camino que vamos juntos a vencer; no os negaré que todavía hay densos nublados que nos estorban ver una gran parte de este vasto campo, y que aun ha habido filósofos, como luego veréis, que con sus doctrinas han contribuido más bien a atrasar las ciencias que a adelantarlas; mas no por eso os desalentéis, porque desde el gran Descartes brilló el Sol de la verdadera filosofía para no ponerse nunca, jamás: su método inapreciable ha sido la pauta de todos los que rinden homenaje a la sabiduría, y si es cierto, como pronto experimentaréis, que un buen método es el alma de la enseñanza, no puedo menos de recomendar vivamente los preceptos de este maestro esclarecido; él nos aconseja que empecemos dudando de todo, haciéndonos cargo de que nada sabemos, y dando principio por conocer nuestra propia existencia, ir por grados internándonos en la averiguación de las cosas, marchando siempre como por escalones, a fin de no dejar vacíos en nuestros conocimientos: en este sencillo precepto se encierra todo cuanto debe hacer el filósofo.

La duda produce una desconfianza en nosotros mismos que nos despoja de toda presunción, que no hay enemigo más acérrimo del saber que ese espíritu de certidumbre, que trae en pos de sí las ideas de embrutecimiento y de ignorancia; entre nosotros, pues, reinará una entera franqueza en este punto; todos estaréis facultados a exponer vuestros pensamientos con plena libertad acerca de cualquiera materia que tratemos, con la compostura y buen orden que es consecuente a una juventud deseosa de saber, y que está persuadida de que estos establecimientos son los lugares destinados al ensayo de los papeles importantes que han de hacer en la sociedad los que se dedican a las letras.

He aquí también el único medio de conciliar las profundas indagaciones con la claridad, y la verdad con la novedad. Dichoso yo si a pesar de mi insuficiencia logro inspiraros un gusto insaciable por el estudio de la naturaleza; y mil veces dichoso si un día tengo la gloria de exclamar, penetrado de gozo y de ternura: «La suerte me proporcionó explicar a la juventud habanera las doctrinas de la filosofía, y haciéndole ver en ellas los desbarros y extravíos del entendimiento humano, he tenido frecuentes ocasiones de predicarle la tolerancia, y he alcanzado por este medio tributar un servicio, aunque corto, a la humanidad, extendiendo el culto de esta diosa de paz, deidad tutelar de los mortales». He aquí mis votos.

CERTIFICO que por decreto de esta fecha, proveído por el señor Provisor y Vicario general Gobernador de este Obispado por nombramiento del Excmo. e Iltmo. señor obispo diocesano, está nombrado don José de la Luz y Caballero, Catedrático provisional de Filosofía en el Real y Conciliar Colegio Seminario de esta ciudad, con asignación de la Junta y emolumentos de la Cátedra. Habana, nueve de septiembre de mil ochocientos veinticuatro.

Francisco María Castañeda secretario

II. Índice razonado de algunas materias físicas

Propuestas en la clase de Filosofía del Colegio de San Cristóbal. En la primera parte del curso.

Acerca de las cuales serán examinados, practicando asimismo los experimentos que se indican, los alumnos don José Agustín Baró, don Pedro Ignacio Cervantes, don Bartolomé José Crespo, don Carlos Hernández, don Lorenzo Arrieta, don Guillermo, don Lorenzo y don Mauricio Lobé, don Miguel de Cárdenas, don Bernardo y don Pedro Figueredo, don Antonio Guiteras, don Carlos Téllez y don León Goicuría.

EN LOS DÍAS[4] DE DICIEMBRE,

Bajo la dirección de don José de la Luz

HABANA Imprenta del Gobierno y Capitanía general por S. M.

1834

Advertencia

Cuando se introduce una novedad es forzoso justificarla. Se hace pues necesario exponer sucintamente los motivos que nos han impulsado a principiar el curso de Filosofía por el estudio de la Física en lugar de la Lógica, como generalmente se practica. Para los inteligentes bastará reproducir las mismas razones alegadas al presentar el proyecto de arreglo de las nuevas clases de Filosofía en los colegios de San Fernando y San Cristóbal; razones que parecieron tan poderosas al excelentísimo señor don Francisco de Arango, encargado especialmente por S. M. de informar en el asunto, que se dignó esforzarlas con las más luminosas consideraciones. Así fue que la autoridad no pudo menos de ordenar que se enseñase desde luego según el plan propuesto. Pero vengamos a las causales expuestas en el expediente, para que los sensatos puedan juzgar. Helas aquí: «Al terminar nuestros artículos sobre la enseñanza de la filosofía, quisiéramos someter a V. E. una indicación, que nos parece importante por la influencia que podrá tener en la reforma de esta clase de estudios. Trátase de disponer que el curso de filosofía principie por la física y concluya por la lógica y la moral, que es precisamente lo contrario de lo que aun se practica y siempre se ha practicado. No es un espíritu de novedad el que nos mueve a proponer este trastorno. La razón

---

4 Sic (en blanco) (Roberto Agramonte).

y la experiencia son los guías que nos han dirigido en la materia. Muchas y dilatadas serían las pruebas que pueden aducirse para demostrarlo; pero es necesario reducirnos a algunas consideraciones concluyentes, para no exceder los límites de una mera indicación.»

«1. Las ciencias naturales versan sobre objetos sensibles, más al alcance de la primera juventud, y por lo mismo más capaces de entretenerla y deleitarla.

2. De la inagotable variedad de hechos que nos ofrecen, va formando nuestro entendimiento su caudal de datos para discurrir acerca de ellos.

3. Si se nos dice que antes de discurrir sobre cualquier objeto científico, necesitan los jóvenes aprender la Lógica, contestaremos desde luego que no puede haber mejor lógica que la que están practicando en el estudio de la física. Efectivamente, el método es admirable, siendo al mismo tiempo el más natural, como que es esencialmente analítico. En él se procede de los hechos sensibles y particulares a las consecuencias generales por una cadena de inducciones. Con este ejercicio se robustecen de tal modo las potencias intelectuales, que cuando se aplican al examen de cualquier otro género de asuntos, hacen los alumnos progresos tan rápidos como seguros.

4. Por el contrario, comenzar por los estudios ideológicos es comenzar por las abstracciones en sus primeros pasos, es carecer a cada instante de los ejemplos, esto es, de los hechos y observaciones sobre los cuales ha de recaer la exposición de las doctrinas ideológicas, de cuyo examen han de deducirse en último resultado los documentos para la dirección del espíritu humano, o sea, la lógica propiamente tal. En una palabra, en las ciencias naturales, se marcha de los hechos a la teoría; y en la ideología, por más que nos empeñásemos en lo contrario, nos vemos a ocasiones forzados a seguir en orden inverso; fuera de que su objeto no permite apelar a la clara luz de la experiencia. En fin, la ideología es la teoría de las teorías, como ha dicho enérgicamente el conde de Tracy».

«Acaso se nos objetará que no necesitándose más que el estudio de la Lógica para cursar leyes, se hace un perjuicio a los que intentan seguir la carrera del foro, en obligarlos a estudiar todo el curso de filosofía antes de pasar a Derecho. Cierto es que pasarán menos pronto, pero también irán más preparados. Así pues, si bien se examina, este reparo es una nueva razón para hacer preceder el estudio de las ciencias físicas al de las intelectuales y morales. Obligando a los alumnos a permanecer por todo el curso, se desterrará el espirita de superficialidad que ha reinado en algunos puntos de la instrucción, lográndose simultáneamente que aun los juristas alcancen aquellas nociones en el estudio de la naturaleza, que han de necesitar no solo en la sociedad, sino aun en el ejercicio de su misma profesión, y hasta un grado de que no se tiene idea generalmente. Por último, excusamos alegar más razones, como lo haríamos del mejor grado, cuando el artículo 73 del Reglamento general trae la prevención expresa de que en los colegios donde se establezca la enseñanza de las Matemáticas, Historia natural, Física y Química, deberán preceder estos ramos al estudio de la Filosofía; entendiendo por filosofía, según se evidencia de todo el tenor de éste y otros artículos, la parte del curso que comprende las ciencias intelectuales y morales. Nos asisten, pues, sobrados fundamentos para apoyar la alteración que proponemos».

Hasta aquí las palabras de nuestro informe. Séanos lícitos añadir tan solo, que pues la ciencia de la naturaleza ofrece abundante materia para el desengaño de la razón humana, ninguna nos suministrará documentos más apreciables para la conducta de la vida.

Se ha formado este elenco así tan detallado, para que los alumnos puedan recordar siempre las materias con la debida conexión.

Preliminares

1. Una sola es la ciencia de la naturaleza. Su inmensa variedad y la limitación de nuestro espíritu han obligado al hombre a separar las ramas del mismo tronco.

2. La Física es una de estas ramas. Indicaremos su objeto, deslindando sus relaciones con las demás partes de la ciencia.

3. De aquí inferimos que así como para principiar fue necesario dividir, así para completar se hace indispensable reunir. En una palabra, serían superficiales nuestros conocimientos aislando totalmente unos ramos de otros.

4. Asimismo manifestaremos la necesidad del auxilio de las matemáticas para el progreso en los conocimientos naturales.

5. Puede sin embargo abusarse, y en efecto se ha abusado de este precioso instrumento, en su aplicación a las ciencias físicas, ora por no depender la exactitud en los cómputos de la realidad de las cosas, ora por querer vestir los objetos más sencillos con cierto aparato científico, antes embarazoso que expeditivo, ora, en fin, que es lo más temible, por el empeño de aplicar los principios y propiedades de las abstracciones a las realidades. Aun los cortos pasos que hemos dado en la Física, nos han ofrecido ya ejemplos notables de todos estos extremos.

6. Siendo el objeto de la Física propiamente tal el estudio de los agentes naturales, claro está que debe descansar en las bases de la observación y la experiencia, a cuyas revelaciones debe someterse la razón.

7. Esta, empero, ha de ser a su vez lumbre y guía en los procedimientos experimentales. Con este motivo expondremos los requisitos que deben concurrir en los experimentos para que se eleven a la clase de demostraciones.

8. Entonces comprenderemos la fuerza del quia experientia falax del grande Hipócrates, no menos que la profundidad de aquella máxima de Kant: «El sabio lo trae todo ante el tribunal de la razón, hasta a la razón misma».

9. Tócanos también aquí manifestar el lugar que deben tener las analogías. Ellas a veces nos llevan al error; pero otras, y no pocas, han sido el camino de los grandes descubrimientos.

10. En pos de los experimentos viene el eficaz auxilio del cálculo, que apoderándose de las circunstancias de los fenómenos, los aísla para mejor entenderlos y seguirlos hasta en sus últimos pormenores. Jamás puede aplicarse con mayor exactitud la máxima de divide et impera; esto es, abstrae, y dominarás el objeto.

11. El estudio de la naturaleza, más que ningún otro, provee a las necesidades y conveniencias del hombre, satisface su curiosidad, fortifica su entendimiento, ofrece más seguro criterio a su juicio, disipa los vanos terrores, ahuyenta la superstición y le levanta, en fin, mejor que ningún otro, al verdadero conocimiento de su Criador. El gran Newton debía ser y fue profundamente religioso.

12. De aquí inferimos que pocas ciencias, si es que hay alguna, habrá más a propósito que las naturales, así para infundir buenos hábitos al entendimiento como para cimentar más sólidamente el edificio de la religión.

13. Y pues ofrecen estas ciencias el mejor modelo de métodos, deducimos igualmente que las demás no pueden menos de ganar con la aplicación. He aquí el verdadero medio de reformarlas todas: «detallar fenómenos, y buscar relaciones y causas».

14. Pero aquí se abre un campo vasto e interesante que bien puede llamarse la Filosofía de la Física. Mas la mejor oportunidad de recorrerlo no ha llegado todavía; la terminación del curso será la época sazonada.

15. No se nos tache, sin embargo, por las generalidades que desde ahora presentamos; los escasos datos que ya tenemos en la materia, bastan para establecerlas. Todo se reduce a considerar que el fundamento de estas proposiciones preliminares es lo último que hemos aprendido. Acaso estarían mejor colocadas al fin que no al frente de las demás.

16. Del examen de estos últimos corolarios resultará la mejor apología de la preferencia que para comenzar hemos dado a la Física sobre las demás partes de la filosofía

Impenetrabilidad, divisibilidad y forma

17. La impenetrabilidad es característica de la materia.

18. Las anomalías que parece ofrecer esta ley universal, serán explicadas por la porosidad y por la atracción molecular.

19. Esta impenetrabilidad, tan evidente en los cuerpos sólidos, existe asimismo en las sustancias más sutiles. La campana del buzo nos suministrará una prueba tan útil como notable de esta verdad.

20. Sin pasar adelante, permítasenos llamar la atención sobre la exactitud de una de nuestras proposiciones preliminares, relativa al íntimo enlace de estas materias. Efectivamente, al sentar las tres primeras conclusiones de impenetrabilidad no hemos podido menos de tropezar con los capítulos de porosidad, de atracción y hasta con el de Neumática, que vienen después. Toda la ciencia es un ejemplo continuo de este procedimiento.

21. La idea de divisibilidad es una consecuencia de la de extensión; pero la realización de aquella propiedad hasta un punto excesivo, envuelve la de porosidad.

22. La materia es divisible a un grado prodigioso, de que no teníamos idea antes de entrar en las pruebas que nos ofrecen el arte y la naturaleza.

23. ¿Es o no divisible la materia al infinito? Las demostraciones matemáticas que se han aducido por la afirmativa no son aplicables a la naturaleza de las cosas. Antes bien, indicando al parecer los fenómenos que todos los cuerpos se componen de partículas duras, es más natural creer que lleguemos a un término en la división física, aun contando con los más perfectos instrumentos.

24. Aunque es inmensa la variedad que distingue a los cuerpos exteriormente, la forma de sus partículas ofrece un carácter más constante

25. Grandes son las luces que en esta materia han arrojado sobre la Física y la Mineralogía los trabajos del célebre Haüy, cuya doctrina expondremos.

26. La división mecánica de los minerales, a diferencia de la química, presenta varios sólidos regulares, o sea cristales cuya división nos da el núcleo; éste constituye la forma primitiva. Las demás formas que resultan de un agregado de partes se llaman secundarias.

27. Seis son las primitivas conocidas: tetraedro, paralelepípedo, octaedro, hexaedro, dodecaedro romboidal y dodecaedro triangular.

28. De la división de las núcleos resultan las moléculas integrantes, cuyas formas más simples se reducen a tres: prisma triangular, tetraedro y paralelepípedo. He aquí, según Haüy, la divisa familiar de la naturaleza: economía y simplicidad en los medios, riqueza y variedad inagotable en los resultados.

29. Por más sublime que nos parezca la idea de los antiguos de considerar la materia como una en sus elementos y solo varia en sus formas; por más conforme que la hallemos a este bello resultado de Haüy y a las sencillas miras de la naturaleza, y por más probable que así lo hagan los descubrimientos de la Química, con todo, estos mismos descubrimientos nos obligan a reconocer a la materia, en el estado actual de la ciencia, como diversa en sus constitutivos.

30. Las cuatro especies de decrecimientos bastarán para darnos razón de la gran variedad en las formas secundarias de los cuerpos.

31. En vista de tales resultados, bien podremos decir que la organización es un distintivo universal de la materia.

32. Aunque estas doctrinas de Haüy han hecho salir a la mineralogía del estrecho círculo de frases descriptivas, según se explica el ilustre físico habanero,[5] los posteriores descubrimientos de Beudant, y, sobre todo, el importantísimo de Mitscherlich sobre el isomorfismo de las sales, convencen no ser bastantes a aquella ciencia las luces de la cristalografía, sino que también necesita implorar el auxilio de la química.

33. La atracción molecular no basta por sí sola a explicar los fenómenos de la cristalización: es necesario admitir además una polaridad en las partículas que se atraen.

Porosidad, masa, volumen, compresión, rarefacción, condensación

34. No hay cuerpo que no esté lleno de poros. Lo probaremos con varios experimentos y observaciones, practicando entre los primeros el de la taza de filtro y el de la cáscara del huevo en la máquina neumática; y refiriéndonos entre las segundas a los resultados de Sanctorio y Dodart sobre la transpiración insensible.

35. Fijaremos la significación de las palabras masa, volumen, compresión, rarefacción, etc.

36. La compresibilidad no puede establecerse como una propiedad universal de la materia. Puede, sin embargo, concebirse la posibilidad de su existencia en todos los cuerpos, si atendemos a que también todos son porosos.

37. De lo dicho no se infiera que neguemos la compresibilidad a los líquidos. El célebre Oersted no solo ha tenido ingenio para demostrarlo, sino hasta para determinar la razón en que se comprimen.

38. La condensación es la compresión causada por la ausencia del calor, así como la dilatación es el aumento ocasionado por su presencia.

---

5 Varela (Roberto Agramonte).

39. Manifestaremos la dilatación y condensación con experimentos muy familiares; bastándonos por ahora estas cortas nociones para nuestro propósito, que es exponer las propiedades más generales de la materia. El tratado del calórico es acaso el capítulo más importante de la ciencia.

40. Hemos estudiado la tabla de las dilataciones, de los sólidos, formada por Lavoisier y Laplace.

41. La dilatación de los líquidos no es proporcional a la densidad ni a la viscosidad: parece que depende de cierta afinidad mayor o menor que tiene cada líquido para recibir el calórico.

Pesantez y peso de los cuerpos

42. La pesantez es uniforme en todos los cuerpos. Lo probaremos haciendo descender en el vacío varios cuerpos de distinto peso.

De este hecho derivan las consecuencias siguientes: 1.ª La fuerza que hace caer los cuerpos hacia la tierra es proporcional a la masa. 2.ª Obra igualmente en todos los cuerpos. 3.ª Todos ellos caerían con la misma velocidad, a no ser por la resistencia del aire, como ya lo había asegurado Galileo.

Para determinar la fuerza y velocidad del descenso de un cuerpo en el vacío, no debe atenderse al choque que produce.

45. La estrecha Física de los antiguos dividió los cuerpos en graves y leves. Todos son graves; y si nos detenemos a probar el peso del aire con una serie de experimentos, es más bien por explicar los admirables efectos que dependen de tal causa, que no por establecer una verdad tan demostrada. En consecuencia ejecutaremos los siguientes experimentos.

1.º El de Torricelli, que repetido y modificado por el gran Pascal, disipó para siempre el horror al vacío. Se responderá victoriosamente a las dudas de Walis y otros físicos contra este experimento.

Para proceder a los demás se hace indispensable dar una descripción de la máquina neumática, cuya acción es también un efecto notable del peso del aire.

2.º El de la vejiguilla incluida en una cajita, que sustraído el peso del aire, suspende el enorme peso de 10 libras, además de la resistencia del ajuste de la tapa.

3.º El de pesar el aire en una botella de latón.

4.º El famoso de los hemisferios de Magdebourgo.

5.º El muy demostrativo de la fuente en el vacío, que ilustra más que ninguno la teoría de las bombas.

6.º Otro que demuestra hasta la evidencia que los efectos del barómetro se deben al peso del aire.

Con este motivo daremos una idea de las diversas clases de barómetro, y del mejor modo de construirlos. Indicaremos igualmente la altura aproximada de la atmósfera, y la aplicación de aquel precioso instrumento para determinar la de las montañas.

7.º El de romper una vejiga por la presión del aire, y otros varios análogos a los ya descritos. Aquí corresponde exponer la ley de Mariotte, comprobada aún en las más altas presiones por los trabajos recientes del infatigable Oersted.

46. Probando también que el humo y los vapores son pesados, como lo haremos, quedará fuera de duda nuestra anterior proposición.

47. Opinamos empero que las pruebas alegadas hasta el presente para demostrar el peso del fuego, no están al abrigo de toda crítica; sin que por ello se entienda que ésta es una excepción a la ley general.

48. Explicaremos lo que se entiende por peso específico, prefiriendo como más exacta esta denominación a la de gravedad específica que emplean otros físicos.

49. En la Hidrostática indicaremos los medios de determinarlo.

50. Mas desde ahora conviene saber que las ideas generalmente admitidas por los físicos en esta materia, han quedado destruidas por los reiterados experimentos de Danier. De ellos se deduce: 1.º Que el peso específico de un cuerpo varía según la variación de su forma exterior. 2.º Que las diferentes partes de una sustancia homogénea pueden tener un peso específico diferente. 3.º Que el peso específico de los cristales puede variar solo por colocar uno sobre otro. La disminución de densidad que sufre el agua al congelarse es un efecto análogo.

Atracción

51. La atracción es un modo más general de considerar la gravedad. En otros términos, la tendencia de los cuerpos a la tierra, se llama gravedad, y la de unos cuerpos a otros atracción.

52. Buscar causa a la gravedad, es lo mismo que buscársela a la extensión, la impenetrabilidad u otra propiedad fundamental de la materia. Sin embargo, lo primero se ha emprendido con grande ahínco; mas el medio seguro de hacer desistir de tan vano empeño sería mirar la cuestión bajo ese punto de comparación. Las propiedades fundamentales de la materia son ellas mismas causa de infinitos efectos; pero a su vez efectos inmediatos de la Gran Causa. He aquí el término de la ciencia del hombre.

53. Así que, siguiendo al inmortal Newton, presentaremos la atracción como un hecho universal de la materia; probándola entre los sólidos, entre los fluidos, y entre unos y otros.

54. Toda la ciencia química es una prueba reiterada del poderío de la atracción.

55. En suma, la tierra, los cielos, así como las mínimas partículas de los cuerpos, están sometidos a la ley de la atracción. Ella es en rigor el alma y la clave del mundo.

56. Estas son las leyes de la atracción universal: 1.ª La atracción es proporcional a la masa del cuerpo. 2.ª Es en razón inversa del cuadrado de la distancia. 3.ª Sigue no solamente la razón de la masa del atrayente, sino también del atraído. 4.ª Es proporcional a las superficies que se tocan y a la densidad de los cuerpos. De aquí dedujo Cavendish el método tan ingenioso como exacto de pesar el globo sin balanza. 5.ª La atracción varía según la diversa figura de los cuerpos y de sus moléculas.

57. Estas leyes no son aplicables a la atracción molecular, que depende exclusivamente de las afinidades de los cuerpos.

58. Expondremos las diversas especies de afinidades.

59. También los fenómenos de la capilaridad pertenecen a la atracción. Su importancia ha hecho que todos los físicos traten de ellos en artículo separado.

60. No solo los efectos que observamos en los tubos de pequeño calibre, merecen el nombre de capilares.

61. Señalaremos el gran papel que hace este mecanismo en la economía de todos los vivientes; como si hasta para los fenómenos de la vida quisiera valerse la naturaleza de su instrumento universal.

62. Expondremos, siguiendo a Laplace, la teoría más luminosa sobre los tubos capilares; teoría donde campea el poder analítico de este insigne matemático.

63. La atracción capilar podría considerarse como un medio entre la de las grandes masas y la molecular.

Inercia

64. Fijaremos desde luego el sentido de esta palabra, a la que en Física se da una acepción distinta, aunque no contraria de la vulgar.

65. La materia en este sentido tiene una verdadera inacción e inercia.

66. El haber aplicado a la palabra inercia el nombre contradictorio de fuerza, dio margen a muy acaloradas discusiones entre los filósofos de más mérito. Sin embargo, haremos observar que hasta cierto punto no es tan inexacta la expresión como parece a primera vista.

67. La inercia de los cuerpos en quietud se identifica con la resistencia, y la de los cuerpos en movimiento con el impulso comunicado.

68. Atendidos los varios agentes que animan en cierto modo a la materia, como son la atracción, el calórico, la luz, etc., podríamos decir que ésta no es absolutamente inerte: la vida está derramada en toda la naturaleza. Así que, la virtud secreta operativa que atribuyó Leibnitz a la materia, viene a resolverse a los ojos del físico en las leyes generales que la gobiernan.

Elasticidad, tenacidad, diverso estado de los cuerpos

69. Expondremos nuestro modo de concebir la elasticidad, apoyándolo en el luminoso ejemplo de la formación del acero y del recocido.

70. Muchos cuerpos que nos parecen inelásticos, si se preparan debidamente dan señales de grande resorte.

71. El epíteto de inelástico no significa en física ordinariamente sin elasticidad, no poco elástico.

72. Existen clases numerosas de cuerpos perfectamente elásticos.

73. Contra la opinión de Beudant, físico que por otra parte tanto se afana en reformar el lenguaje de la ciencia, creemos muy exacto el discurso común: «este cuerpo es elástico, luego es compresible».

74. Considerando la elasticidad en los efectos de la torsión de las cuerdas, no podemos menos de dar a conocer el delicado cuanto sencillo aparato inventado por Coulomb, para apreciar toda especie de fuerzas infinitamente pequeñas, y que por eso denominó balanza de torsión.

75. Entre los infinitos resultados obtenidos por medio de este instrumento en su extensa aplicación marcaremos los siguientes para nuestro propósito: 1. La resistencia del hilo o cuerda está en razón inversa de su longitud. Lo mismo debe decirse del grueso. 2. La fuerza de torsión sigue la propia razón, y 3. La directa de la cuarta potencia de su grueso. 4. La tirantez del hilo se opone a la fuerza de torsión.

76. Daremos razón del aparato ideado por Gravesande para medir la fuerza elástica de un hilo tirante; ofreciendo el resumen de los resultados obtenidos que tan interesantes son para la práctica.

77. Expondremos varios efectos de la tenacidad, llamándonos más particularmente la atención el admirable de la lágrima batávica.

78. La humedad, aumentando la flexibilidad de los cuerpos, aumenta su resistencia a quebrarse. El mismo efecto suele producir el calórico, aunque en algunos casos sucede lo contrario.

79. Los físicos han practicado en beneficio de las artes innumerables experimentos sobre la resistencia de las maderas y metales.

80. Aunque la resistencia de las cuerdas sea proporcional al número de sus hilos, en la práctica es necesario hacer un rebajo en el cómputo de la resistencia.

81. Mientras más se fuerce una cuerda, pierde más de su resistencia. Los experimentos de Muschembroeck lo confirman satisfactoriamente.

Por ellos se ve que una cuerda sin embrear sostuvo 1317 libras más que embreada: diremos por qué, y el motivo de que se embreen sin embargo.

82. De aquí se deduce que mientras mayor sea el diámetro del cilindro o polea en que se envuelve la cuerda, tanto más resiste.

83. En fin, ilustraremos los efectos que opera la humedad en las cuerdas con la famosa ocurrencia de mojar las cuerdas, en la maniobra de colocar el obelisco de la plaza de San Pedro en Roma.

84. Tres fuerzas son las que en sus relaciones deciden del estado de los cuerpos, a saber: la atracción, el calórico y la presión atmosférica. En comprobación, practicaremos el experimento de Lavoisier en el vacío, y referiremos los interesantes de Faraday sobre la condensación de los gases.

Mecánica

85. Circunstancias que deben considerarse en el movimiento.

86. Divisiones del movimiento: 1.º Respecto a la dirección. 2.º Respecto al lugar. 3.º Respecto a la fuerza. 4.º Respecto de las partículas de un mismo cuerpo.

87. La velocidad es igual al espacio dividido por el tiempo. Expondremos los corolarios de este teorema.

88. Leyes del movimiento uniformemente acelerado: 1.ª Las velocidades crecen en razón de los momentos en que opera la fuerza aceleratriz. 2.ª Los espacios corridos en tiempos iguales son como los números impares 1, 3, 5, 7, etc. 3.ª Los espacios corridos en diversos tiempos son como los cuadrados de los tiempos, o como los cuadrados de las velocidades.

89. La cantidad del movimiento, o sea el momento, está en razón compuesta de la masa y de su velocidad.

90. En la cuestión reñida sobre el avalúo de las fuerzas vivas, después de contrapesadas las razones de una y otra parte, seguimos el partido del gran Leibnitz, como más conformes a la experiencia y a todas las leyes mecánicas.

91. Expondremos las leyes que observan en el choque así los cuerpos elásticos como los inelásticos.

92. 1.º Un cuerpo impelido por diversas fuerzas obedece a cada una de ellas según la proporción en que se encontraren. 2.º Un cuerpo impelido por fuerzas que forman ángulo, correrá la diagonal de un paralelogramo en el mismo tiempo en que hubiera corrido uno de sus lados, si se abandonara a una de las fuerzas solamente. He ahí las dos leyes del movimiento compuesto.

93. El movimiento reflejo tiene lugar en los cuerpos elásticos. Su ley se cifra en que el ángulo de incidencia es igual al de reflexión.

94. El movimiento refracto se verifica al pasar los graves de un medio a otro.

95. Explicaremos sus leyes, advirtiendo que la luz forma una excepción en sus refracciones.

96. Expondremos la doctrina de las fuerzas centrales, ilustrándola con un aparato correspondiente.

97. El descenso de los graves es uniformemente acelerado, y por consiguiente sigue la razón de los números impares. Así lo veremos prácticamente en la máquina de Atwood. También referiremos en comprobación las experiencias de Galileo.

98. Cuando los cuerpos son muy diferentes en volumen y tienen poco peso, se hace más notable la diferencia en el descenso.

99. Influye también en el descenso la figura de los cuerpos, aun cuando tengan un mismo peso y superficie.

100. El descenso de los cuerpos puede servirnos para medir las alturas.

101. Expondremos las leyes del descenso por planos inclinados explicando varios fenómenos que de ellas dependen, y muy particularmente el de que un móvil corre el diámetro de un círculo en el mismo tiempo que cualquiera de las cuerdas tiradas desde el extremo de dicho diámetro.

102. Trataremos del movimiento de los péndulos.

103. Nos ocuparemos asimismo en los obstáculos del movimiento, contrayéndonos a la resistencia de los medios y a las fricciones. No será fuera del caso dar una idea de los caminos de hierro.

104. De estas doctrinas deducimos la necesidad del vacío en el sentido newtoniano.

Estática

105. La doctrina del centro de gravedad nos dará la clave de muchos fenómenos interesantes.

106. Entre las máquinas que facilitan el movimiento, la palanca es la más sencilla, pero también la más importante bajo el aspecto científico.

107. Consideraremos sus tres especies, explicando su diverso modo de operar.

108. Cuanto mayor es el espacio por donde se mueve la potencia que aquél por donde se mueve el peso, tanto más se facilita el movimiento. Este es el principio fundamental de la maquinaria.

109. La balanza, la romana, la cuña, y en general todas las máquinas, por más complicadas que sean, se resuelven en la palanca.

110. No será fuera del caso detallar los requisitos que constituyen una nueva balanza, instrumento más raro de lo que puede parecer.

111. En la cuña, cuanto excede su longitud a su base, otro tanto aumenta la potencia.

112. En el torno o cabrestante, crece la potencia cuanto excede el un brazo al otro.

113. El tornillo y las ruedas dentadas nos ocuparán igualmente.

114. Las garruchas llamarán más particularmente nuestra atención, considerando el peso, el diámetro y la inflexión de las cuerdas.

115. Presentaremos un cuadro muy curioso, en que aparecen más de 100 combinaciones de los elementos de las máquinas.

116. Igualmente ofreceremos modelos muy elegantes de las diversas clases de máquinas de que hemos hablado. Estos aparatos nos familiarizan más y más con la idea de que toda la teoría de las máquinas no es más que una deducción de la de las palancas.

Hidrostática

117. Sea cual fuere la extensión de un recipiente que contenga un líquido, la superficie de éste se hallará a nivel. De aquí se infiere que en un mismo líquido se nivela una gran cantidad con otra muy pequeña.

118. Asimismo deducimos que los líquidos oprimen igualmente en todas direcciones.

119. Estas nociones nos conducen a demostrar que las presiones de los fluidos en los fondos de los vasos, siguen la razón del diámetro de éstos y de la altura de las columnas, sea cual fuere la figura de dichos vasos.

Así lo patentizaremos con un aparato elegante.

120. Estas leyes nos explicarán claramente algunos efectos hidrostáticos que parecen unas paradojas.

121. Cuando un sólido se sumerge en un líquido, desaloja una cantidad de éste igual en peso a la del sólido. He aquí el famoso descubrimiento de Arquímedes.

122. En consecuencia, explicaremos el uso del areómetro y sus varias especies, como también el manejo de la balanza hidrostática.

123. Expondremos con este motivo los curiosos fenómenos que presentan los peces en sus inmersiones y emersiones.

124. El principio de Arquímedes nos conducirá igualmente a la historia y teoría de los globos aerostáticos, marcando los dos viajes aéreos del ilustre Gay-Lussac que han formado época en los anales de la ciencia.

125. Descubriremos con un modelo a la vista el juego de las bombas aspirante, comprimente y mixta.

126. Explicaremos en lo que consiste la fuerza pasmosa del ariete y de la prensa hidrostática, tan generalizada hoy en Inglaterra.

127. Expondremos el artificio del sifón simple y compuesto, sin olvidar el de las fuentes de Hierón e intermitente, los tubos de seguridad y otras aplicaciones del mismo principio.

Del movimiento de los líquidos

128. En la salida de los líquidos debemos distinguir los depósitos constantes de los inconstantes.

129. La cantidad de líquido que sale de un depósito constante es como el producto del cuadrado del diámetro del orificio o luz, multiplicado por la raíz cuadrada de la altura del líquido sobre el centro de dicha luz.

130. La velocidad es como la fuerza que se emplea en comunicarla.

131. En rigor no puede decirse que todos los puntos de la luz están igualmente oprimidos; circunstancia a que debe atenderse en los cómputos.

132. En los depósitos inconstantes deben graduarse las disminuciones sucesivas de altura según la relación del movimiento uniformemente retardado; esto es, según los números 7, 5, 3, 1, etc.

133. Para graduar el tiempo en que se ha de vaciar un depósito mixto, deberá atenderse no solo al diámetro y altura de la luz, sino también al diámetro del depósito.

134. Advertiremos las causas que modifican en la práctica estos efectos; como asimismo las precauciones que deben adoptarse respecto de los depósitos.

135. El movimiento de los ríos sigue las mismas leyes de la salida de un líquido por un conducto lateral.

136. Tomaremos en cuenta las circunstancias que influyen en la corriente de los ríos y en la de los canales. Estos ofrecen, como es natural, resultados más sencillos, y por lo mismo más a propósito para servir de unidad en la materia.

Acústica

137. La ciencia del sonido es una legítima continuación de la mecánica.

138. El sonido es causado por el movimiento vibratorio de las partículas del cuerpo sonoro.

139. Cada vibración excita en el aire una ondulación de una longitud determinada.

140. La propiedad de vibrar depende en mucha parte de la elasticidad, si no de todo el cuerpo, al menos de sus mínimas partículas.

141. Las vibraciones son transversales, longitudinales y circulares. Las verjas fijas por un extremo pueden ejecutarlas también normales y giratorias.

142. Indicaremos el resultado de las experiencias fundamentales practicadas con las cuerdas en el sonómetro.

143. Las cuerdas se dividen en modos y en vientres de vibración.

144. Toda cuerda que vibra transversalmente puede considerarse como la reunión de dos péndulos iguales.

145. La diversidad de tonos pende del mayor o menor número de vibraciones que se efectúan en un tiempo dado.

146. La sirena de Carniard de Latour nos servirá para medir estas vibraciones.

147. Con este motivo notaremos la diferencia que hay entre sonido fuerte y flojo y sonido alto y bajo. También diremos lo que es metal o timbre del sonido.

148 El sonido más grave que puede percibirse produce una onda de 32 pies, y la del más agudo de los musicales no pasa de 18 líneas. He aquí los límites en que se comprenden todos los sonidos.

149. En consecuencia mencionaremos los curiosos resultados de Fischer acerca del número de vibraciones que forma el diapasón de los principales teatros de ópera en Europa, como también los relativos al tono hasta donde puede subir y bajar la voz humana.

150. Explicaremos el admirable aunque bien conocido fenómeno de sonar por sí sola una cuerda, cuando se toca otra que sea una octava, tercera o quinta suya.

151. Las verjas metálicas vibradas ofrecen también nodos como las cuerdas.

152. La distancia de un nodo a otro en una verja es dupla de la que hay desde el último hasta el extremo libre de dicha barra.

153. Cuando se dobla una barra, van aproximándose sus nodos.

154. Las verjas nos ofrecen el interesante resultado de que no puede percibirse sonido sin que se verifiquen de 30 a 36 vibraciones por segundo.

155. Savart ha demostrado ingeniosamente que las líneas nodales forman alrededor de los tubos unas curvas poco más o menos espirales.

156. Pero no hay fenómenos más prodigiosos en esta materia que los producidos por la vibración de las láminas. Heridas éstas por una ballestilla, forman varias figuras simétricas, según la fuerza con que se hieren y la forma que se les dé. Tendremos el gusto de practicar tan curiosos experimentos, debidos a la sagacidad de Chladni.

157. Las membranas ofrecen fenómenos enteramente análogos a los de las láminas. El hábil Savart ha estudiado completamente la materia.

158. El sonido puede propagarse por toda especie de cuerpos. La diferencia está en que unos le ofrecen mejor vehículo que otros.

159. El sonido se propaga en un cuerpo de grande extensión por ondulaciones sonoras.

160. El aire es el vehículo ordinario del sonido. Lo probaremos con experimentos.

161. La intensidad del sonido propagado por los fluidos aeriformes está en razón de su densidad. Describiremos el modo de hacer estos ensayos. Con tal motivo explicaremos también la máquina de compresión, y el fenómeno de la armonía química, idéntico al del silbido.

162. Un mismo cuerpo y a un mismo tiempo puede propagar una multitud de sonidos unos más graves que otros, y sin embargo se perciben distintamente. Procuraremos dar razón de semejante maravilla.

163. La mayor o menos elevación de los tonos producidos en tubos no depende de su diámetro, ni de su grueso, sino de su longitud y del modo de agitar el aire. La flauta y el trombón nos suministrarán un claro comprobante de esta doctrina.

164. La materia de que está formado un tubo puede hacer más sonora la voz, pero no alterar el tono.

165. Los tubos convergentes alzan el tono, y los divergentes lo bajan.

166. Tratándose de la comunicación de las vibraciones sonoras entre sólidos y fluidos, parece natural dar una idea de los principios en que descansan los instrumentos de viento y los de cuerdas.

167. Estas doctrinas nos conducen a exponer sucintamente el mecanismo de la voz y del oído humanos, sin olvidarnos del delicioso órgano de los pajarillos.

168. El ventriloquismo, este poderoso recurso de magia natural merecerá también nuestra atención.

169. El sonido corre en todos tiempos y circunstancias 1142 pies por segundo. Conforme a los cálculos de Newton debería ser una velocidad de 978 pies. Procuraremos dar la causa de esta diferencia, siguiendo a Laplace.

170. La humedad, la sequedad, la fuerza y otras causas pueden influir en la intensidad del sonido, pero no en su velocidad. Referiremos los interesantes experimentos que practicó Biot sobre la materia.

171. Los sólidos propagan el sonido con distinta velocidad, según las observaciones de Chladni.

172. La intensidad del sonido decrece según el cuadrado de la distancia.

173. El eco no es más que la reflexión del sonido. Expondremos sus leyes, y circunstancias en que se verifica, con varios fenómenos dignos de atención.

174. Aquí pertenece exponer el fenómeno observado por Humboldt en las vastas soledades de la América meridional, a saber: que el sonido se propaga a mayor distancia de noche que de día, a pesar de que reine más silencio en aquellos páramos durante éste que durante aquélla.

175. Aplicaremos estas teorías a la construcción de los edificios, según los fines a que se destinan, haciendo palpar su importancia para la táctica de las asambleas deliberantes. En esta parte los antiguos nos llevaban grandes ventajas.

176. En compensación, la ciencia de los modernos ha vulgarizado los artificios acústicos con que en sus oráculos asustaban ellos a la muchedumbre ignorante.

III. Exámenes generales

A QUE HAN DE PRESENTARSE DESDE EL 6 HASTA EL 17 DE DICIEMBRE LOS ALUMNOS DEL COLEGIO DE SAN CRISTÓBAL DE LA HABANA, SITO EN CARRAGUAO,

BAJO LA DIRECCIÓN DE DON JOSÉ DE LA LUZ, DE CUYO ESTABLECIMIENTO SON INSPECTORES LOS SEÑORES DOCTOR DON FRANCISCO ALONSO Y FERNÁNDEZ Y LICENCIADO DON BLAS OSÉS[6]

HABANA IMPRENTA DEL GOBIERNO Y CAPITANÍA GENERAL POR S. M.

1835

...Nam quid aliud agimus docendo eos, quam ne semper docendi sunt? Quintiliano

Educación primaria
Todas las clases de religión y de lectura se llevan por el método explicativo

Sección primera
A cargo de don Mariano Alabarrieta

Religión
Todo el catecismo de Ripalda, y hasta la segunda parte del Fleuri
Don Martín Pedroso
Don Félix Ureña
Don Benjamín Vallín
Don Santiago Satre
Don Francisco Steegers
Hasta la mitad del catecismo de Ripalda y primera parte del Fleuri
Don Juan Gayol
Don Miguel Salazar
Don Félix Incháustegui
Hasta la confesión general inclusive

---

6   Biblioteca Sociedad Económica Amigos del País, signat. 1019-14-B.

Don José Lombillo
Don Mariano Chacón
Don Federico Disdier
Don Sabino Larrinaga

Lectura
En el libro de don José de la Luz y El amigo de los niños
Don Martín Pedroso

Don Félix Ureña
Don Benjamín Vallín
Don Santiago Satre
Don Francisco Steegers
Don Juan Gayol
Don Miguel Salazar
Don Félix Incháustegui
Don José Lombillo y
Don Federico Disdier leen algo en el libro de don José de la Luz. Don Mariano Chacón, recién entrado, principia a decorar.

Aritmética
Dividir enteros
Don Martín Pedroso
Don Félix Ureña
Don Benjamín Vallín Multiplicar enteros
Don Francisco Steegers
Don Santiago Satre
Don Félix Incháustegui
Don Juan Gayol
Don Miguel Salazar Sumar enteros
Don Sabino Larrinaga

Sección segunda
A cargo de don Pedro Suárez

Religión
Todo el catecismo de Ripalda
Don Juan Bruno Zayas
Don Carlos Quiñones
Don Rafael Díaz
Don Emilio Vallín
Don Agustín Laño
Don Ramón Ajuria
Don Jorge Díaz
Don Francisco Zayas
Don Benito Zuasnávar
Don José Manuel Martínez
Don Alejandro Gayol
Don Blas Lombillo

Hasta la explicación de los mandamientos
Don Germán García
Don Miguel Villate
Don Juan Chacón
Todo el catecismo de Fleuri
Don Juan Bruno Zayas
Don Carlos Quiñones
Don Rafael Díaz
Don Jorge Díaz
Don Francisco Zayas
Don Benito Zuasnávar
Don Ramón Ajuria

Toda la primera parte del Fleuri
Don Emilio Vallín
Don Blas Lombillo
Don Germán García
Don José Manuel Martínez

Don Alejandro Gayol
Don Miguel Villate

Lectura
En la Educación de la infancia y Fábulas de Samaniego
Don Juan Bruno Zayas
Don Carlos Quiñones
Don Rafael Díaz
Don Jorge Díaz
Don Benito Zuasnávar
Don Ramón Ajuria
Don Blas Lombillo
Don José Manuel Martínez
Don Miguel Villate
Don Alejandro Gayol
Don Juan Chacón
Don Francisco Zayas
Don Germán García
Don Agustín Laño
Don Emilio Vallín

Aritmética
Hasta dividir mixtos inclusive
Don Juan Bruno Zayas
Don Carlos Quiñones
Don Rafael Díaz
Don Jorge Díaz
Don Benito Zuasnávar
Don Ramón Ajuria

Hasta dividir decimales inclusive
Don Emilio Vallín
Don José Manuel Martínez
Don Germán García

Don Alejandro Gayol
Don Juan Chacón
Don Francisco Zayas
Don Blas Lombillo
Don Miguel Villate Multiplicar enteros
Don Agustín Laño (entrado poco ha).

Sección tercera
A cargo de don Bartolomé José Crespo

Lectura
En la Educación de la infancia, Fábulas de Samaniego e Historia de Grecia por Escosura
Don Agustín Díaz
Don Alejandro Alcalá
Don Juan Rebollo
Don Emilio Ramírez
Don Serafín Atalay
Don Mariano Moya
Don Simón Teja
Don Valentín Martínez
Don Francisco Guitart
Don Eduardo Aruz
Don Carlos Duarte
Don Antonio Díaz de la Puente
Don Jorge Zequeira
Don Mateo García
Don Lorenzo Soto
Don Antonio López
Don Esteban Villegas

Aritmética
Hasta partir números denominados
Don Agustín Díaz

Don Juan Rebollo
Don Valentín Martínez
Don Esteban Villegas
Don Antonio López
Don Eduardo Aruz
Don Mariano Moya
Don Jorge Zequeira
Don Alejandro Alcalá
Don Serafín Atalay
Don Carlos Duarte
Don Lorenzo Soto

Hasta partir números mixtos
Don Simón Teja
Don Francisco Guitart
Don Mateo García
Don Emilio Ramírez

Hasta partir enteros
Don Antonio Díaz de la Puente.

Sección cuarta
A cargo de don Bartolomé José Crespo

Lectura
En cualquier libro en prosa o verso, y particularmente en el Buffon de niños (libro muy a propósito para promover la explicación).
Don Federico Vallín
Don José Manuel Jimeno
Don Eusebio Guiteras
Don Luis Valera
Don Carlos Ramos
Don José Ignacio Hernández
Don Manuel Suárez

Don Ignacio Zuasnávar
Don Lorenzo Inarra
Don Manuel Alzar
Don Justo García
Don José Corcuera
Don Ramón Ramos
Don Bernardo Reinoso
Don Jacinto Pedroso
Don Rafael Bolanger
Don Manuel Ramírez
Don Sebastián Pichardo
Don José María Benítez
Don José Abaitua
Don Gabriel Suárez
Don Antonio Izquierdo
Don Rafael Díaz
Don Manuel Duarte
Don José del Moral
Don Felipe Herrera
Don José Invernó
Don Eduardo Lobé

Aritmética
A cargo de don Rafael Navarro
Números denominados, elevación a potencias y extracción de raíces cuadradas y cúbicas
Don Felipe Herrera
Don Eduardo Lobé
Don José del Moral
Don Eusebio Guiteras
Don Bernardo Reinoso
Don José Quiñones
Don Manuel Duarte
Don Ramón Ramos

Don Lorenzo Inarra
Don Manuel Alzar
Don José Castillo
Don Rafael Bolanger
Don Rafael Díaz
Don José Corcuera
Don Gabriel Pichardo
Don Sebastián Pichardo

Sección quinta
A cargo de don José Riera

Aritmética
Desde numeración hasta regla de tres y sus aplicaciones
Don José María Benítez
Don Federico Vallín
Don José María Zayas
Don Justo García
Don José Invernó
Don Ignacio Zuasnávar
Don Carlos Ramos
Don Gabriel Suárez

Denominados, elevación a potencias y extracción de raíces cuadradas y cúbicas
Don Antonio Izquierdo
Don Manuel Ramírez
Don Luis Valera
Don Calixto Acosta
Don José Ignacio Hernández

Gramática castellana

Sección primera

A cargo de don Pedro Suárez

Declinarán, conjugarán y analizarán en el Fleuri

Don Rafael Díaz

Don Juan Bruno Zayas

Don Carlos Quiñones

Don Ramón Ajuria

Don Francisco Zayas

Don Alejandro Gayol

Don Jorge Díaz

Don Miguel Villate

Don Francisco Steegers

Don José Manuel Martínez

Don Benito Zuasnávar

Don Martín Pedroso

Don Blas Lombillo

Don Emilio Vallín

Don Félix Incháustegui

Don Juan Chacón

Don Sabino Larrinaga

Don Germán García

Don Agustín Laño

Don Antonio Díaz de la Puente

Don Santiago Satre

Sección segunda

A cargo de don José Jorrín

Analizarán y escribirán lo que se les dictare de la Historia de Grecia por Escosura, que les sirve de texto.

Don Antonio López

Don Lorenzo Soto

Don Jorge Zequeira

Don Eduardo Lobé

Don Manuel Izar

Don Felipe Herrera

Don Esteban Villegas
Don Simón Teja
Don Francisco Guitart
Don Mariano Moya
Don Mateo García
Don José Castillo
Don Bernardo Reinoso
Don Valentín Martínez
Don Manuel Duarte
Don Alejandro Alcalá
Don Juan Rebollo
Don Félix Ureña
Don Eduardo Aruz
Don Emilio Ramírez
Don Carlos Duarte
Don José Corcuera

Sección tercera
A cargo de don José Jorrín
Analizarán en cualquier libro y responderán cuanto se les pregunte sobre analogía, sintaxis, prosodia y ortografía, escribiendo igualmente lo que se les dictare.
Don Ramón Ramos
Don José María Benítez
Don Jacinto Pedroso
Don Antonio Izquierdo
Don José Manuel Jimeno
Don Gabriel Suárez
Don José del Moral
Don Luis Valera
Don Ramón Soto
Don Rafael Bolanger
Don José Zuasnávar
Don Julián Iturbe

Don Lorenzo Inarra
Don Carlos Ramos
Don Gonzalo Goicouría
Don Ignacio Zuasnávar
Don Federico Vallín
Don Juan Manuel Martínez
Don José Incháustegui
Don José Franco
Don Manuel Ramírez
Don Justo García
Don Manuel Suárez
Don Agustín Díaz
Don José Invernó
Don Serafín Atalay
Don Rafael Díaz
Don Calixto Acosta
Don José Abaitua
Don Simeón Ochandarena

Sección cuarta
A cargo del Director
Ésta es propiamente una clase de composición; y para promover tan importante ramo se han ejercitado asimismo en la propiedad del lenguaje, explicando detenidamente las palabras, descomponiendo las frases y fijando la significación de los sinónimos. Presentarán gran variedad de composiciones y aun escribirán de improviso sobre los temas que se dignen proponerles los examinadores. Igualmente para perfeccionarlos en la lectura e inspirarles el gusto de las buenas letras, se les ha leído y hecho leer en las obras de nuestros mejores hablistas, así en prosa como en verso, y señaladamente en las de León, Cervantes, Jovellanos y Gallegos. Por lo tocante a gramática, viene a ser esta clase, como la última del ramo, un verdadero curso de crítica sobre las teorías gramaticales.
Don Luis Hernández
Don Tomás Romay

Don Marcelo Bottino
Don Francisco Mercero
Don Ambrosio Morejón
Don Gabriel Pichardo
Don Lorenzo García
Don Sebastián Pichardo
Don Gerónimo D'Wolf
Don Alberto Galarraga
Don Gabriel de Cárdenas
Don Gonzalo Aldama
Don Eusebio Guiteras
Don José María Zayas
Don Tomás Atalay
Don Francisco Silva
Don Francisco Ramírez
Don Martín Aróztegui

Geografía

Sección primera
A cargo de don José Riera
Expondrán la división política de la Isla de Cuba, notando sus ríos, montes y cordilleras principales.
Don Manuel Ramírez
Don Gabriel Pichardo
Don José Zuasnávar
Don Luis Valera
Don Gabriel de Cárdenas
Don Simón Teja
Don Rafael Bolanger
Don Antonio Izquierdo
Don Emilio Ramírez
Don Alejandro Alcalá
Don Felipe Herrera

Don Eusebio Guiteras
Don José Quiñones
Don José Abaitua
Don Justo García
Don Manuel Duarte
Don Jacinto Pedroso
Don Jorge Zequeira
Don José Franco

Manifestarán la división política en el mapamundi
Don José Franco
Don Manuel Ramírez
Don José Zuasnávar
Don Justo García
Don Gabriel Cárdenas
Don Antonio Izquierdo
Don Rafael Bolanger
Don Luis Varela
Don Gabriel Pichardo
Don Tomás Atalay

Sección segunda
A cargo de don Felipe Poey
Expondrán la división política de la Isla de Cuba, notando sus principales
ríos, montes, cordilleras, etc.
Don José María Zayas
Don Ignacio Zuasnávar
Don Federico Vallín
Don Gabriel Suárez
Don Manuel Suárez
Don José Incháustegui
Don José del Moral
Don Gonzalo Goicouría
Don José Jimeno

Don Carlos Ramos
Don Ramón Ramos
Don José Invernó
Don José María Benítez

Geografía moderna
División política de Europa, Asia, África y América
Don Ramón Soto
Don Alberto Galarraga
Don Francisco Mercero
Don Victoriano Arrieta
Don Rafael Díaz
Don Agustín Díaz
Don Luis Hernández
Don Julián Iturbe

Aritmética teórico-práctica
A cargo de don José Tres-Puentes
Responderán a todos los artículos de Aritmética con inclusión de la extracción de raíces cuadradas y cúbicas, preposiciones, progresiones y reglas de tres con sus aplicaciones.
Don Marcelo Bottino
Don Blas Pedroso
Don Alberto Galarraga
Don Eugenio Arriaza
Don José Incháustegui
Don Gonzalo Goicouría
Don Ramón Soto
Don Lorenzo García
Don Luis Hernández
Don Francisco Mercero
Don Julián Iturbe
Don Ambrosio Morejón
Don José Franco

Don José Zuasnávar
Don Gabriel Cárdenas
Don Tomás Romay
Don Tomás Atalay
Don Simeón Ochandarena

Clase de aritmética mercantil
A cargo de don Blas María San Millán
Resolverán por métodos abreviados muchas operaciones ordinarias, verificarán la multiplicación por partes alícuotas, y lo mismo la reducción de monedas, aneaje, cuentas de géneros, y los casos más importantes del interés simple, del interés con tiempo y del interés compuesto, y los descuentos de dos maneras diferentes sin necesidad de tabla de ninguna especie, disponiendo cuentas corrientes, con interés por las tres formas más usuales en el comercio.

Explicarán la naturaleza de la moneda, cambio y arbitrajes, la de las letras, pagarés con todas sus diferencias y circunstancias, practicando cambios, desde La Habana con las principales plazas, y desde Madrid y Cádiz, con París y Londres, haciendo igualmente algunos arbitrajes, hasta entre cinco plazas.

Esta clase mercantil se ha dado sin texto alguno y tan solo prácticamente, como siempre se ha verificado en este establecimiento.
Don Juan Ajuria
Don Joaquín Jáuregui
Don Victoriano Arrieta
Don Gerónimo D'Wolf
Don Miguel Aldama
Don Domingo Arozarena
Don Antonio Fernández

Escritura
A cargo de don Rafael Navarro
Esta clase está dividida en cuatro secciones

A cargo de don José Riera, don Mariano Olabarrieta y don Pedro Suárez: se compone de todos los alumnos del establecimiento, que presentarán una colección de planas de diferentes caracteres de letras, escribiendo la mayor parte sin necesidad de falsilla.

Clase de dictado
A cargo de don Blas María de San Millán
Escribirán dictándoles cartas, memoriales, oficios y algunas otras clases de documentos y asuntos familiares con oportuna aplicación de la más correcta ortografía. Es de advertir que casi todas las clases de gramática de este establecimiento son también clases de dictado.
Don Alberto Galarraga
Don Gabriel de Cárdenas
Don Tomás Atalay
Don Blas Pedroso
Don Juan Manuel Martínez
Don Eusebio Guiteras
Don Luis Valera
Don Justo García
Don José Abaitua
Don José María Benítez
Don Jacinto Pedroso
Don Ramón Ramos
Don Manuel Suárez
Don Eugenio Arriaza
Don Gabriel Suárez

Clase de dibujo lineal
A cargo de don José Jorrín
Esta clase está dividida en tres secciones.

Sección primera
Trazarán a ojo las figuras geométricas y algunas de ornato comprendidas en el método de Francoeur que sirve de texto.

Don Juan Iturbe
Don Ramón Soto
Don José Incháustegui
Don Gonzalo de Aldama
Don Rafael Bolanger
Don José del Moral
Don José Invernó
Don Carlos Ramos
Don Lorenzo García
Don Luis Hernández
Don Lorenzo Inarra
Don Gonzalo Goicouría
Don Manuel Ramírez
Don Manuel Alzar
Don José Zuasnávar
Don Antonio López
Don Sebastián Pichardo
Don Gabriel Pichardo
Don Federico Vallín

Sección segunda
Los alumnos de esta sección trazarán las mismas figuras que los de la anterior, valiéndose de la regla, compás, escuadra y trasportador
Don Domingo Arozarena
Don Victoriano Arrieta
Don Juan Jerez y Mesa
Don Marcelo Bottino
Don Francisco Mercero
Don Francisco Ramírez
Don Francisco Silva

Sección tercera
El objeto de esta nueva sección es que los alumnos apliquen los conocimientos que tienen de aritmética a los de geometría que ya han adquirido

en las dos secciones precedentes, resolviendo varios problemas prácticos y curiosos, según el texto de Francoeur: lo que ejecutarán.

Don Domingo Arozarena
Don Victoriano Arrieta
Don Juan Jerez y Mesa
Don Marcelo Bottino
Don Francisco Mercero
Don Francisco Ramírez
Don Francisco Silva

Educación secundaria

Clase de alemán
A cargo del Director
Esta clase se compone de dos alumnos, los cuales se han ejercitado en declinar, conjugar, leer, escribir al dictado, entender a viva voz y traducir en una obra histórica y en otra de cuentos.

Don José Agustín Baró
Don Lorenzo Arrieta

Sección primera lengua francesa
A cargo de don Felipe Poey
Traducirán oyendo leer todo el pequeño catecismo de Fleuri, conjugarán verbos regulares e irregulares, y los primeros también escribirán.

Don José Jimeno
Don José Franco
Don Jorge Zequeira
Don Tomás Romay
Don Mateo García
Don Juan Rebollo
Don Esteban Villegas
Don Alejandro Alcalá
Don Eduardo Aruz
Don José Quiñones

Don Félix Ureña
Don Simón Teja
Don José Corcuera

Sección segunda
A cargo de don Pedro Barbaste
Esta clase se ha ejercitado principalmente en conjugar verbos regulares
e irregulares y en las dificultades de la pronunciación. Traducirán los tres
primeros capítulos de Robinson.
Don Gonzalo Aldama
Don Rafael Díaz
Don Agustín Díaz
Don Simón Ochandarena
Don Juan José Martínez
Don Manuel Alzar
Don Juan Ajuria
Don Tomás Atalay
Don Serafín Atalay
Don Alberto Galarraga
Don Sebastián Pichardo
Don Marcelo Bottino

Sección tercera
A cargo de don Blas María de San Millán
Traducirán al castellano en varios autores, sin preparación, y los últimos
en cualquier libro que se les presente; verificándolo todos del francés al
castellano en el libro primero de las Fábulas de Samaniego, y algunas anéc-
dotas del titulado Educación de la infancia, analizando gramaticalmente y
explicando las reglas de la pronunciación, etc.
Practicarán en la pizarra, donde no solo manifestarán sus conocimientos
en lo más importante de las reglas de la sintaxis, sino también el uso de
algunos modismos y propiedad del lenguaje.
Don Francisco Silva
Don Francisco Ramírez

Don Ramón Soto
Don Martín Aróztegui
Don Victoriano Arrieta
Don Miguel de Cárdenas
Don Francisco Mercero
Don Eugenio Arriaza

Sección cuarta
A cargo de don Pedro Barbaste
Los alumnos de esta clase traducirán del francés al castellano y viceversa, indistintamente y en cualquier libro que se les presente, escribirán lo que se les dicte y contestarán a las preguntas que se les haga.
Don José María Zayas
Don Miguel Aldama
Don Antonio Guiteras
Don Joaquín Jáuregui
Don Juan Jerez y Mesa
Don Gabriel Pichardo
Don Francisco Arrieta
Don Jerónimo D'Wolf

Lengua inglesa
A cargo del Director
Hay tres secciones. Todos los alumnos se han ejercitado en leer, hablar, escribir y comprender al oído; con solo la diferencia que los de la primera lo hacen en toda especie de libros, los de la segunda en la Introducción al lector inglés, y los de la tercera en las Lecciones populares. Todas las secciones han seguido igualmente su curso de temas para mejor adquirir los modismos, y la primera se ha ejercitado asimismo en la correspondencia familiar y mercantil.

Primera sección
Don Lorenzo Arrieta
Don Joaquín Jáuregui

Don Jerónimo D'Wolf
Don Francisco Arrieta
Don Antonio Fernández
Don Miguel Aldama

Segunda sección
Don Domingo Arozarena
Don Blas Pedroso
Don Eugenio Arriaza
Don Gabriel Suárez
Don Manuel Suárez
Don Miguel de Cárdenas
Don Jacinto Pedroso
Don Ramón Ramos
Don Antonio Guiteras

Tercera sección
Don José María Zayas
Don José del Moral
Don José Abaitua
Don Simeón Ochandarena
Don Luis Hernández
Don Lorenzo García
Don Ambrosio Morejón
Don Mateo García

Lengua latina
Primera sección
A cargo de don Felipe Poey
Declinaciones y conjugaciones
Don Carlos Acosta
Don Manuel Alzar
Don Francisco Guitart
Don Emilio Ramírez

Don Felipe Herrera
Don Mariano Moya
Don Carlos Duarte

Declinaciones, conjugaciones y traducción del primer capítulo de
Robinson
Don Gonzalo Goicouría
Don Francisco Mercero
Don José Incháustegui
Don Bernardo Reinoso
Don Antonio López
Don Manuel Duarte
Don Sebastián Pichardo

Sección segunda
A cargo de don Pedro Barbaste
Traducirán los tres primeros capítulos del Robinson, analizando lógica-
mente lo que tradujeron y dando razón de algunas reglas de sintaxis.
Don Eusebio Guiteras
Don Ambrosio Morejón
Don José María Benítez
Don Tomás Romay
Don Ignacio Zuasnávar
Don José Zuasnávar
Don Rafael Bolanger
Don José Manuel Jimeno
Don Manuel Ramírez
Don Federico Vallín
Don Antonio Izquierdo
Don Justo García

Sección tercera
A cargo del mismo

Traducirán todas las fábulas de *Fedro* que se encuentran en la Colección de autores latinos, las Cartas de Cicerón hasta el segundo libro, y las Vidas de Milcíades y Temístocles, analizando todas las oraciones según los principios de sintaxis, cuya aplicación hacen diariamente.

Don Marcelo Bottino
Don Jacinto Pedroso
Don Gabriel de Cárdenas
Don Juan José Martínez
Don Gabriel Suárez
Don Francisco Silva
Don Carlos Ramos
Don Julián Iturbe
Don Luis Hernández
Don Ramón Ramos
Don Alberto Galarraga
Don Francisco Ramírez
Don Victoriano Arrieta
Don Gabriel Pichardo
Don Manuel Suárez
Don José María Zayas
Don José Invernó

Cuarta sección
A cargo de don Blas María de San Millán
Traducirán los trece primeros párrafos del libro primero de Bello civili de César, todas las elegías del libro primero de Tristium de Ovidio, insertas en la Colección de autores latinos, la oración primera In Catilinam de Cicerón, y en fin las Églogas de Virgilio, comprendidas en la misma colección, con el oportuno análisis gramatical.

Practicarán en la pizarra temas latinos hasta la regla 84 de la sintaxis, según el curso de los mismos por el que se ejercitan.

Don Domingo Arozarena
Don Antonio Fernández
Don Juan Jerez

Don Eugenio Arriaza

Don Martín Aróztegui

Sección quinta

A cargo del mismo

Traducirán desde la página 67 hasta la 97 del libro primero de Secundo bello punico de Tito Livio, todo el libro primero de la Eneida de Virgilio y 250 versos del libro sexto, analizando gramaticalmente las oraciones y explicando algunas alusiones mitológicas y geográficas.

Practicarán en la pizarra temas latinos hasta la regla 154 de la sintaxis, según el curso de ellos arreglado a la misma sintaxis:

Don Tomás Atalay

Don Juan Ajuria

Don Blas Pedroso

Sección sexta

A cargo de don Pedro Barbaste

Traducirán 32 capítulos de los Anales de Tácito, 200 versos de Horacio y todas las odas del mismo autor que se encuentran en la Colección de autores latinos.

Notarán los principales tropos y figuras, explicarán los pasajes mitológicos e históricos que ocurrieren, y medirán toda clase de metros en la poética y odas, con calificación de las cantidades, según las reglas de prosodia.

Don Antonio Guiteras

Don Pedro Figueredo

Matemáticas álgebra

A cargo de don José Tres-Puentes

Responderán según el tratado de Lista, desde el principio del Álgebra hasta ecuaciones determinadas con muchas incógnitas inclusive.

Don Blas Pedroso

Don Antonio Guiteras

Don Juan José Martínez

Don Juan Jerez

Don Francisco Ramírez
Don Jerónimo D'Wolf
Don Gonzalo Aldama
Don Simón Ochandarena

Geometría elemental
A cargo de don Rafael Navarro
Demostrarán la primera parte del tratado de don Alberto Lista que comprende hasta planos.
Don Antonio Fernández
Don Juan Ajuria
Don Domingo Arozarena
Don Joaquín Jáuregui
Don Miguel Aldama
Don Martín Aróztegui

Geometría analítica
Aplicación del Álgebra a la Geometría elemental
A cargo del mismo
Manifestarán sus conocimientos en este ramo con sujeción al tratado de Lista.
Don Francisco Arrieta
Don José Agustín Baró

Trigonometría plana
A cargo del mismo
Responderán en este ramo según el tratado de Lista.
Don Francisco Arrieta
Don José Agustín Baró

Trigonometría aplicada a la geodesia
A cargo de don José Jorrín
Explicarán el objeto de esta ciencia, y resolverán los problemas más importantes y frecuentes en la práctica, según el texto de Lista.

Los dos alumnos que componen esta clase presentarán, como primer ensayo de sus operaciones en el terreno, un plano de la calzada de S. Salvador del Cerro y sus inmediaciones.

Don Lorenzo Arrieta

Don Miguel de Cárdenas

Geometría analítica

A cargo del mismo

Responderán a las proposiciones y problemas contenidos en el texto de Lista, bajo las denominaciones de ecuación de la recta y del círculo, transformación de coordenadas, secciones cónicas, tangentes, diámetros y discusión de las ecuaciones.

Don Miguel de Cárdenas

Don Lorenzo Arrieta

Cosmografía

A cargo de don José Jorrín

Resolverán tanto en el globo terrestre como en la esfera proyectada, varios problemas relativos al movimiento aparente del Sol.

Don Francisco Arrieta

Don Antonio Fernández

Don Domingo Arozarena

Don Juan Jerez

Don Joaquín Jáuregui

Don Blas Pedroso

Don Tomás Romay

Don Antonio Fernández y

Don Francisco Arrieta

Resolverán además en el globo celeste diferentes problemas sobre el movimiento de las estrellas fijas, explicarán la causa de la variedad de las estaciones, la de los eclipses solares y lunares, y construirán según las leyes de la Gnomónica cuadrantes horizontales y verticales para cualquier latitud.

Clase de teneduría de libros

A cargo de don Blas María de San Millán

Principales definiciones, diferencias de ambas partidas, distinción de cuentas, su objeto, cómo se saldan, explicación de libros, tantos principales como auxiliares, asiento de cuentas hasta la de participación en Diario y Libro mayor, modo de abrir los libros y cerrarlos.

El último alumno hará algunas aplicaciones de la partida doble a la contabilidad de la Real Hacienda.

Don Joaquín Jáuregui
Don Miguel Aldama
Don Lorenzo Arrieta

Dibujo natural
A cargo del Profesor
Don Manuel Cil

Estudio de principios
Don Ignacio Zuasnávar
Don José Quiñones
Don Rafael Díaz
Don Joaquín Villate
Don Juan José Martínez
Don Francisco Guitart
Don José Corcuera
Don Jorge Díaz
Don Antonio López
Don Manuel Duarte
Don Juan Jerez ... 2 manos de una virgen de Rafael
Don Eugenio de Arriaza ... 2 pies

Don Blas Pedroso ... 2 manos de una virgen de Rafael, dos de estudio, un contorno de una cabeza y un pie.

Don Justo García ... 1 cabeza de una amazona, medio rostro de Antinoo y una cabeza de estudio.

Don José Incháustegui... 1 cabeza de estudio y otros trozos de ídem.

Don Jacinto Pedroso... 2 medias cabezas y dos manos. Don Federico Vallín ... 2 medias caras y algunos principios.

Don Félix Ureña ... 2 medias caras

Don Carlos Duarte ... 1 mano y un pie

Don Agustín Díaz ... 1 mano y una media cara

Don José Manuel Jimeno... 1 pie.

Cabezas y medios cuerpos

Don Francisco Ramírez... Medio cuerpo, copia de Poussin y la cabeza de Palemón

Don Joaquín Jáuregui ... 1 cabeza de un joven hebreo, otra de Palemón y San Mateo de Leonardo de Vinci

Don Eugenio de Arriaza ... 1 cabeza de una georgiana, otra de París de Guido Reni y otra de Bruto de Poussin

Don Juan Jerez... 1 cabeza de la virgen del cuadro de la Perla de Rafael.

Una Musa de Rafael y otra cabeza de Príamo

Don Victoriano Arrieta ... 1 cabeza de Santiago de Leonardo de Vinci, otra de Apolo de Belvedere y otra de Parmo de Sicilia de Rafael.

Don Tomás Romay ... 1 Musa y la cabeza de Priamo

Don José Manuel Jimeno ... 1 cabeza de estudio

Don Juan Rebollo ... 1 cabeza de Mardoqueo de Poussin, el joven hebreo y una georgiana

Estudio de cuerpos enteros y paisajes

Don Francisco Ramírez... Cincinato, dos figuras de estudio y Tacio de David

Don Guillermo Lobé ... 2 pugilatores, y algunos paisajes a la aguada

Don Francisco Arrieta ... 1 grupo de la sublevación en el Cairo de David

Estudio de yeso

Don Guillermo Lobé ... 1 cuerpo entero copia del Antinoo, dos copias del medio cuerpo de id., el Hércules Farnesio y un retrato de su hermano copia del natural

Don Francisco Arrieta ... 1 cuerpo entero del Antinoo

Clase de música
Bajo la dirección del profesor
Don José Tres-Puentes

Solfeo
A cargo de don Gregorio Ramos
Esta sección se compone de los alumnos:
Don Pedro Figueredo
Don Bernardo Figueredo
Don Victoriano Arrieta
Don Agustín Díaz
Don Jorge Díaz
Don Rafael Díaz
Don Félix Ureña
Don Antonio Izquierdo
Don Juan Rebollo
Don Jorge Zequeira
Don Francisco Guitart

Instrumental
A cargo de don José Tres-Puentes
Como la mayor parte de estos alumnos están principiando a tocar los instrumentos, piano, flauta y violín, no ofrecen interés al público; y así solo se presentarán los más adelantados a ejecutar piezas en el piano y violín, que son:
Don Pedro Figueredo (piano)
Don Bernardo Figueredo (piano)
Don Agustín Díaz (violín)
Terminarán estos ejercicios literarios con un himno, cuya letra es compuesta por un alumno y la música por el maestro honorario del Real Conservatorio de Santa Cristina
Don José Tres-Puentes, profesor de este establecimiento.

NOTA:

Para los exámenes de la clase de Filosofía se ha impreso por separado el correspondiente elenco de proposiciones.

IV. Apuntaciones para el elenco de filosofía, correspondiente al presente año (21 de octubre de 1835)

(Fragmentos inéditos)

10. Sin la abstracción serían muy limitados los conocimientos humanos: ése es el gran instrumento para clasificarlos.

11. Sin abstracción no hay juicio; pero no...[7] en éste la expresión de un objeto por una de sus propiedades, aunque es verdad que muchas veces no es menester reunir las dos ideas.

12. El análisis es el [norte del] entendimiento que puede darnos nociones ciertas; no hay otro. La síntesis es parte de él. Después de generalizar, volvemos a particularizar: el entendimiento que está traduciendo, y destorciendo el hilo...

13. Ideas individuales y generales. Deben corregirse por las individuales.

14. Comprensión y extensión de las ideas.

15. Después de juzgar lo que hacemos, muchas veces acordándonos, raciocinamos por deducción y por conexión.

16. Imaginar, acordarse, meditar.

17. ¿Cuáles y cuántas son las operaciones del entendimiento?

Las capitales. Las subordinadas

18. Requisitos para corregir los sentidos, puesto que ellos son los órganos.

19. Abuso de las abstracciones: Cartesio, Malebranche.

20. Memoria de palabras, de ideas.

21. Formar nosotros mismos una ciencia.

22. Método: más bien medios de no caer, que medios directos de acertar.

23. Importancia de la historia de la filosofía, como ejemplares, y también para hacernos ver el origen y progreso de cada teoría, pues muchas no son (rara vez) absolutamente verdaderas, ni absolutamente falsas.

24. Método de enseñanza (esencialmente intelectuales).

25. Precipitar, no considerar, confianza, falta de... Esto último aún más de lo que se cree. Por eso no se deben abandonar las analogías, pero no

---

7   Rotos que serán indicados con puntos suspensivos (Roberto Agramonte.)

asentar nada que no esté demostrado: lo que basta para mantener vivo el espíritu de indagación, que es el que fertiliza.

Talento, genio, etc.

26. Fijaremos las ideas de talento, genio, ingenio, juicio y buen gusto.

27. Aunque el talento sea un don de la naturaleza, puede perfeccionarse con la cultura.

28. En las cosas inventadas debe reinar sencillez, relación de partes y conformidad con los objetos.

29. Rigurosamente hablando, el hombre imita más bien que inventa.

30. Infiérese, pues, que aun cuando una obra falte a ciertas reglas del arte, si llena las condiciones sobredichas, alcanza el fin que se propone.

31. Con este motivo tocaremos la famosa cuestión del clasicismo y romanticismo. Acerca de la cual no serían más que unos los pareceres, si los campeones de uno y otro bando no excediesen los límites de la razón.

32. Si una obra del arte surte el efecto que se propone —aunque sea por caminos nuevos y desusados, que se propuso su autor— con el mero hecho quedan justificados los medios.

33. La diversidad de usos y costumbres de los varios pueblos, y aun del mismo pueblo, según los tiempos, son una fuente perenne de novedad. Luego la literatura debe renovarse, no ya solo en el modo, pero hasta en la sustancia. He aquí establecida la necesidad del romanticismo. En consecuencia, los grandes ingenios siempre tuvieron una gran parte de romanticismo.

La atención no se cautiva sino con novedades.

Además, reformar la literatura, haciéndola un instrumento de mejora moral: he aquí su alta misión. Nadie como Scott y Manzoni, Goethe, Bachiller.

34. Pero si por una parte es lícito abrir nuevos caminos al ingenio, haciendo el grupo de las reglas, jamás es permitido sacudir el yugo saludable de la razón; y esto han hecho infinitos románticos: Servium pecus:[8] imitadores en medio de la libertad, imitadores de los desbarros ajenos e inventores de extravíos propios.

---

8   «Siervos del rebaño».

35. En suma, ni la observancia de las reglas ni su infracción producen grandes cosas: solo el ingenio sabe producirlas.

36. Estudiemos los buenos modelos.

37. La belleza real e ideal: imitación y copia.

38. Aunque la dificultad vencida sea un mérito en el arte, no es el primero ni el principal.

39. Éste consiste en interesar al corazón... El arte se hizo para mover los afectos de toda la muchedumbre, y ejercitar el juicio de los inteligentes.

40. La intolerancia en materia de gusto desaparece en gran parte cuando nos colocamos en las circunstancias especiales de cada nación y de cada siglo.

41. Esto no es decir que el buen gusto debe de tener sus fundamentos en la naturaleza.

42. El juicio es para el entendimiento lo que el buen gusto es para la fantasía.

43. Aunque el gusto se forma por la práctica y el estudio de los buenos modelos, su misma naturaleza debe convencernos de que en gran parte también se siente, o se debe a la...

MANIFESTACIONES DE NUESTROS CONOCIMIENTOS

44. Las acciones y las palabras son los medios de que se vale el hombre para manifestar sus ideas. A éstas, tanto a las unas como a las otras dan los ideólogos el nombre de signos.

45. Los signos, además de servirnos para expresar nuestras ideas, los empleamos para clasificarlas y adquirirlas.

46. De aquí inferimos la importancia de su estudio, así para el gramático como para el ideólogo.

47. Sin embargo, el gramático debe tomar cuenta de lo que ha sido, y el ideólogo de lo que debería ser. Uno y otro se prestan auxilios.

48. Pero sea bajo el aspecto de la formación, o sea bajo el de la expresión de ideas, siempre deberán caracterizar, distinguir el lenguaje por los caracteres de sencillez, brevedad, claridad y precisión.

49. En el estado actual de nuestros conocimientos se puede decir que no es posible pensar sin signos; pero sí puede y debe concebirse que comen-

zamos a discurrir sin ellos. Para hablar con toda exactitud, diríamos que sin signos es posible discurrir, pero no analizar.

50. Las ideas se corrigen, y aun se forman, por las palabras, y las palabras por las ideas.

51. Así, pues, la primera regla del buen escribir es el mucho pensar.

52. Con este motivo explicaremos en lo que consiste aquella dificultad que aqueja a ciertas personas de entender una cosa, pero no poder explicarla.

53. Los signos son unos verdaderos compendios de las ideas.

54. «El arte de traducir es el arte de saber». Principio aplicable hasta cierto punto en la averiguación de la verdad, aunque como método en todo. Naturaleza de las matemáticas. La de las ciencias físicas.

55. Así podrá entenderse que las ciencias pueden considerarse como unas lenguas bien formadas.

56. Diferencia entre saber y tener muchas ideas. El saber es el porqué de las cosas. Sabe el que clasifica, tiene idea el que recuerda cosas sueltas. El sabio y el empírico.

57. La teórica y la práctica. La ciencia y el arte.

OBSTÁCULOS DE NUESTROS CONOCIMIENTOS

58. Preocupaciones, pasiones, hábitos, falta de disposición, lenguaje, definiciones, principios, plan sistemático, aparato científico, multitud de cuestiones y autoridad, aplicación de unas ciencias a otras (abuso), exceso en las abstracciones (bajo la autoridad, la novedad, y el extremo contrario; así audi alteram partem).[9]

59. Parece conveniente fijar el sentido de la palabra preocupación, para no extraviarnos en su aplicación, como suele suceder.

60. Las preocupaciones son tantas, que es forzoso reducirlas a cuatro fuentes: la El trato social. 2.ª La timidez literaria. 3.ª La excesiva confianza.

4.ª La pereza mental.

61. El mejor antídoto de las primeras es difundir la educación para que penetre ésta en el bello sexo; para combatirlas todas, la predicación de las sanas doctrinas. Importancia de las cátedras de filosofía, como a propósito

---

9   «Escuchar a la otra parte».

para dar este nuevo impulso: allí se examinan expresamente los fenómenos mentales y sociales, y de ahí bajan las prescripciones, los remedios a las escuelas primarias para curar los achaques generales Así es que aun cuando no todos sean filósofos, todos participan de las bendiciones de la filosofía. La extirpación de preocupaciones en servicio directo y positivo a la humanidad, de los mayores, como el mejor descubrimiento. ¿Por qué —cuál es el fin para que— nos reunimos en sociedad?

62. Las pasiones sirven de fomento o de obstáculos a nuestros conocimientos, según que alienten o arrastren al espíritu.

63. Son muy equívocos los signos en que pretendemos leer la perversión de las pasiones. ¡Cuántas veces se ha confundido la pasión con la mala fe!

64. El acaloramiento es signo tan equivoco por cuanto puede acompañar tanto al perverso que quiere cohonestar su maldad como al justo que defiende lo recto; al preocupado que se empeña en sostener quimeras como al filósofo que sostiene los derechos de la razón.

65. Espíritu de partido, es esencialmente injusto.

66. Nunca recordaremos sobradamente la frialdad o, más bien, la tranquilidad del ánimo para investigar la verdad. Pero no olvidemos que solo la pasión, el entusiasmo es quien ha producido grandes hombres y grandes cosas. La mediocridad nunca es entusiasta.

67. Es necesario predicar una filosofía tolerante, no solo porque hace más felices a los hombres, sino también por ser la más completa. La fortaleza que adquiere el entendimiento cuando se acostumbra a no admitir sino lo bueno, sea de donde fuere. El triunfo de la filosofía es conocer el mérito ignorado. Así es como se funde de veras el yugo de la autoridad. Pero de esto, en su lugar, después de habernos ocupado en los medios de gobernar nuestras pasiones.

68. Modo de manejar las pasiones de los otros hombres. Pero esto también en la ética.

El hábito es el gran resorte de nuestros aciertos y de nuestros extravíos. Pero ni en bien ni en mal es tan entendido como merece.

70. Por falta de disposición entendemos, en este lugar no la... Absoluta, sino la causada por falta de los debidos preliminares.

71. Esta causa fomenta y aún produce muy a menudo ideas equivocadas sobre la dificultad de las ciencias, y por consiguiente la preocupación de timidez literaria.

72. Produce asimismo las preocupaciones y errores hijos de la temeridad. Si algunos metafísicos hubieran entendido algo de filosofía ni se hubieran equivocado tanto, ni hubieran sido tan dogmáticos en sus decisiones.

Por esto decimos también, que es necesario estar enterado de una ciencia para decidir sobre su naturaleza y recursos, sin que basten para ello unas meras indicaciones ideológicas que resienten de inexactitud en su misma generalidad. Por eso, mi tema: un gran ideólogo es necesario que sepa de todo: algo más que algo; por consiguiente, ejercitémonos en algunas ciencias antes de acometer el dominio de la ideología; de otro modo, se extravía, o se empieza erróneamente por lo más difícil y abstracto, y lo primero es detallar fenómenos. Además, las ciencias nos ofrecen todos los fenómenos del espíritu humano.

73. El lenguaje, siendo el más eficaz instrumento de nuestros conocimientos, es uno de los mayores obstáculos. El lenguaje nos puede extraviar en tres maneras: 1.ª Por aplicar la misma palabra a diferentes objetos.

2.ª Por creer que entendemos todo lo que nombramos, y 3.ª Por falta de claridad.

74. Las definiciones nunca pueden suplir el análisis. Solo son útiles, y a veces necesarias, cuando se trata de determinar el significado de las palabras, o cuando se refieren a objetos muy sencillos. La geometría nos ofrece ejemplos de ello. Véase Metafísica de la Geometría.

75. Pero un obstáculo de los más perjudiciales a las ciencias ha sido el enseñarlas por principios generales. He aquí el fundamento del dogmatismo y del atraso de las ciencias. La jurisprudencia nos ofrecerá ejemplos de la mala influencia de semejantes sistemas.

76. Muchos de los tenidos por principios generales o nada enseñan de nuevo, o envuelven algún error. El entendimiento va de lo individual a lo universal. (Argumentos de paridad.) 77. Los sistemas son otro obstáculo de las ciencias; pues todo sistema, por plausible que sea, viene a reducirse a una síntesis sin el debido análisis, y sin análisis se podrá adivinar, pero no acertar.

V. Doctrinas de psicología,[10] lógica y moral, expuestas en la clase de filosofía del Colegio de san Cristóbal

SITO EN CARRAGUAO, ACERCA DE LAS CUALES SERÁN EXAMINADOS LOS ALUMNOS DE 2.º AÑO DON BARTOLOMÉ JOSÉ CRESPO, DON JUAN AJURIA, DON JOSÉ AGUSTÍN BARÓ, DON ANTONIO GUITERAS, DON EUGENIO ARRIADA Y DON MIGUEL DE CÁRDENAS

El día de diciembre de 1835

BAJO LA DIRECCIÓN DE DON JOSÉ DE LA LUZ

HABANA IMPRENTA DEL GOBIERNO Y CAPITANÍA GENERAL POR S. M.

1835

Obest enim plerumque iis qui discere volunt auctoritas eorum qui docent.

Cicerón

Advertencia

Este elenco, a pesar de su latitud, está tan lejos de ser completo respecto de la ciencia, que todavía no lo es ni aun respecto del mismo curso que representa.

Hase tratado de recopilar tan solo aquellas doctrinas que ofrecen una ocasión de inculcar prácticamente a los alumnos el verdadero espíritu filosófico, que es el de la crítica universal. Esta advertencia responderá de las omisiones que de intento hemos hecho con harto dolor nuestro, y no sin perjuicio de aquel encadenamiento y armonía que deben reinar en un escrito de esta clase.

También hubiéramos querido alguna vez otra distribución en cuanto al orden de materias. Pero a fin de ocurrir a mayor mal, como era el de un trastorno para los alumnos, fue forzoso ceder a la colocación que les da el texto que tan merecidamente hemos adoptado. Así pues, toda la culpa del embarazo recae absolutamente sobre nosotros, y en manera alguna sobre tan metódico libro.

Por último, la persuasión en que estamos de que un programa científico debe ser una verdadera tabla analítica de las materias aprendidas, destina-

---

10   En el original: «Sicología». (Roberto Agramonte.) 2. 17 de diciembre por la tarde. (Ed. Biblioteca Sociedad Económica Amigos del País, signat. 1019-14-B.) (Roberto Agramonte.)

da no solo al examen sino más particularmente al estudio de los alumnos, es el único motivo que nos ha impulsado a dirigir estas dos palabras a los inteligentes.

Operaciones mentales

1. La experiencia es el punto de partida de toda especie de conocimientos.

2. Aunque observemos en la infancia del hombre ciertas operaciones que no son realmente aprendidas, demostraremos sin embargo que no proceden de ideas innatas.

3. Con este motivo patentizaremos desde ahora la importancia del estudio de la Fisiología para formar una historia completa del hombre interno.

4. La distinción entre argumentos sacados de la razón y de la experiencia desaparece ante un severo análisis; o en otros términos: la razón humana jamás puede rigurosamente proceder *a priori*.

5. El entendimiento principia forzosamente por lo concreto.

6. Por consiguiente, es primero sintético que analítico; y aquí está la gran fuente de sus extravíos. Con la historia en una mano y con la propia experiencia en la otra procuraremos convencerlo.

7. Dedúcese igualmente que ha de haber simultaneidad en muchos de nuestros juicios: por lo que no parece tan demostrado como pretenden ciertos ideólogos ese orden sucesivo en la adquisición de algunas ideas fundamentales.

8. En esta materia se hace necesario distinguir el orden histórico del orden lógico de nuestras ideas.

9. Se infiere asimismo que no todos nuestros juicios son comparativos.

10. Se deduce igualmente que en todo rigor el juicio es anterior a la idea, y como la base de las demás operaciones mentales.

11. Por lo mismo, nuestras primeras ideas no pueden ser nociones simples.

12. Entra luego la abstracción, que es el gran instrumento del análisis; y si bien es verdad que el entendimiento pudo comenzar sin la abstracción, también es cierto que sin ella no puede continuar.

13. En el buen orden científico la síntesis debe venir siempre en pos del análisis. En una palabra, el entendimiento marcha de lo particular a lo

general; pero después que llega a tanta altura, vuelve la vista sobre nuevos, y sobre los antiguos particulares.

14. Partir de lo general a lo particular podrá, cuando más, hacernos adivinar, pero no acertar. He aquí el gran vicio de método de que adolece en gran parte el sistema científico de los antiguos.

15. Los medios que tiene el hombre de asegurarse de sus conocimientos y de ensancharlos son: la intuición, la inducción y la deducción.

16. El silogismo no es más que una forma de discurso, o un medio para la deducción. Por consiguiente, no decimos de él ni todo el bien que le atribuyeron los escolásticos, ni todo el mal que le acumulan los modernos. El escolasticismo quedó derrocado; y una revolución verdadera siempre se excede en su primer fervor. El tiempo es el que de todo hace justicia.

17. Los raciocinios llamados por conexión nacen de la idea de causa.

18. Los variados y admirables efectos de la memoria y de la fantasía llamarán muy especialmente nuestra atención. En ellos influyen poderosamente el hábito y la asociación de las ideas.

19. En nuestra alma debemos distinguir facultades y operaciones. Éstas son los modos bajo los cuales se nos manifiestan aquéllas. Se puede demostrar que todas las operaciones emanan de dos facultades; querer y pensar.

Corrección de las operaciones

20. Siendo los sentidos los órganos de nuestras impresiones, debemos tratar de corregirlos para estar seguros de su exactitud.

21. Aunque el entendimiento no puede menos de proceder por abstracción, sin embargo ha abusado muy a menudo de tan precioso instrumento. Cartesio y Malebranche nos ofrecen de ello ejemplos tanto más notables, cuanto era más grande la superioridad de su genio.

22. Sin corrección de operaciones no hay método que valga, y sin método no hay filosofía.

23. Sin embargo, con solo el método ni se discurre bien ni se hacen descubrimientos; pero sin él aun los buenos pensadores se pueden extraviar fácilmente, y dejar por descubrir mucho que habría quedado descubierto En

una palabra, el método es el constante apoyo de la razón; pero el talento de la observación es el germen de la superioridad.

24. Infiérese, pues, la importancia de la historia de la filosofía para el estudio del método. Las caídas de los hombres grandes son como otras tantas balizas que nos enseñan los escollos que abriga el mar de las ciencias.

25. Se deduce igualmente que el hombre que no sea capaz de formar su ciencia por sí mismo, esto es, de darse una cuenta exacta de sus conocimientos, no puede progresar en su estudio.

26. El mayor beneficio que puede hacer un preceptor a su educando es dirigirle a aquel ramo para el cual tiene disposiciones, o desviarle del que no se hizo para su gusto o para sus alcances. Los padres de familia deben abrir mucho los ojos sobre un particular en que se interesa tan vivamente la felicidad de sus hijos.

27. Pero otra lección no menos importante nos ofrece la historia de la filosofía; pues mostrándonos que no hay sistema enteramente verdadero ni enteramente falso, nos inculca prácticamente el principio de siempre examinar antes de fallar.

28. Excusado es hablar, después de lo dicho, de la precipitación, inconsideración, confianza y falta de datos como causas de nuestros errores, por ser motivos demasiado obvios. Pero la falta de datos tiene lugar aun más comúnmente de lo que se cree. Si algunos metafísicos y políticos hubieran estudiado más al hombre y la naturaleza, habrían ahorrado grandes errores y aun grandes azotes al género humano.

29. Por tanto, jamás deben abandonarse las analogías; pero tampoco debe asentarse nunca lo que no esté bien demostrado, por ingenioso que parezca. Las analogías bastan para mantener vivo el espíritu de investigación, ínterin la naturaleza pronuncia su fallo.

30. Estas consideraciones nos hacen comprender el sentido en que debe tomarse la duda cartesiana. Que cada hombre levante de nuevo el edificio de su ciencia.

Talento, ingenio, juicio y buen gusto

31. Fijaremos las ideas de talento, genio, ingenio, juicio y buen gusto.

32. Aunque el talento sea un don de la naturaleza, puede perfeccionarse con la cultura.

33. En el talento no solo hay diversidad de grados, sino diversidad de géneros.

34. Rigurosamente hablando, el hombre imita más bien que inventa.

35. En las cosas inventadas debe reinar sencillez, relación de partes y conformidad de los objetos.

36. Infiérese, pues, que aun cuando una obra falte a ciertas reglas establecidas, si llena las condiciones expresadas, alcanza el fin que se propuso su autor, y quedan justificados los medios, por más nuevos y desusados que parezcan.

37. Con este motivo tocaremos la famosa cuestión del clasicismo y romanticismo, acerca de la cual andarían menos encontrados los pareceres, si los campeones de uno y otro bando no excediesen los límites de la razón.

38. La diversidad de tiempos y de costumbres es una fuente perenne de novedad. Luego la literatura debe renovarse no solo en el modo sino en la sustancia. Así, pues, los grandes ingenios siempre tuvieron una gran parte de románticos.

39. Mas si por un lado es lícito abrir nuevas sendas al ingenio, sacudiendo el yugo de las reglas, jamás es permitido sacudir el de la razón; y esto han hecho infinitos románticos: imitadores en medio de su libertad: imitadores de desbarros ajenos, e inventores de extravíos propios.

40. En suma, ni la observancia de las reglas, ni su infracción producen grandes cosas: solo el ingenio sabe crearlas.

41. No por esto debemos omitir el estudio de los buenos modelos, manifestando las ventajas que acarrea.

42. En materia de artes nos parece un error el juzgar que los grandes maestros se formaron con los largos estudios: nosotros creemos que la inspiración los formó, y el trabajo los perfeccionó.

43. Explicaremos lo que se entiende por belleza real e ideal, imitación y copia.

44. Aunque la dificultad vencida sea un mérito en el artista, ni es el primero ni el principal; el arte no tanto se inventó para ejercitar el juicio de los inteligentes como para mover los afectos de la muchedumbre.

45. La intolerancia en materia de gusto desaparece en gran parte cuando nos colocamos en las circunstancias especiales de cada nación y de cada siglo.

46. Esto no es decir que el buen gusto deje de tener sus fundamentos en la naturaleza.

47. El juicio es para el entendimiento lo que el buen gusto para la fantasía.

48. Aunque el gusto se forma con la práctica y con el estudio de los buenos modelos, su misma naturaleza debe convencernos que también se siente sin el auxilio del trabajo.

Manifestación de nuestros conocimientos

49. Las acciones y las palabras son los signos de nuestras ideas.

50. Los signos, además de emplearlos para expresar nuestras ideas, nos sirven para clasificarlas, y por lo mismo para adquirirlas.

51. Es, pues, obvia la importancia de su estudio, así para el gramático como para el ideólogo.

52. Sin embargo, el gramático debe tomar cuenta de lo que es y ha sido, y el ideólogo, de lo que debería ser y por qué fue. Uno y otro se prestan auxilios.

53. El lenguaje deberá siempre distinguirse por su sencillez, brevedad, claridad y precisión.

54. En el estado actual de nuestra inteligencia puede y debe decirse que empezamos a discurrir sin ellos. Para hablar con toda exactitud, diríamos que sin signos es posible pensar, pero no analizar.

55. Las ideas se corrigen a veces por las palabras, y al contrario.

56. Así, pues, la primera regla del bien escribir es el mucho pensar.

57. Con tal motivo explicaremos en lo que consiste la dificultad que aqueja a ciertas personas de entender una cosa y no poder explicarla.

58. Los signos son como unos compendios de las ideas.

59. La famosa máxima de Condillac: «el arte de traducir es el arte de saber», solo puede aplicarse hasta cierto punto en la averiguación de la verdad. La distinta naturaleza de las ciencias físicas y matemáticas nos proporcionará medios de manifestarlo.

60. Solo bajo esta condición admitiremos que las ciencias pueden considerarse como unas lenguas bien formadas.[11] Esto sería tomar el efecto por la causa.

61. Señalaremos la diferencia entre saber y tener muchas ideas. ¿Qué es la teórica? ¿Qué es la práctica? ¿Cuál de las dos empieza primero? Deslindar las relaciones entre la ciencia y el arte. Importancia de estas cuestiones para los métodos en la educación primaria.

Obstáculos de nuestros conocimientos

62. Ya hemos hablado de los sentidos y de otras causas de nuestros errores; pero aun nos quedan por enumerar las siguientes: preocupaciones, definiciones, principios generales, plan sistemático, multitud de cuestiones, abuso en la aplicación de unas ciencias a otras, abuso en las abstracciones y autoridad; comprendiendo bajo este capítulo el imperio de la novedad y la prevención contra ella.

63. Parece conveniente fijar el sentido de la palabra preocupación, para no extraviarnos en su aplicación, como suele acontecer.

64. Son tantas las preocupaciones, que se hace forzoso reducirlas a cuatro fuentes: 1.ª el trato social, 2.ª la timidez literaria, 3.ª la excesiva confianza, 4.ª la pereza mental.

65. El mejor antídoto contra las primeras sería difundir la semilla de la educación, para que, llegando hasta el bello sexo, penetrara en la misma cuna de la humanidad. Y el medio más eficaz de combatirlas todas, por lo mismo que es el más gradual, sería la difusión de las sanas doctrinas.

66. Importancia de las cátedras de filosofía, como medio más a propósito para dar este suave impulso. En ellas se examinan los fenómenos naturales, mentales y sociales; y de ahí bajan los remedios a los demás ramos, y hasta las escuelas primarias, para curar los achaques generales.

67. Así es que aun cuando no todos sean filósofos, todos participan las bendiciones de la filosofía. O nos engañamos mucho, o ésta es la más santa de sus misiones.

68. Una obra en que se examinasen filosóficamente el origen y causas de cada una de las preocupaciones populares, sería uno de los mayores

---

11   «La ciencia es un idioma bien construido» (Condillac) (Roberto Agramonte).

servicios que pudieran hacerse no solo al pueblo en general, sino a las ciencias y a sus cultivadores.

69. Las pasiones sirven de fomento o de obstáculo a nuestros conocimientos, según que alienten, o arrastren nuestro espíritu.

70. Son muy equívocos los signos en que pretenden leer los hombres la perversión de las pasiones. ¡Cuántas veces no se ha confundido la pasión con la mala fe!

71. El espíritu de partido es esencialmente injusto.[12]

72. Nunca recomendaremos bastantemente la tranquilidad del ánimo para investigar la verdad. Pero no olvidemos que solo el entusiasmo es quien ha producido grandes hombres y grandes cosas. La medianía nunca fue entusiasta.

73. Es necesario predicar una filosofía tolerante, no solo porque hace más felices a los hombres, sino también por ser la más exacta y la más completa.

74. Nada robustece tanto el entendimiento como la costumbre de no admitir más que lo demostrado, de donde quiera que nos venga.

75. El triunfo de la filosofía es conocer y reconocer el mérito ignorado. Así es como se manifiesta haber sacudido de veras el yugo de la autoridad. Pero de este capítulo más adelante.

76. Después de habernos ocupado en los medios de gobernar nuestras pasiones, debemos aprender a manejar las de los otros hombres. Pero de esto también en su lugar.

77. El hábito es el gran resorte de nuestros aciertos y de nuestros extravíos. Pero ni en bien ni en mal es tan estudiado como merece.

78. Por falta de disposición entendemos en este lugar no la ineptitud absoluta, sino la ocasionada por carecer de los debidos preliminares.

79. Esta causa fomenta y aun produce muy a menudo ideas equivocadas sobre la dificultad de las ciencias, y por consiguiente la preocupación de timidez literaria.

80. Produce asimismo las preocupaciones y errores hijos de la temeridad. Si algunos metafísicos hubiesen entendido de fisiología, ni se habrían equivocado tanto, ni hubieran sido tan dogmáticos en sus decisiones.

---

12   Véase el aforismo CXLVIII en la pág. 79 del volumen I (Alfredo Zayas)

81. Por tanto decimos, que es necesario estar enterado de una ciencia, para decidir sobre su naturaleza y recursos; sin que basten para ello unas meras indicaciones ideológicas que se resienten de inexactitud en su misma superficialidad.

82. Por esto es necesario ejercitarse en algunas ciencias antes de acometer al estudio de la ideología. De otro modo nos extraviamos desde el principio, o empezamos por lo más difícil y abstracto, lo que también al cabo es extraviarse.

83. La ideología debe enumerar y explicar todos los fenómenos del espíritu humano; así, pues, tiene que recurrir al campo de las ciencias, tanto para observar los hechos como los métodos; los cuales respecto de ella también se reducen a la clase de hechos.

84. Si, pues, la ideología es una ciencia de observación, tan solo podrá perfeccionarse aplicándole el método que ha hecho progresar las ciencias físicas.[13] Entonces, y solo entonces, se verificará la gran reforma acometida por Verulamio, confirmando su infalible ley: «a la naturaleza no se manda sino obedeciéndola».

85. Ni la filosofía ni la sana crítica deben permitir que se aplique el nombre de ciencia a ciertas nociones vagas y contingentes, o a unos meros datos estadísticos.

86. Tampoco consiente el rigor científico que se tomen las conjeturas por hechos reales. Los ideólogos que tanto han clamado por la reforma de las ciencias, tienen algo de esto.

87. El lenguaje siendo el más eficaz instrumento de nuestras ideas, es uno de sus mayores obstáculos. Puede extraviarnos en cuatro maneras: 1.ª por aplicar la misma palabra a diferentes objetos o relaciones. 2.ª Por excitar el mismo signo, aun en su mayor sencillez, ideas ajenas del asunto. (Con este motivo indicaremos en lo que consiste la exactitud del idioma algebraico.) 3.ª Por creer que entendemos todo lo que nombramos. 4.ª Finalmente, por faltarle algunos de los requisitos que para su bondad ya indicamos.

88. Las definiciones serán obstáculos de nuestros conocimientos cuando tratemos de que suplan siempre el análisis. Pero a veces son útiles, y

---

13   Importantísima proposición por su radicalidad, que dio lugar a la polémica sobre Cuestión de Método, vol. III, tomo I (Roberto Agramonte).

otras necesarias. El lenguaje y la geometría entre otros ejemplos servirán de garantes a nuestro aserto.

89. Pero un obstáculo de los más perjudiciales ha sido el enseñar las ciencias por principios generales. Muchos de estos principios, sobre los cuales no debía disputarse, según el canon de las escuelas, envuelven graves errores, así como el canon envuelve la esclavitud del pensamiento. Ellos han sido una de las causas más naturales del funesto dogmatismo en las ciencias.

90. Cuando decimos que los sistemas son obstáculos de nuestros conocimientos, tan solo aludimos a aquellas teorías que no abrazan todos los hechos; esto es, a unas síntesis sin el debido análisis.

91. Sobre el aparato científico, diremos que perjudica; porque para los ojos poco ejercitados suele dar a las cosas una realidad que no tienen. ¿Qué principiante no creerá en la exactitud de la teoría de Epino sobre la electricidad, al verla levantada por algunos autores en todo el andamio matemático de principios, axiomas, teoremas y demostraciones?

92. Manifestaremos cómo el abuso de las voces técnicas y de los símiles se opone a los progresos de las ciencias.

93. Mucho contribuiría a su adelantamiento hacer una clasificación de sus cuestiones más importantes; porque la multitud de ellas atormentando nuestro espíritu, le hace malgastar su vigor.

94. Parecería excusado dictar precauciones contra la autoridad, a mediados del siglo XIX. Pero la autoridad es un Proteo, que se presenta bajo mil formas para ejercer su maligna influencia: la novedad, la moda, el espirita del siglo, la ligereza, la presunción, el amor propio no son más que ropajes con que se viste la autoridad, para avasallar nuestra razón.

95. Un profesor entendido y de conciencia debe proporcionar a sus alumnos los medios de juzgarle, acostumbrándolos a apelar a sus propias observaciones.

96. El filósofo jamás debe prodigar su admiración para no hacerla degenerar en culto.

97. Es también una vulgaridad despreciar lo que dijeron los filósofos antiguos cuando no lo podemos comprender. Más de una vez se nos ha

enseñado por la experiencia que sus palabras, bajo el velo de la paradoja, envuelven graves conceptos y profundas observaciones.

Grados de nuestros conocimientos

98. El entendimiento del hombre buscando siempre la certeza, suele no alcanzar más que la probabilidad.

99. Presentaremos las observaciones del célebre Laplace, sobre el cálculo de las probabilidades.

100. La historia ofrece un vasto campo a las probabilidades humanas.

101. Dificultades para determinar la verdad histórica. Libros y sus especies. Monumentos.

102. Las lenguas ofrecen el primero de los monumentos para el estudio de la humanidad.

103. Cotejaremos las mutuas ventajas y desventajas del autor contemporáneo y del póstumo para escribir la historia.

104. El estudio de la historia debe servir de corona más bien que de principio a nuestra educación 105. Esto no quiere decir que el género histórico deje de convenir a la instrucción de la infancia: por el contrario, lo consideramos muy útil con la debida cuenta y razón. «Non omnis fert omnia tellus».[14] En esta parte la ficción saca ventajas a la realidad.

106. Un resto de la influencia de la autoridad se ve todavía en el valor que se pretende dar a las pruebas sacadas de la historia. Los hechos presentes, cuanto más, podrán ser análogos, pero nunca idénticos a los pasados. Este empeño es tanto más ridículo en el orden político; pues, al cabo, se hace y se debe hacer lo que más cumple en pro de una nación.

107. Tratándose de los libros, hemos aprovechado la ocasión de dar algunas reglas sobre el método de estudiar; recomendando como la más preciosa añadir la escritura a la meditación.

108. Asimismo, para infundir el espíritu de observación, hemos procurado manifestar que la instrucción no solo ha de beberse en los libros sino en los hombres y en las cosas. Todo hombre es un libro: la dificultad está en leerlo.

---

14 «No toda tierra produce de todo». (Roberto Agramonte.)

109. «La lectura hace al hombre pleno, la conferencia listo, y la escritura exacto». Este aforismo del ilustre Bacon nos conducirá a examinar la superioridad de los estudios públicos sobre la educación privada. Ésta por sí sola nunca podrá ensayar al hombre para el desempeño de los papeles que tiene que hacer en la sociedad.

110. Tampoco hemos perdido coyuntura de inculcar los perjudiciales efectos del pedantismo y otros escollos que hay que evitar en la carrera literaria. El verdadero sabio es modesto y circunspecto para decidir, accesible para siempre oír, y solo firme para examinar.

Antecedentes de la moral

111. La actividad del alma se nos da a conocer por el entendimiento y por la voluntad.

112. Señalaremos la diferencia entre actos necesarios y actos humanos.

113. La libertad humana es un hecho tan constante como la propia existencia. Los filósofos no están todos de acuerdo en este punto, por haber confundido lo que pertenece al entendimiento y a la acción, con lo que pertenece a la voluntad.

114. Antes de entrar en el estudio de las inclinaciones del hombre, parece un preliminar indispensable dar una idea de sus funciones corporales. En rigor, el estudio de la fisiología debería preceder no solo a la moral, sino a la ideología; puesto que en la adquisición de las ideas tiene la sensibilidad el primer lugar en el orden del tiempo.

115. Siguiendo a Bichat, dividimos la vida en animal y orgánica.

116. La sensibilidad está derramada por toda la máquina animal; pero el cerebro parece ser no solo su punto de reunión, sino el sentido de los sentidos.

117. Por tanto, la opinión de Buffon, que considera el diafragma como sensorio común, si bien se refiere a un hecho evidente, no por eso es mejor fundada.

118. Cuanto más estudiamos la estructura del cerebro y sus funciones, tanto menos plausible nos parece negarle la prerrogativa de sensorio.

Inclinaciones del hombre

119. En los dos órdenes de funciones, animales y orgánicas, hallamos el origen de la utilidad y del placer.

120. Así, pues, venimos a parar en el amor propio, que por lo mismo puede dividirse en dos especies: de ellas deducimos las inclinaciones constantes e inconstantes del hombre.

121. Las pasiones unas veces se dirigen a proporcionar un objeto, y otras a repelerlo. Pertenecen al primer orden la alegría, esperanza, deseo, confianza, animosidad; y al segundo el odio, la ira, miedo, horror, desesperación, pusilanimidad, envidia, conmiseración y tristeza.

122. Describiremos cada una de estas pasiones, si se nos pide.

123. Las pasiones tienen cierta conexión que las hace unirse o degenerar unas en otras. Con este motivo notaremos la diferencia y contacto entre la emulación, la envidia y el odio.

124. Para clasificar bien nuestras inclinaciones conviene distinguir entre apetitos, deseos y afectos.

125. Nos hemos ocupado muy particularmente en los estragos que causa la tristeza, no solo por el poco empeño que se pone en refrenarla, sino porque nos ofrece pruebas muy claras de la influencia del físico sobre el moral; en una palabra, la tristeza a veces no es más que una enfermedad tan corporal como la fiebre misma.

126. En todos nuestros afectos ejerce grande influjo el temperamento individual: circunstancia que debe tenerse muy presente para graduar ciertas acciones.

127. Aquí tiene su entrada la educación, a quien toca modificar estas inclinaciones, y en cuyos planes debe hallar gran cabida la fisiología.

128. Aunque confesamos como el que más la poderosa influencia de la educación, así en lo intelectual como en lo moral, creemos que Helvecio[15] cerró los ojos a la fisiología y a la razón, atribuyéndole exclusivamente la diferencia de facultades e inclinaciones entre los hombres.

---

15 Sobre Helvecio vid. polémica sobre el utilitarismo en la B. A. C. tomo 14 (Roberto Agramonte).

Influencia de los objetos y las ideas en las pasiones

129. Haremos ver el distinto efecto que producen en nuestro ánimo los objetos sublimes, patéticos, bellos y graciosos.

130. Examinaremos las causas del imperio irresistible que ejerce la música en el corazón humano.

131. Cotejaremos la influencia de cada una de las bellas artes en el modo de presentar el mismo objeto, y así quedarán examinadas sus ventajas y desventajas respectivas.

132. Hablar de la influencia de los medios que las fomentan y las reprimen.

133. El empeño en contrariar una pasión suele mayormente fomentarla. Nada es tan difícil ni delicado como el corregir las pasiones ajenas en su exaltación. Sucede con las grandes pasiones como con las grandes enfermedades, que antes se evitan que se curan.

134. La novedad real o aparente es uno de los grandes resortes para excitar las pasiones humanas.

135. La carencia de un objeto es causa muchas veces de aumentar la pasión, y otras de disminuirla. Lo mismo sucede con la dificultad en conseguir.

136. ¿Qué medios fomentan y reprimen más eficazmente nuestras pasiones en el trato y la costumbre?

137. Por último, el interés, la utilidad, es el gran móvil de un gran número de acciones entre los hombres.

Luz de la razón y moralidad de las acciones

138. Pero aun cuando los hombres operen muy a menudo siguiendo la voz de su interés, bien o mal entendido, éste ni es el único motivo de sus acciones, ni la norma de su moralidad.[16]

139. Los hombres jamás gradúan el mérito o demérito de las acciones por la utilidad que produzcan. Entonces habría una moral para cada caso, y los medios, cualesquiera que fuesen, quedarían justificados como se consiguiera el fin. Esta es la moral de la tiranía.

---

16   Este proposición y la siguiente forman el aforismo CXXVIII, pág. 73, vol. I, Obras de Luz (Alfredo Zayas)

140. Se ha querido atribuir a la educación el origen de la ley natural; pero la educación si bien diversifica las aplicaciones de un principio, jamás puede crearlo.

141. Los partidarios del principio de utilidad han confundido el hecho con el derecho, substituyendo una sátira del vicio a un análisis de nuestros principios naturales.

142. La veracidad ilimitada que se observa en la infancia no puede ser el resultado de la experiencia. ¿Cómo podrá explicarse este fenómeno por el principio de utilidad?

143. La moral del interés nos abre un abismo de males: he aquí sus consecuencias forzosas. 1.ª El olvido de nuestros derechos. 2.ª La pretensión de contentar al hombre solo con goces físicos. 3.ª La degradación del carácter nacional. No señalamos otras consecuencias por haber indicado anteriormente la principal de todas ellas.

144. Aunque se ha dicho con mucha verdad que los pícaros son unos malos calculadores, he ahí que no se infiere que los buenos no sean más que unos hábiles especuladores.

145. Creemos que el empeño de algunos moralistas en buscar un principio único a todas las acciones humanas, es una de las causas que han contribuido a acreditar el principio de utilidad.

146. Además del principio moral por excelencia, hay otros principios particulares que concurren con él y facilitan su acción. Tales son: 1.º el respeto a la opinión, o sea, decencia; 2.º la simpatía, 3.º el temor de ser ridiculizado, 4.º el gusto, 5.º el amor propio orgánico.

147. Nos ocuparemos en deslindar lo que dicta la luz de la razón, tocando en consecuencia la famosa cuestión de la pena de muerte.

Virtudes

148. La obediencia al deber: he aquí la definición pitagórica, que es la más completa de la virtud.

149. El hábito hace menos difícil esta disposición constante de obedecer a la obligación: y así se explica aquella máxima de Aristóteles, que tanto viso tiene de paradoja, a saber: «donde hay abnegación de sí mismo, no hay virtud».

150. Hablaremos de las virtudes cardinales y muy particularmente de la justicia y sus partes, por ser esta la madre de todas las virtudes sociales.

151. La fortaleza es aquella virtud que nos hace arrostrar los peligros y sufrir los males. El gran Napoleón, tan osado y fuerte en acometer, fue muy pequeño y débil en sufrir.

152. El suicidio ordinariamente ni prueba fortaleza ni cobardía: es una verdadera enfermedad.

153. El desafío es un mal de opinión, y por lo mismo han sido hasta ahora insuficientes los medios empleados para reprimirlo. No hay más que uno eficaz: pero no puede menos que ser lento y gradual.

Relaciones del hombre con la sociedad

154. La sociedad es el estado natural del hombre. Esto no excluye, sin embargo, la diferencia entre lo que el hombre debe a su misma naturaleza y lo que debe a la sociedad.

155. El hombre ni debe ni le conviene separarse de la sociedad por mero capricho.

156. La igualdad natural es una quimera; pero todos los hombres deben ser iguales ante la ley.

157. El filósofo, como que es tolerante, será cosmopolita; pero ante todo debe ser patriota.

158. El desarreglo del amor patrio suele conducir a gravísimos males, aun respecto de aquel mismo pueblo que se pretende favorecer. Esto puede ser de buena fe, o con miras interesadas. La antipatía hacia el extranjero, haciéndonos injustos, priva a la patria de bienes reales y efectivos. Señalaremos detenidamente los caracteres que distinguen a los verdaderos patriotas de los traficantes de patriotismo.

159. La preocupación es un mal funesto; pero suele ser peor mal su cura impertinente: a la juventud como más expuesta a dar en este escollo, es necesario abrirla los ojos de antemano.

Conocimientos de nuestro criador y obligaciones respecto de él

160. Así la naturaleza exterior como el hombre interno proclaman la existencia de Dios.

161. La religión es un poder que se dirige a un tiempo a los sentidos, al corazón y a la razón. Todo esto necesita el hombre para lograr la felicidad, o por lo menos el consuelo.

162. La religión es la primera civilizadora, y como la nodriza del linaje humano.

163. Para éste no hay vínculo que pueda sustituirse al de la religión.

164. No hay moral más sublime que la de Jesucristo: ella reprende hasta las intenciones, y ordena el perdón de los enemigos.

165. No hay un mandamiento del decálogo, de cuya infracción no resulten graves males así al individuo como a la comunidad. El cristianismo es una ley toda de amor. No solo fue el temor quien pobló la tierra de dioses.

166. La religión, lejos de estar en pugna con la filosofía, le presta el más firme de sus apoyos para hacer triunfar la causa del género humano.

167. Importancia de una sólida educación religiosa desde la tierna infancia, para infundir sentimientos tiernos y elevados.

168. El vinculo de la ley sin el de la religión es insuficiente para estorbar que se establezca entre los hombres un sistema de justicia aparente, y de iniquidad verdadera.

169. Aunque la religión sea el mejor sostén de la moral, siempre será muy conducente emplear la persuasión para poner las ventajas de ésta al alcance de la primera edad.

170. La superstición degrada al hombre, el fanatismo le encruelece y la incredulidad le corrompe.

171. A la filosofía toca ser centinela de la Moral, para impedir que la frágil humanidad sea dividida o contaminada por tan horribles plagas.

VI. Elenco de 1839[17]

APÉNDICE CRÍTICO AL ELENCO DE 18351

ACERCA DE LAS MATERIAS CONTENIDAS EN EL ELENCO DE 1835, ASÍ COMO SOBRE LAS QUE INCLUYEN EL PRESENTE, SERÁN EXAMINADOS LOS ALUMNOS DE FILOSOFÍA: DON MARCELO BOTtINO, DON SEBASTIÁN PICHARDO, DON RAMÓN RAMOS, DON FEDERICO MARTÍNEZ SERRANO, DON MANUEL SÁNCHEZ, DON ANTONIO REGLIEIRA, DON CRISTÓBAL VALDÉS, DON DIONISIO MATAMOROS. BAJO LA DIRECCIÓN DE DON JOSÉ DE LA LUZ, EN EL CONVENTO DE SAN FRANCISCO

EL DÍA 8 DE SEPTIEMBRE A LAS DIEZ DE LA MAÑANA.

Advertencia

Aunque las doctrinas que se ofrecen a discusión en el siguiente apéndice,[18] se hallan implícitamente contenidas en el elenco precitado, al ver que todavía una parte de nuestra juventud continúa alucinada en la persuasión de que pueden sostenerse sin perjuicio de las otras, ha parecido del caso entrar en un examen especial. Tan justo como patriótico motivo me disculpará con los sensatos por el empeño que finco en sostener doctrinas que la ciencia proclama por sobrado evidentes. Pero si se trata de oscurecer la verdad, ¿qué partido resta a sus defensores sino el poner en claro sus derechos? Hoc noc opinionem sed opus cogitent.

Area purganda antequam inaedificanda.[19]

Descartes

1. El eclecticismo de la nueva escuela francesa no solo es un sistema falso, sino imposible.

2. Nada hay más laudable que el eclecticismo por sí propio, pues todo es ecléctico, esto es, admite o desecha opiniones de dondequiera que se presentan.

---

17 El presente elenco es muy poco conocido, y no lo menciona ninguno de los biógrafos de Luz Caballero, no obstante haber sido impreso. (Alfredo Zayas)

18 Vid. La polémica filosófica, vol. III, tomo I, pág. 40-42, nota 1 (Roberto Agramonte).

19 «Hay que limpiar el solar antes de edificar en él».

3. Uno de los motivos de que el eclecticismo hallara eco en Francia fue la aplicación que de él se hizo a la política: a un pueblo cansado con la lucha de opiniones fue alucinarle con un calmante el hablarle de conciliación.

4. Pero la Filosofía es una potencia superior, o al menos independiente de la política. La Filosofía trata solo de explicar fenómenos; y en esto no cabe conciliación de opiniones, por recomendable que sea por otra parte semejante espíritu en los negocios de los individuos y de las naciones.

5. Sostener, como lo hacen los pseudoeclécticos, que la Psicología es una ciencia de observación, y pretender después que la ciencia marche por donde no va la observación, es contradecirse tan palmaria como ridículamente.

6. Otro de los motivos de que hallara séquito el eclecticismo fue su aplicación al juicio sobre las obras literarias y de bellas artes, en donde efectivamente tiene lugar; pinta con verdad Rafael, y también es pintor el Correggio. Pero la capciosidad eterna de esta escuela consiste en hacer aplicaciones de semejantes ideas a la ciencia, cuyo carácter es tan diverso. El arte expresa; la ciencia explica.

7. Bajo el nombre de eclecticismo se ha revivido efectivamente el espiritualismo, en cuya resurrección se hace retrogradar la ciencia.

8. Que este sistema naciese en los siglos de ignorancia, o de menos adelantamientos, ya se entiende; pero que se reviva y aun sostenga en el de las luces y por parte de hombres muy entendidos, no se alcanza tan fácilmente. Procuraremos, sin embargo, dar de ello una explicación satisfactoria.

9. No se debe entrar en la ciencia sino con la intención de dar con la verdad, sea como fuere, agrádenos o no nos agrade.

10. Esto quiere decir que algunos pisan sus umbrales con la intención ya formada, pretendiendo de antemano que tal o cual sistema conduce a lo que ellos tienen por perjudicial. Solo los que tienen el candor de los párvulos pueden entrar en el reino de la ciencia, así como en el reino de los cielos, según el bello símil de Verulamio.

11. La cuestión para el filósofo debe ser siempre: ¿se ajusta la doctrina a los hechos? ¿conduce o no conduce al absurdo? pero no a lo establecido o no establecido. Si tal fuera el criterio de la verdad, ¡cuántas verdades se hubieran ahogado en su cuna! ¡Gran testigo el sistema copernicano!

12. Al oír hablar tan seriamente a los pseudoeclécticos de la observación, del rigor, del método, y de la inducción baconiana aplicada a la Psicología, la incauta juventud los cree sobre su palabra.

13. Para deslumbrar al público del siglo décimonono es necesario valerse de medios diversos a aquellos con que se alucinaba en el decimocuarto. Bajo el lema de imparcialidad y conciliación encubren las nuevas banderas, errores y nubes que no podrían pasar sin esa protección.

14. No en vano claman los eclécticos que en todo sistema ha de haber parte de verdad y parte de falsedad: es el único principio a que son consecuentes: mezclan lo sagrado con lo profano, lo humano con lo divino, lo baconiano con lo platónico, que es una maravilla.

15. Les negamos la existencia de una Ontología propiamente tal, sin que valga decir con el señor Cousin, que lo único reprensible en la materia es ir en derechura a la Ontología sin pasar por la Psicología.

16. Ni pretendan tampoco refugiarse en la Teodicea para sacar avante su predilecto delirio. Toda la pretendida ciencia ontológica, o se reduce a una simple proposición, simple en más de un sentido, o es de todo punto imposible.

17. Ved ahí las tristes consecuencias de creer que lo absoluto es una realidad y no una relación, o punto de vista a que llega nuestro entendimiento examinando las realidades.

18. Las ideas que más visos tienen de absolutas son cabalmente las más relativas; ellas vienen a ser el resultado forzoso de una síntesis, o, en otros términos, meras funciones de nuestro principio cogitante.

19. Advirtamos empero que esta síntesis es muy diversa de la que opinan los metafísicos que tiene lugar en el juicio; ellos componen ideas ya preparadas, y según nuestro modo de ver, los objetos son los que comparamos o en la realidad o por el ministerio de la memoria.

20. En comprobación analizaremos las ideas de sustancia y accidentes, de unidad y pluralidad, y demás conocidas bajo el nombre de categorías; catálogo que es sobrado fácil aumentar o disminuir, sin que merezca la importancia que pretende darle Cousin. Lo *a priori* se contrapone precisamente a lo abstracto: en esto no han caído los espiritualistas.

21. Las ideas de tiempo y de espacio —cuya historia es la peor hoja de servicios de la razón humana— son derivadas de nuestras impresiones, y eminentemente relativas.

22. Demostraremos que la de espacio se deriva de la de cuerpo, sin que esto sea confundir la una con la otra, como temerariamente lo reprende Cousin a Juan Locke.

23. Pero donde sube de punto nuestro asombro es al notar el ahínco con que pretenden derivar la idea de causa de un principio existente en nuestro interior, cuando es una inducción a que forzosamente ha de llegar el entendimiento por cada uno de nuestros sentidos internos y externos. No le valió a la naturaleza prodigar los conductos patentes y ostensibles, para estorbar que todavía se pretendiera la producción de un efecto sin causa.

24. Cuando se toman las cosas como están en la actualidad o del todo formadas, sin subir a su origen, es cuando aparecen inexplicables, o se atribuyen a causas sobrehumanas. Así el ilustre Herder, encantado con la armonía y concierto del edificio de las lenguas, las atribuyó a un milagro de la Providencia: el milagro en todo caso estará en nuestras facultades intelectuales. Digamos, pues, con Plinio que todo en la naturaleza es milagroso quando primum in notitiam venit.

25. Entonces ¿por qué reprende a Locke Víctor Cousin que comenzara por la cuestión del origen de las ideas? Ni debía, ni podía hacer otra cosa, máxime cuando tal era el estado de la cuestión después de haber revivido los cartesianos las ideas innatas.

26. No tratamos, sin embargo, de ser en todo y por todo apologistas del filósofo inglés: todavía se encuentran en él infinitas contradicciones y resabios de la antigua metafísica, de este contagio que a todos alcanzó; pero en medio de eso se halla en él más candor y más doctrina que en la mayoría de la escuela ecléctica.

27. Mas ¿cómo los mismos filósofos espiritualistas suscitan la cuestión del origen de las ideas, apenas entran en materia sobre lo actual? Porque no puede ser de otra suerte: lo pasado es el medio de esclarecer lo presente.

28. El hombre siente, percibe e induce: aquí está su historia, así en los individuos como en las masas; así en las ciencias como en la política. Son, pues, innatas sus facultades, pero no sus ideas.

29. Infiérese asimismo que la doctrina de Biran sobre la voluntad no está conforme a la historia de nuestras facultades, pues la atención y la voluntad siempre vienen en pos de las impresiones.

30. ¿Por qué se ha querido, sin embargo, poner a la voluntad como raíz, causa y punto de partida de las operaciones intelectuales? Expondremos el motivo a que atribuimos semejante salto.

31. Si los eclécticos han de ser consecuentes al insinuar que las ciencias médicas conducen al materialismo, es forzoso que sean borradas de nuestros estudios: delenda est Carthago.

32. ¿Qué filosofía es ésta que prodiga que las ciencias naturales conducen al materialismo? ¿Son o no son ciencias exactas? ¿Producen o no producen verdades? ¡Con que las verdades se oponen necesariamente a otras verdades! Nunquam aliud natura sapientia dicit (Juvenal).

33. Así se pone en pugna a la religión con la ciencia, para menoscabo de entrambas. Porque los investigadores dirán ¿qué religión es ésta que teme a la ciencia? Y los religiosos clamarán ¿qué ciencia es esa que destruye la religión?

34. Afortunadamente nada más distante de la verdad. La prueba de la existencia de Dios y de sus atributos sacada de la contemplación del universo, es precisamente la más filosófica y concluyente. La famosa de Cartesio, a pesar de su sublimidad, no está fuera del mismo género. No hay estudio más a propósito para inculcarnos los atributos divinos que el de las leyes de la naturaleza.

35. ¿Cómo afirman luego que son muy propias las ciencias naturales para infundir buenos hábitos al entendimiento, bajo ciertas reservas, y esto con ocasión de un Locke, a quien se concede cordura, candor y religiosidad en grado heroico?

36. La historia del joven sin infancia (Gaspar Hauser), la de los sordomudos, la de las ciencias, la de las lenguas, la del linaje humano, todas libros cerrados para los espiritualistas.[20]

37. Aún las ciencias llamadas morales no hubieran podido adelantar sin los progresos en las físicas; así para los datos como para el método.

---

20   Véase el aforismo en la pág. 107 del vol. I (Alfredo Zayas)

38. En este sólido cimiento se funda nuestro sentir sobre la cuestión del método; pero de esto nos ocuparemos en otro lugar.

39. Siendo, pues, la Filosofía propiamente dicha la teoría de las teorías, por hallarse encargada de dar cuenta de los fenómenos del espíritu humano, cuyo desarrollo se presenta en todo el campo de las ciencias, es de necesidad ir a buscar los datos en todas ellas para constituir la Filosofía.

40. Por tanto son incompetentes en la materia los filósofos puramente metafísicos.

41. Ahora comprenderemos por qué el punto de vista que ellos presentan en la cuestión es el más superficial, y por lo mismo el menos científico.

42. Veremos, pues, si tienen razón, cuando se les niega la Ontología y otras construcciones por ese estilo, en apelar a que ni los entendemos, pretendiendo ser ellos los encumbradores del espíritu humano, y los de la opinión contraria sus groseros amenguadores.

43. Y aquí se nos revela la trascendencia de la gran reforma de Verulamio: reforma que no han comprendido en toda su extensión ni los que le acusan de injusto con la respetable antigüedad, ni los que persuadidos de que existen dos métodos de investigación en las ciencias, creen muy conciliable el baconiano con el que apellidan racional. Como si hubiera experiencia sin el ingrediente de la razón, ni ejercicio de la razón sin los materiales de la experiencia.

44. Bacon escarmentado, con vista de los reiterados antiguos extravíos, nos propone abandonar los espacios imaginarios de la inducción. Solo de esta manera podía labrarse el edificio de la ciencia.

45. En los mismos sectarios de la escuela ecléctica puede estudiarse la influencia del buen principio y del malo. Jouffroy, instruido en las ciencias, sabe proponerse y exponer ciertos problemas, por los que adivinamos el campo donde se adiestró, y abandona a Cousin el de las abstracciones, y el de la filología a Damiron y otros que no hacen más que repetir y elogiar al maestro. Ex ungue leonem.

46. Tampoco hubiéramos podido adelantar en la teoría de las ideas sin los conocimientos posteriores suministrados por el estudio comparativo de las lenguas. Aquí está la filología haciendo grandes servicios a la ciencia, de que los eruditos no han sabido hasta hoy aprovecharse.

47. Son, pues, disculpables los griegos en no haber dado semejante doctrina, pues a pesar de los esfuerzos de su ingenio carecían de estos datos y de los suministrados por las ciencias naturales.

48. Pero ¿qué disculpa podrán alegar los filósofos del día para fabricar nuevas hipótesis o retroceder a las antiguas? 49. Pretenden explicar lo inexplicable, y entonces se ven forzados a considerar que bajo meras palabras se encierran las realidades: llegan a persuadirse de que en pronunciando diferentes signos, han ensanchado la esfera de sus ideas. Dígalo si no la exposición ontológica que hace Cousin de ciertos atributos divinos. 0, altitud!, exclamaremos nosotros con más razón que él y antes de internarnos por donde él se pierde.

50. Esta conducta no se llama escepticismo, cual pretenden los pseudoeclécticos, o si se quiere que lo sea, lo será en cuanto debe haberlo.

51. Sin escepticismo no puede haber verdadera ciencia ni verdadera religión.

52. Hay verdades demostradas, de las cuales no duda ningún hombre racional; pero hay pretensiones de demostración, a las que siempre se opondrá la legítima filosofía.

53. De que una cosa no pueda verificarse de cierto modo, jamás se inferirá en buena lógica que haya de verificarse precisamente de otro: bien pueden darse diversas explicaciones de un mismo fenómeno sin que ninguna de ellas sea la verdadera. Es forzoso, pues, manifestar la contradicción que envolvería el exponer el hecho de cualquiera otra manera.

54. Pero esto no puede verificarse tan fácilmente en las ciencias de observación, como lo es sin disputa la Psicología, por confesión de la misma escuela ecléctica; y en este sentido nuestras teorías no son más que aproximaciones al conocimiento real de las cosas.

55. Luego el estudio de todos los sistemas existentes no da forzosamente el resultado de la ciencia; y ved aquí otro golpe mortal a la pretensa y pretenciosa filosofía del eclecticismo.

56. Como la palabra escepticismo es epíteto con que en los tiempos modernos se ha designado a los incrédulos, de ahí la mala parte que suele tomarse, y por eso mismo tildan con ella ciertos filósofos a los de la opinión contraria.

57. Daremos razón con este motivo del modo con que resumiendo Cousin la polémica suscitada por la publicación de su sistema, ofrece a sus adversarios un dilema en su concepto irrefragable, pero tan fútil en realidad que se deshace en voces et praeterea nihil.

58. El gran pleito filosófico entre la escuela ecléctica o espiritualista y la de los verdaderos investigadores ha sido ya irrevocablemente sentenciado ante el tribunal del mundo sabio; habiendo pasado los metafísicos del estado de dominación al de simple protesta.

59. Por tanto, los sensatos no se inquietarían de esta impotente oposición, signo infalible de su decrepitud, si no sirviese de gran rémora al desarrollo actual de la razón pública.

60. El eclecticismo no ha sabido formarse una idea de la ciencia.

61. Su tendencia es más bien a la erudición, que no a la investigación.

62.[21] La escuela ecléctica ha ido a buscar la Filosofía a Grecia, Escocia y Alemania, dejándola en su propia tierra. Bueno es saber cómo piensan otros; pero mejor es pensar uno mismo. El empeño de introducir algo nuevo es causa eficaz de muchos extravíos. Con este motivo hallaremos la clave de algunas tendencias de Cousin, y aun de varios pasajes de sus escritos.

63. Nada más opuesto por consiguiente a la letra y espíritu de la reforma del gran Cartesio, tan preconizada por estos filósofos. «Cuando somos demasiado curiosos —habla Cartesio— por saber lo que se practicaba en los siglos pasados, solemos quedarnos a oscuras de lo que se practica en el nuestro». Si tratáramos de citar, sería forzoso traer a colación todo el libro del Método. ¡Ojalá se leyera y rumiara por la juventud, y quedaba enterrado el eclecticismo!

64.[22] Los nuevos filósofos temieron, sin duda, que su ciencia fuese por una parte reducida a un capítulo, aunque importante, de la Fisiología, y por otra la entrasen en el terreno de las demás que merecen tal nombre: por eso se han refugiado en el ancho asilo de la erudición. Algo más que el ingrediente de la memoria y el trabajo se ha menester para levantar la ciencia.

---

21   Véase el aforismo XXXIV en la pág. 39 del vol. I (Alfredo Zayas)
22   Véase el aforismo XXXIX en la pág. 39 del vol. I (Alfredo Zayas)

65. No se nos achaque por esto que tenemos en menos la erudición: cada cosa tiene su lugar en el cuadro de los conocimientos humanos; y tan ridículo sería, al exponer un reino de la ciencia, reproducir aquella misma teoría de los antiguos que quedó derribada en virtud cabalmente de los nuevos descubrimientos —y esto pretenden los eclécticos, y a esto llaman exclusivismo— como tratar de repeler su testimonio en cuestiones en que este forma precisamente la base de la investigación.

66. En consecuencia, demostraremos cuán oportunamente puede aplicarse al eclecticismo aquel famoso dicho de Verulamio: Veritas sepae oritur ex errore nunquam ex confusione.

67. En la concepción de este sistema se olvidó el verdadero espíritu del siglo, y señaladamente el de la nación en que se concibió.

68. El siglo pide imparcialidad, pero no razón para todos, que es injusticia para algunos.

69. Predicar, como ha predicado el eclecticismo, que la Filosofía para estar completamente formada no necesita más que reunir miembros esparcidos, es negar la ley invariable del progreso humano en todos los ramos. Nam illi quoque (los antiguos) non inventa, sed quaerenda nobis reliquerunt (Séneca).

70. El fundamento de semejante pretensión consiste en que hay cuestiones en la Filosofía en las cuales efectivamente no se ha dado un paso desde Platón y Aristóteles hasta nuestros días; fenómeno que depende de que tampoco se puede dar.

71. Por lo mismo, deben abandonarse semejantes cuestiones que hallándose fuera del alcance —y algunas contra el alcance— de la razón humana, no pueden ni deben constituir la ciencia.

72. Ni el mal éxito de la tentativa de dos genios del temple y conocimientos de Leibnitz y Kant sirvió de escarmiento a Cousin para acometer una empresa, mucho más aventurada en sí misma que la de aquellos magnates de la ciencia.

73. Al tocar este resultado es cuando se penetra la profundidad de la reforma del gran Verulamio, que nos pide abandonar la investigación de las causas primeras para consagrarnos al estudio de las leyes del universo —en donde va incluido nuestro espíritu— único concedido a la humanidad.

74. Por eso han querido sostener los espiritualistas y eclécticos —que es lo mismo para el caso— que Bacon habrá podido fundar con su método la física, pero no la filosofía.

75. Con tan huecas antítesis deslumbran estos hombres a la incauta juventud, que carece de medios para juzgarlos; haciéndoles nosotros la justicia de creerlos —a algunos, no a todos— también bastante alucinados.

76. Lo más singular del caso es que repiten a cada momento sus protestas de ser baconianos en cuanto al método, es decir, baconianos en todo, pues Verulamio no trató más que de proporcionar un nuevo órgano para todas las ciencias, vista la incapacidad del antiguo. La palabra razón no solo representa una facultad, sino el epílogo de las experiencias más reiteradas y generales: tipo universal de nuestros juicios.

77. Llega a tal punto el extravío de ideas en cuantos se han alistado bajo las eclécticas banderas, que una de sus divisas consiste en rebajar el mérito de Verulamio —pues es partido completamente organizado con todos sus signos sacramentales— inculcando que la Filosofía del insigne varón es toda material y contraída a la materia, como calculada para la industrial Inglaterra (palabras del profesor Frank), pero no capaz de elevarse ni elevar el espíritu; como si la variedad de ejemplos pudiese constituir diversidad de métodos. Mostraremos su propia obra para manifestar que aún somos indulgentes.

78. Todas las ciencias, así las físicas como las morales, son casos particulares del mismo método general. No comprenden semejantes hombres que el único medio de formar las ciencias morales es recoger datos e imitar el método de las físicas. Aquí está la idea inmensa de Verulamio; y aquí donde se descubre el creador y profeta de la ciencia.

79. Aquellas ideas extraviadas, halagando la vanidad nacional, han sido adoptadas hasta por algunos escritores franceses que no pertenecen a la escuela; por ser muy lisonjero dividir el imperio del mundo entre la inteligencia y la industria, reservándose para sí el lugar de la inteligencia.

80. Si quisiéramos ser de veras justo, diríamos al contrario —y dicho sea en paz de una nación a quien tanto el espíritu humano, y cuyos fueros científicos vindicamos contra los extravíos de sus mismos hijos— que raro es el movimiento filosófico, mejor dicho, todos menos el de Cartesio, que

no le haya venido a Francia de fuera, y más de una vez de la Gran Bretaña. Cousin es una nueva prueba de ello en sí mismo, y como testimonio de nuestro aserto.

81. Después de haber los hombres tomado para sí la mejor parte, son muy condescendientes con los demás en puntos de menor cuantía. Así es la imparcialidad de esa escuela con el ilustre Verulamio.

82. El extravío llega a frisar en mala fe al notar la avilantez con que alguno se ha atrevido a decir que Bacon no nos hace desconfiar de la humana naturaleza, como debiera, en la investigación de la verdad, cuando precisamente todos sus voluminosos escritos se reducen a la idea maestra de «non vires mentis humanae falso extollanus et miremur, quia vera ejus auxilia non quaerimus: ea vero una est causa et radix fere omniun malorum in scientiis».

83. No es menos desleal el aserto de que Bacon, aunque introductor de una gran idea, no supo ver todo su alcance, cuando su libro es una fiel historia de lo pasado y una profecía minuciosa de lo futuro.

84. Excusado, pues, será advertir el consiguiente empeño que hemos fincado en inculcar a nuestros alumnos la desconfianza y prevención con que deben leer semejantes autores, que a la falta de lógica y profundidad reúnen la de franqueza y candor. No son filósofos ni en teoría ni en práctica.

85. El mayor beneficio que puede hacerse a nuestra juventud neófita en la ciencia, es empaparla en el espíritu de crítica. Que estudie antes de fallar: que no repita ni aprenda de memoria. Erudimini qui judicatis.

86. El verdadero antídoto contra tan estrafalarias doctrinas es el estudio de las ciencias experimentales y matemáticas en cotejo con las morales. Que vean en todas cómo se ha desplegado el espíritu humano, y con esto solo quedan curados. Entre tanto estarán expuestos a caer al primer soplo de dogmatismo, pues en las ciencias no se puede tomar a crédito, sino poseer en propiedad. Desinant enim suum judicium adhibere, id habent ratum quod ab eo quem probant judicatum vident.

87. Pero hay un empeño marcado en desviar a la juventud de esta especie de estudios, en cuya fuente beberían el agua pura de la verdad, o amenazándola de materialismo, o haciéndola creer que son groseros e indignos de un alma sublime los objetos de las ciencias físicas.

88. Quieren establecer los señores espiritualistas una especie de aristocracia intelectual, y se olvidan de que en ninguna ciencia se ha abusado más de la metafísica que en su hoy irreconciliable antagonista, la medicina; de manera que a este título ninguna más acreedora que ésta al primer lugar asignado por ellos.

89. Mas otros son los derechos con que aspiran las ciencias médicas al debido rango: ningunas espiritualizan más al hombre, porque ningunas exigen más el ejercicio de su razón.

90. Tampoco se acuerdan los metafísicos que estas ciencias ofrecen los más preciosos documentos para la moral y la legislación, como ya lo adivinó el genio que toman ellos mismos por su primer caudillo. Oigan al maestro: «pues aun el espíritu —dice Cartesio— depende tanto del temperamento y de la disposición de los órganos del cuerpo, que si es posible encontrar algún medio que haga generalmente a los hombres más cuerdos y más hábiles que lo han sido hasta aquí, creo que en la medicina es donde se podrá dar con él».

91. Lo particular es que los mismos espiritualistas cuando hacen el papel de jueces aceptan los resultados obtenidos por las ciencias médicas.

¡Tan irresistible es la fuerza de la verdad! Tienen, pues, dos creencias, una para la teoría y otra para la práctica; muy semejantes en esto a aquellos hombres que creyendo en el Destino, son los primeros en invocar los recursos del arte, apenas se sienten invadidos por la más leve enfermedad.

92. Nosotros tratamos de pensar como se debe, y de obrar como se piensa. Así arribaremos más pronto a esa unidad, tan suspirada como poco entendida por los pseudoeclécticos, o llámense desarmonizadores de las ciencias.

93. Como una muestra de este espíritu de querer forzar las ideas a las miras exclusivas de un sistema, fraguado *a priori*, citaremos la exageración con que Cousin ha presentado las ideas de Hegel sobre los grandes hombres, la guerra y la victoria.

94. «Hay en una época diferentes pueblos, por que hay diferentes ideas», dice Cousin, y nosotros decimos al revés. Veremos cuál de las dos fórmulas es más lógica.

95. «La dicha y la desdicha están repartidas como deben estarlo. No hay acción ni deseo vicioso que no sean castigados tarde o temprano, y casi siempre inmediatamente». Así Cousin; a lo que le advertimos se acuerde: 1.º de los términos de su impugnación a Helvecio y a Hobbes; 2.º de no destruir la idea de la vida futura; 3.º de no hundirnos en el fatalismo.

96. La guerra es a veces un mal necesario; pero eso no le quita su naturaleza de mal. Tan absorbido parece Cousin por la importancia de la guerra, que se olvida de los demás elementos que influyen en la civilización, y que el mismo ha enumerado antes. ¿No se puede a veces lograr por otros medios los fines que con la guerra se alcanzan? Esto sí se llama ser exclusivo.

97. «Así no podéis hacer que nazca ni que muera el grande hombre antes de su hora» (Cousin). Cabalmente todo lo contrario; hombre grande es aquél que se anticipa a su siglo, que ve más que su siglo, y que logra o no logra hacerle ver más.

98. No quiere decir esto que el hombre grande nada deba a su siglo; máxime cuando nuestra doctrina proclama la necesidad de ciertos hechos para el desarrollo de las facultades.

99. Las verdades proclamadas por los grandes hombres, sin embargo de ser verdades, han experimentado la más obstinada resistencia de parte de la mayoría. De lo contrario, ¿cómo puede entenderse que los grandes trabajan a veces para la posteridad, y que son juzgados por ella?

100. Entonces no tendría mérito alguno el hombre que solo consignase en la historia de las ciencias un hecho de que no supiera aprovechar su siglo.

101. «O ningún guerrero debe llamarse grande hombre, o si es grande es forzoso absolverle y absolver en masa cuanto ha hecho» (Cousin). ¿Y si en vez de deberse ajustar la paz, se rompió la guerra? Cada acto del hombre debe ser juzgado por sus antecedentes. ¿Qué derecho es este de infalibilidad del guerrero sobre la especie humana? Esta doctrina en boca de un filósofo sensualista se hubiera llamado maquiavélica.

102. «Pues bien, ese hombre que parece dueño del mundo... No es más que un instrumento (o un azote) de la Divina Providencia» (Cousin). Esto no más quieren los guerreros: que la filosofía los absuelva.

103. «La humanidad no se somete a una fuerza extraña (¿y si la someten?) sino a la fuerza con que simpatiza» (Cousin). ¡Seguramente Cartago amó a Roma! 104. «Todo lo que no se resuelve en hechos es nada para la humanidad» (Cousin). Por eso tendrá en un ardite la filosofía de ciertos hombres.

105. «La filosofía relativamente a los grandes hombres debe hacer como la humanidad, esto es, considerarlos por lo que han hecho, y no por lo que han querido hacer» (Cousin). De modo que ya en las acciones no tiene lugar la intención: ni tampoco tiene mérito alguno el hombre extraordinario a quien ocurren felices inspiraciones que no ha podido llevar a cabo.

106. Podríamos también en la Estética, o teoría de lo bello, ofrecer muestras abundantes de las contradicciones y exageración de que adolece el señor Cousin. Baste decir por punto general que al instante que entra en el campo de la filosofía propiamente dicha, se extravía lastimosamente: su verdadero teatro es la literatura de la ciencia más que la ciencia misma; y en ese ramo ha hecho trabajos muy apreciables, sin defraudarle en lo más leve, antes proclamando paladinamente su relevante mérito como orador, y lo que es todavía más alto timbre, como celoso promotor de la instrucción pública.[23]

107. Fuera de sus equivocadas doctrinas sobre la belleza ideal, levanta el falso testimonio al sensualismo de que propende a destruir la poesía y el arte (¿qué más quieren para atraerse a la generosa juventud?) cuando el espíritu de análisis de nuestra época es una de las causas que más han contribuido a abrir nuevas sendas al ingenio, desbaratando algunas doctrinas generalmente veneradas.

108. Se quiere, olvidándose de la historia de su propio suelo, sostener que el sensualismo favorece al clasicismo. ¿Reinaba acaso el sensualismo en Francia en el siglo de Luis XIV, cuando llegó aquél a su apogeo? Se trata de ahuyentar a la juventud de la buena senda, espantándola con el fantasma del positivismo. Pero el que niegue el poder de la divina poesía, negando una grandísima realidad, es el menos positivo del mundo. No hay miedo de que falte el arte: el sensualismo demuestra que está arraigado en el corazón del hombre, y fecundado por el espectáculo del universo.

---

23   Muy señaladamente le honra a nuestros ojos el haber sido editor de Cartesio.

109. Solo las doctrinas de una recta filosofía pueden servir de dique al actual desencadenamiento de la literatura.

110. No es menos injusto el cargo que se hace al sensualismo, pretendiendo que forzosamente ha de negar el derecho natural; sin concebir que no porque se niegue la existencia de las ideas innatas se ha de negar la universalidad de ciertas nociones que forzosamente adquiere todo hombre en virtud de su misma naturaleza, dotada de medios análogos, y creada precisamente para la sociedad.

111. Así, pues, y esto tampoco alcanzan los espiritualistas, nos oponemos a la doctrina de Helvecio sobre la ilimitada influencia de la educación, no por seguir los principios de ellos, sino por tacharle todavía de falto de observación y fisiología. Verase, pues, cuán consecuentes son nuestras doctrinas; de modo que el oponernos a Helvecio en la materia es cabalmente a fuerza de ser nosotros más antieclécticos.

112. Pero estas importantes materias —la de la moral y la belleza— requerirían por sí solas todo un elenco crítico, y esto va alargándose demasiado. Será para la primera oportunidad. De esta manera se da también mucha más unidad al presente, contraído a demoler los fundamentos del bastardo método, y levantar sobre sus ruinas el legítimo.

113. Ya que tanto se ha hablado del método de la observación por parte de los nuevos eclécticos, sosteniendo su división en racional y experimental, podían haberse ocupado en caracterizarlo, para ilustrar cuestión tan importante. A fin, pues, de indicar, no de llenar este vacío, sentaremos las siguientes proposiciones.

Sobre el método

114. El arte de la observación se cifra por una parte en la invención y aprovechamiento de fecundos puntos de comparación, y por otra en tomar cuenta de las dependencias.

115. De esta manera, o seremos conducidos a nuevas observaciones, o caso de no ser posible la inmediata observación, a ciertas inducciones, o finalmente a una piedra de toque para estas últimas, en la combinación con otras relaciones y leyes.

116. La experimentación está destinada a suplir la insuficiencia de la observación: ambas son partes del mismo método.

117. Como por rareza se presentan separada y sencillamente las leyes de algunos fenómenos, sino al contrario siempre complicadas y confundidas unas con otras, no es posible dar con ellas inmediatamente y de primera mano.

118. Es necesario, pues, valernos de ciertos artificios para simplificar los fenómenos, para excluir las ajenas influencias, y en cuanto sea posible presentar aquellos casos en que o tengamos enteramente aislado el fenómeno o al menos solo en unión con los ya conocidos.

119. No pudiendo comprender cuando declara la naturaleza simultáneamente muchas de sus leyes, es forzoso que amoldemos artificiosamente ciertos casos en donde veamos aislados un fenómeno; obligándola, por decirlo así, a dar una sencilla respuesta a una sencilla pregunta.

120. Y ved aquí realizada la abstracción, y aplicado bajo la debida forma, el mismo método que ha hecho los prodigios de las matemáticas.

121. Hay una especie de desacuerdo entre el modo como se declara la naturaleza y nuestra facultad de concebir: superar este desacuerdo, he aquí el problema; tal fue el de las matemáticas, y tal es el de la experimentación.

122.[24] La experimentación proporciona a los sentidos un auxilio con que antes no contaban: aísla y detiene los hechos, por decirlo así, para dejarte observar.

123. La naturaleza pronuncia a la vez juicios muy complicados, juicios de muchos sujetos y muchos predicados; he aquí el motivo por que no podemos determinar con fijeza cuál es el predicado, y a qué sujeto pertenece.

124. Forzoso es, pues, que le proporcionemos mayormente ocasiones de explicarse en juicios de un sujeto y un predicado. Al punto que así lo hace, la comprendemos sin esfuerzo: entonces conoceremos la constitución de una fuerza determinada y la sabremos distinguir después, aun cuando aparezca junto con otras.

---

24 Esta proposición y las seis que le siguen forman el aforismo LXIV visible en la pág. 46 del vol. I (Alfredo Zayas)

125. Se hace tanto más necesaria la separación, cuanto que este es el medio de evitar el error a nuestra limitada comprensión, y que solo así podemos asentar juicios y observaciones.

126. Y he aquí explicados los grandes resultados del método fundado en la experimentación.

127. Los ensayos sirven meramente para alejar las dificultades, y presentar los fenómenos a la inteligencia en tan sencillo cotejo, que puede ésta juzgar rectamente con todo conocimiento y sin ilusiones.

128. Haciendo los ensayos un oficio algo parecido al que prestan las matemáticas, también se les contraponen en cierto modo.

129. Ambos procedimientos procuran obviar la diferencia entre nuestra comprensión y los fenómenos compuestos; pero las matemáticas lo verifican dando a nuestras ideas más amplitud, simplificando y haciendo más visibles las relaciones, subiendo de una a otra y hasta a combinaciones que sin este medio artificial excederían nuestra capacidad.

130. La experimentación, por el contrario, supera esta misma dificultad obligando a la naturaleza a hablar más sencillamente que de costumbre, y a explicar del modo que pide nuestra capacidad y arreglado al acto simple de nuestra noción. Los matemáticos pueden ser difíciles, pero los metafísicos son confusos: ellos han sido los verdaderos alquimistas, y algo más, de la razón humana; habiéndoles cabido la misma suerte y por las mismas causas.

131. Ambos medios se favorecen mutuamente, y en su conjunta aplicación dan por resultado la altura a que han llegado las ciencias naturales: lo que ya no parecerá inexplicable, toda vez que solo este procedimiento es conforme al verdadero acto del juicio, de la comprensión y de la noción.

132. Esto aparecerá más claramente reflexionando sobre la naturaleza de la abstracción y del lenguaje, a que está esencialmente enlazado todo pensamiento.

133. Las ideas generales en el fondo representan signos o clases. Los primeros vienen en pos de la comparación de varias relaciones parciales, las que precisamente a causa de esta circunstancia son claras para la limitada comprensión del hombre, y así hacen las veces de ensayo o experimentación.

134. Las clases, por el contrario, son efectivamente composiciones, pero solo con respecto a ciertas relaciones parciales que la comparación ha suministrado: ellas son el producto de signos comprendidos, y corresponden en las ciencias naturales a las dependencias descubiertas entre los fenómenos, o, por mejor decir, a sus leyes.

135. En cuanto a la completa organización de las lenguas bien desarrolladas, sostenemos que ofrecen un paralelo exacto e íntimo con las matemáticas, y su aplicación práctica para el pensamiento descansa enteramente en la misma base.

136. Ellas facilitan, pues, la marcha del pensamiento, por comprender como unidades en ciertas formas breves series enteras de operaciones, que de otra suerte sería forzoso hacer separadamente, dando así mayor claridad y alcance a nuestras potencias.

137. Este poder mágico fue el que deslumbró a Condillac, y el que había deslumbrado a otros grandes hombres así en lo antiguo como en lo moderno, respecto a la aplicación de las matemáticas a los demás ramos de los conocimientos humanos. No advirtieron, ni en parte podían advertir, que el método es uno mismo, pero los medios, aunque análogos son diversos.

138. Así que el mismo método de la observación nos proporciona otro documento importante para la investigación de la verdad, esto es, no argüir de las ideas de un orden a las de otro diverso. Lo que ya apuntó, aunque no explicó ni aplicó el grande Aristóteles.

139. Determinada la diversa naturaleza de las ciencias, se demuestra que las hipótesis pueden ser útiles en las ciencias físicas, con el carácter de interinas, y no en la Psicología, donde no es posible apelar al medio de la experimentación, y así tomarían el de perpetuas.

140. Viendo a esta luz los argumentos de los eclécticos, no solo se podrá descubrir su futilidad, sino también explicar una de las causas por que más ofuscan a la inocente mocedad. Apenas hay una hoja de Cousin, donde no tropecemos con ese procedimiento.

141. Sosténgase, después de esto, que no es uno mismo el método, mutatis mutandis, con solo aquellas modificaciones que pide la naturaleza del asunto; mejor dicho, el alma del método se cifra cabalmente en atender a esa distinción: de lo contrario, habría tantos métodos cuantas materias.

142. Y aquí, y solo aquí está la unidad, esa unidad tan apetecida.

143. Para los que aun puedan dudar de la universalidad del método, haremos aplicación de esta doctrina a varios casos tomados de los diversos ramos del saber humano.

144. Nos servirá asimismo de comprobante la historia de todos los extravíos de la antigua metafísica, cuya fuente se reduce a aplicar ideas de un orden a objetos de otro.

145. ¿De dónde, pues, el empeño del eclecticismo en desacreditar la filosofía del siglo dieciocho, caracterizada por el espíritu de análisis, a pesar de sus demasías, y el de encumbrar la antigua metafísica, viciosa en su misma base y método? 146. ¿Tratan o no tratan de entronizar las palabras en lugar de las cosas? Reviven, pues, el escolasticismo; haciendo a la razón humana cuanto perjuicio pueden inferirle en medio de las luces del siglo diecinueve. Ibi omnis effusus labor.

147. Seamos, pues, verdaderos eclécticos en oír a todos los partidos; pero seámoslo también en tener opinión propia. No esperemos saber lo que se piensa por otros filósofos para poder pensar nosotros mismos.

148. La ciencia, es verdad, debe saberlo todo, así los aciertos como los extravíos; pero es para explicarlo todo, no para admitirlo.

149. La tolerancia dice relación a nuestras acciones; pero de ningún modo a nuestras ideas. Se toleran los extravíos, pero no por eso dejan de serlo.

150. El exclusivismo, con que tanto tratan los pseudo-eclécticos de espantar a la juventud, es de todo punto indispensable para constituir la ciencia. Repetimos que la política y el arte no son la ciencia, si bien ésta explica a aquellas completamente. Hay diferencia entre el ser y el convenir que sea.

151. El patriotismo debe ser el primer cooperador de la ciencia. ¡Ay de aquellos que los divorcian! Funesto divorcio que unido al que causan los eclécticos entre la religión y la ciencia, hace temer una terrible reacción para la causa moral.

152. Porque el eclecticismo ha de ser forzosamente transitorio: nube que pasa por el Sol para hacernos más apreciable su vivificadora luz.

VII. José de la Luz Caballero elenco de 1840

NOCIÓN DE LA FILOSOFÍA ESTÉTICA, MORAL SOBRE LAS MATERIAS FILOSÓFICAS CONTENIDAS EN EL SIGUIENTE ELENCO SERÁN EXAMINADOS (AQUÍ LOS NOMBRES DE LOS ALUMNOS) BAJO LA DIRECCIÓN DE DON JOSÉ DE LA LUZ, EL 13 DE SEPTIEMBRE DE 1840, A LAS DIEZ DE LA MAÑANA, EN EL CONVENTO DE SAN FRANCISCO

...Dejad correr la controversia: si los contendores dan muestras de investigación nueva y profunda, en una palabra, de razón, ganará siempre en ello la razón.

Si os valéis de otros medios que los de una libre discusión, si gritáis contra el crimen de lesa majestad, si llamáis en vuestro auxilio a aquellos mismos que no entienden palabra de tan sutiles especulaciones, como para apagar el incendio, os ridiculizáis indefectiblemente.

Kant noción de la filosofía

1. Son varias las acepciones en que se toma la palabra Filosofía: 1.º Cualquier conocimiento adquirido por el raciocinio, y en este sentido se confunde con la ciencia.

2. El porqué de la ciencia, y así se dice: la filosofía de las matemáticas, de la jurisprudencia, lo que llaman los alemanes parte trascendental, el término de la especulación.

3. El estudio de las facultades intelectuales, o sea la Psicología y la Lógica, como desprendidas y aparte de las ciencias naturales, y junto con la Ética, clasificadas bajo el nombre y formando parte de las ciencias morales.

4. El estudio de los diversos sistemas filosóficos que han reinado en la historia de la humanidad. Así la filosofía cousinista y su maestra la hegeliana.

5. Pero ninguna de las mencionadas es la noción legítima de la Filosofía. Nosotros concebimos la filosofía en cierto modo como la concibieron los antiguos: un sistema de doctrinas o dogmas que así se ocupa en la exposición de las leyes del hombre y del universo, como en la práctica de sus pensamientos o acciones.

6. Todo sistema que aspire al nombre de filosofía ha de ofrecer respuesta plausible a esta triple pregunta: «¿Quién eres? ¿de dónde vienes? y ¿a dónde vas?».

7. Por consiguiente, ninguna verdadera filosofía puede ser indiferente, ni expectante, en el problema siempre renovado, y siempre urgente, que presenta la humanidad.

8. Por eso toda la filosofía se dirige forzosamente al entendimiento y al corazón.

9. Como que no se da acto ninguno en la humanidad exclusivamente espiritual o exclusivamente corporal. Quien dijo acto, ya dijo manifestación, y quien dijo manifestación, ya dijo causa (lo espiritual) mostrada en el efecto (lo corporal).

10. Así es que toda filosofía lejos de ser impía e incrédula, envuelve precisamente una religión, un sistema de dogmas y doctrinas encaminado a la moral, a la práctica, que es consecuencia forzosa de la teórica, o nociones adquiridas sobre Dios, el hombre y el mundo.

11. De aquí se infiere igualmente que el escepticismo, lejos de poder aspirar al rango de sistema, como falsamente lo califica M. Cousin, es un estado forzoso y transitorio de aquellos entendimientos que son precisamente más dogmáticos.

12. Estos sencillos principios envuelven la refutación del Eclecticismo Cousiniano; sistema tan mezquino en sí propio, que apenas puede profundizarse por cualquier lado, sin quedar impugnado, o arrollado. ¡Peregrina ocurrencia, sin duda, haber apellidado filosofía a la negación absoluta de toda ciencia!

13. Sin sistema no hay filosofía, y el eclecticismo no tiene ninguno.

14. Si M. Cousin confiesa, como lo hace en el Prólogo de Tennemann que «es de toda evidencia que ninguno de los cuatro sistemas indispensables según él, es absolutamente verdadero, puesto que cesará de serlo, al encuentro de la verdad absoluta que apareciendo, ilustrará, unirá y someterá a todas las inteligencias», ¿adónde ha ido a parar esa misma necesidad absoluta de los cuatro sistemas? Es imposible refutarse mejor a sí mismo que lo que hace M. Cousin en su eterno conflicto.

15. Después de elevar a sistema el escepticismo, sustenta en el Prólogo de los Fragmentos «que el espíritu humano no puede vivir más que de fe, que solo cambian las formas de la fe en la historia, que el espíritu del siglo XVIII no ha menester de apología, pues existió, y existió por Dios. Se le

acusa —continúa— de incredulidad y de escepticismo; pero no es incrédulo ni escéptico sino en lo que debe serlo, en lo que no entiende, y en lo que no puede creer, donde tendría que abdicar su independencia si se sometiera sin examen a quien quisiera imponerle sus leyes». Luego el siglo XVIII, presentado por el mismo Cousin en otros infinitos lugares como el prototipo del escepticismo, no tiene un escepticismo sistemático, y queda puesto a mayor altura de la en que nosotros mismos lo colocamos.

16. El propio eclecticismo, como escogedor entre los demás sistemas, supone ya un sistema, ya una verdad conocida, para graduar la verdad de los demás. Véase también el Prólogo de 1826. Por eso dijimos en el pasado Elenco, que era un sistema no solamente falso, sino imposible.

17. Nuestro siglo, a fuer de comunicativo es eminentemente ecléctico en el sentido de eminentemente imparcial. Pero entender el eclecticismo como la conciliación de todos los sistemas, y creerlo así realizable, es la idea más mezquina y superficial que jamás entró en un cerebro que aspirase al rango de filosófico.

18. Ya en otra ocasión hemos manifestado la influencia apagadora del eclecticismo contra todo verdadero progreso.

19. Ahora notaremos, en comprobación, su falta absoluta de ideal.

20. El eclecticismo no trata de edificar, sino de contemplar fríamente lo edificado. Y ¿quiénes son los que han hecho progresar a la humanidad, los que han mirado para atrás, o los que han mirado hacia adelante?

21. Dar cuenta de todos los sistemas y despejar la verdad que haya en cada uno de ellos, es cuando más un medio, pero solo un medio para la ciencia, que se constituye eficazmente con otros recursos más poderosos.

22. No como hormiga que trae y amontona, sino como abeja que escoge y asimila ha de ser el legítimo filósofo.

23. En la historia no hay eclecticismo. ¿Dónde están los filósofos que han cultivado el eclecticismo como un método, como una filosofía? ¿La escuela de Alejandría? No. El mismo Cousin confiesa que no fue ecléctica en el sentido que él da a la palabra. ¿La doctrina de Lactancio y otros padres de Iglesia? Tampoco: que siempre fue síntesis y tiró a la unidad.

24. Dicho se está que no desatendamos las verdades que los diversos cultivadores han recogido en el campo de las ciencias: advertencia que es

menester hacer, porque los señores eclécticos, en negándoles su principio de conciliación universal, nos imputan que condenamos en cuerpo y alma a la humanidad y a los primeros caudillos de la humanidad.

25. Es una herejía para esos señores el sustentar que se equivocaron algunas veces los Platones y los Leibnitzes.

26. Confunden constantemente el error con el motivo del errar. Por dondequiera que se les examina, acusan la confusión y superficialidad de sus ideas.

27. Las doctrinas no las constituyen los hechos, sino el modo de ver los hechos.

28. Los hechos, sin embargo, pueden hacer que cambien las teorías.

29. Así que, con los mismos hechos tenemos diversas teorías, porque tot capita, tot sentenciae; y con los mismos y algunos más, con mayoría de razón, tenemos también diferentes doctrinas: así, no es extraño que los médicos difieran de los metafísicos en sus teorías: los primeros tienen acerca de ellas todos los datos que cuentan los segundos y algunos más: aprendan pues éstos los que les faltan, en lugar de decir a aquéllos que se olviden de los que ya poseen.

30. Donde no hay convicciones, no puede haber filosofía.

31. ¿Cómo puede hablar al espíritu una filosofía que contempla fríamente los sistemas, sin empeño por establecer ninguno?

32. Así la palabra de M. Cousin y de sus partidarios es una palabra muerta y sin unción, que podrá a lo sumo deslumbrar y confundir: jamás encender ni edificar.

33. El único sistema a que puede conducir esta falta de sistema es a un escepticismo completo de todas materias, caso de ser estos hombres consecuentes.

34. Empero como no lo son, se contentan con relatar nombres y doctrinas, creídos de que la erudición es la ciencia, y la memoria el instrumento favorito para edificarla.

35. Así estudian la ciencia, que no es la ciencia de un modo puramente literario, abandonando de todo punto la verdadera investigación.

36. Saben pues a veces lo que no han menester, e ignoran lo que les hace falta.

37. La juventud se aviene a ello con mil amores, porque en su comezón por brillar, encuentra más fácil repetir historias y nomenclaturas que acometer penosas investigaciones y seguir profundos y dilatados raciocinios.

38. Si con la debida seguridad emprendieran estos estudios, sentirían —como lo henos sentido nosotros— que ni aun para el favorito de la historia de la filosofía existe un texto escrito en el espíritu de encadenamiento que anhelamos descubrir en las doctrinas de los diferentes caudillos y épocas de la humanidad: listas, nomenclaturas, noticias sueltas, esto tenemos en abundancia: enlace, filiación y procedencia de las ideas, esto es lo que habemos menester.

39. Con este motivo, haremos crisis de la nulidad de los trabajos propiamente filosóficos del eclecticismo. Ya no se examinan en la ciase de ciencias morales del Instituto Francés problemas como el de «la influencia del hábito sobre la facultad de pensar»; ahora se investiga la autenticidad de los escritos de tal o cual filósofo antiguo. Sea muy en hora buena, pero llámase a esto filología, no filosofía. Basta este simple cotejo para juzgar de las dos épocas.

40. Entre nosotros particularmente es más fácil que hallen eco semejantes opiniones, no solo por la influencia siempre poderosa de la moda sino por la falta de criterio que reina en nuestra juventud, destinada en su mayor parte al estudio de la jurisprudencia y literatura, y careciendo de los datos fundamentales para formar juicio en estas materias.

41. Por eso la tendencia a un tiempo científica y patriótica de nuestras doctrinas es a despertar en nuestra mocedad el gusto por las ciencias naturales y matemáticas. Y a este título hemos saludado como aurora de ilustración el establecimiento de una cátedra de higiene pública.

42. No comprendería la enseñanza filosófica en nuestro suelo, quien se limitase a darnos las reglas del buen discurrir que se repiten desde Aristóteles hasta nuestros días, junto con la doctrina de las ideas.

43. Para que la filosofía llene cumplidamente sus altos fines entre nosotros, fuerza es que ante todo la apliquemos como un remedio a nuestras presentes necesidades, o sean, achaques intelectuales y morales.

44. ¿Qué se logra con la estéril exposición de las reglas del raciocinio, si se discurre miserablemente por falta de una simple ojeada siquiera sobre esta magnífica síntesis del universo?

45. Si hasta a los mismos caudillos del eclecticismo se les escapa esta idea comprensiva de las ciencias en su conjunto y armonía, ¿qué no será a una juventud neófita, y a veces no iniciada en la investigación?

46. ¡Cuán fácil no es pues hacerla víctima, ora del sofisma, ora de las ilusiones que deslumbran a esos mismos pretendidos maestros!

47. Porque todo el secreto del daño consiste en apelar al principio de contradicción, que es puramente lógico o analítico, cuando se trata de existencias o realidades en la naturaleza.

48. No se han formado una idea, aun después de lo escrito por Kant, sobre la diferencia entre las ciencias matemáticas y las demás, que todas son de observación, o recaen sobre existencias. Así pretenden, sin saber lo que pretenden, que la existencia de Dios, v. g. se les demuestre matemáticamente. Res ipsa vetat. Aristóteles podría también inundarlos de luz sobre la materia. El secreto de la exactitud matemática consiste en no poder ir el entendimiento contra nuestro propio supuesto: así que se ocupa esta ciencia en la deducción del supuesto, no en la entidad de las cosas.

49. Como por otro lado carecen de puntos de cotejo para graduar las fuerzas de la naturaleza, hallan contradictorio y absurdo en su cabeza, lo que es más obvio y natural a los ojos de un observador medianamente ejercitado.

50. Así los vemos admitir principios para unas ciencias no ya diversos, sino opuestos, a los principios de las otras.

51. ¿Qué puede resultar de tal estado de cosas? El caos y la indiferencia: no pocas veces, la intolerancia.

52. Ahora se entenderá asimismo la facilidad con que se les hace abandonar un sistema por otro, un libro viejo por otro nuevo.

53. En el estado de semejantes entendimientos, no es extraño que tomen por hombre profundo en una materia a quien apenas toca la que ellos completamente ignoran, y así vayan por donde se les quiera conducir.

54. ¡Cuántos jóvenes, estimables por otra parte, vista la falta de datos de Cousin y de ellos mismos sobre las leyes de la sensibilidad, han tomado

a Jouffroy por un filósofo consumado a causa de su bello talento de exposición de algunos fenómenos intelectuales! Pero no han podido juzgar que los retratos de este expositor con casi siempre infieles, o por lo menos incompletos.

55. Es tanto el atraso que entre los tales reina sobre las buenas doctrinas, que todavía hay quien nos diga que la autoridad es un criterio o medio legítimo de juzgar, cuando solo es uno de los medios de adquirir conocimientos exactos o inexactos, siendo así que el criterio de autoridad es una forma del mismo criterio de razón y experiencia.

56. Culpa es ésta de la misma fuente: de esas doctrinas o ilusiones metafísicas que M. Cousin ha mezclado con su sistema de eclecticismo, que para ser más descabellado, ha tomado por realidades las abstracciones.

57. Esa razón que es el mismo Dios: esa razón impersonal, que en el yo mismo está acusando la personalidad: ese yo que es voluntad, pero no inteligencia, ni sensibilidad, como si ni aun el pensamiento pudiera separar la inteligencia del hombre; pues del hombre es de quien se trata, con los gérmenes fecundos de tales y tantos extravíos!

58. Así pretenden establecer un abismo entre la sensibilidad y 1.ª inteligencia, y hasta una contraposición entre el hombre y los animales.

59. Lejos, pues, de buscar la clave de los fenómenos al parecer inconexos para encadenarlos entre sí, desatan y desarmonizan aún aquellos que están más visiblemente enlazados en la naturaleza.

60. En la cual más bien que contraste o armonía existe variedad y subordinación.

61. Así pues, no hay un reino animal contrario al reino vegetal], sino un reino vegetal subordinado al reino animal; así como un linaje humano que contiene todo lo que hay en el animal, con el agregado importante de la racionalidad que le sublima sobre los demás seres.

62. Ya el ahínco de buscar este contraste había hecho desbarrar al gran Leibnitz, y posteriormente a un psicólogo del mérito de Maine de Biran, sustentando que la memoria y la imaginación pertenecen al cuerpo y son, por lo mismo, fatales.

63. No vio el insigne metafísico el abismo que se abría a sus plantas; pues si dichas facultades son corporales, no hay una en el hombre que no lo sea.

64. Estemos, pues, firmes en la buena doctrina, que es la del Angélico doctor; no confundamos los órganos con las facultades, aunque todas las facultades para su ejercicio requieren órganos indefectiblemente.

65. No tratemos ni de encumbrar ni de rebajar la humanidad, sino de pintarla exactamente como es en sí misma.

66. Doble deber del filósofo es hacerlo así: 1.º como sacerdote de la verdad; 2.º como instituto de la moral, a quien para ser eficaz incumbe saber la realidad de las cosas.

67. Nada más inmoral en sus efectos, ni más opuesto a la verdad en sus principios, que ese fatal divorcio que el eclecticismo cousiniano ha querido establecer entre la inteligencia y el sentimiento.

68. El sentimiento, base de la ciencia, de la religión y del arte; el sentimiento, vínculo del linaje humano, origen y padre del ideal: fuente de la semejanza y de la diferencia entre los hombres: él es quien los hace yo, y él es quien los hace nosotros.

69. Lo singular del caso es que establezca esta dualidad el mismo que sustenta la trinidad del hecho de conciencia.

70. Si el hecho de conciencia lo constituye una trinidad indivisible, cual creemos nosotros, ¿cómo puede entenderse ese yo sin inteligencia, y esa voluntad impulsando a la atención, y disponiendo de todos los órganos para ejecutar sus decretos?

71. El hombre: he aquí el estudio propio del hombre, no precisamente el estudio de los delirios de los hombres sobre el hombre.

72. No hay acto del hombre en que no se revelen esos tres actos consabidos: como que el hombre no es un espíritu puro: no dándose un solo fenómeno dentro ni fuera de él, que sea puramente espiritual ni puramente corporal.

73. Estas sencillas indicaciones bastan para hacer justicia de todos los delirios e inconsecuencias en que se ven forzados a incurrir los eclectizantes en sus proyectos de conciliación.

74. Lo cierto es que apenas entran en materia todos los más famosos idealistas, cuando olvidados de su propósito con el calor de la composición, y arrastrados por la misma fuerza de los hechos, vienen a parar a las consecuencias que tanto huían del más neto sensualismo. Aduciremos ejemplos notables de Platón, Cartesio, Leibnitz, Maine de Biran, y si es lícito después de tanto magnate del pensamiento, citar a los pensadores oficiales, los mismos Cousin y Jouffroy nos dan de ello frecuentísimas muestras.

75. La mentira al fin mata, aunque salvando momentáneamente: difícil es seguir con paliativos, cuando hay quien haga sentir las necesidades de medios radicales.

76. Así ha sucedido a los eclécticos lo que a loa neutrales en tiempo de guerra: todos los partidos los han refutado a ellos, y ellos no han podido refutar a ninguno.

77. Por eso los investigadores de lo absoluto los reducen al silencio, porque parten aquellos señores de un punto por donde no pueden llegar a él; y los de la escuela contraria, fundados en el mismo terreno de la observación que los eclécticos invocan, les claman que no puede haber adelanto en psicología sin entrar en el campo de la fisiología.

78. ¿Quién no creyera que M. Cousin proclama estos principios, al ver que asienta que para conocer el entendimiento humano, es menester conocer la naturaleza humana? Y sin embargo, ese mismo hombre gratuitamente quiere encerrar a la naturaleza humana en el circuito de su estéril psicología.

79. Sepa que la conciencia es fenómeno, mas no causa: la causa es la vida, o el alma, revelada también en el yo que es otro fenómeno.

80. Nada más natural, sin embargo, ni más ordinario en el lenguaje que tomar el efecto por la causa: así la palabra yo representa el uno y la otra en el idioma de los metafísicos.

81. De lo contrario, podría tener lugar la insulsa doctrina de M. Jouffroy sobre el yo observando al yo por medio del yo.

82. Son tan benditos y acomodaticios estos señorea que proclaman el principio de observación interna, negando al mismo tiempo la existencia de los órganos para verificarla: de modo que llegan a ser tan sensuales estos

espiritualistas, que reducen a ver todo el sentir: en suma, no creen sino en lo que ven.

83. Preparémonos, pues, para oír delirios y ensueños en las doctrinas de los eclectizantes; y vayan dos muestras de M. Jouffroy: la primera, dividir los hechos de observación en sensibles e insensibles; segunda, declarar que el sueño se halla en el alma en plena libertad, cuando nunca se encuentra más esclava, bajo el imperio de los órganos.

84. Por su parte el maestro Cousin no se descuida en prodigar metáforas sobre el teatro y el vehículo de la conciencia, sobre la posesión que de ella toma el espíritu, y otras por el estilo, que después se ve obligado a abandonar y sustituir por algunas nuevas metáforas doblemente perjudiciales, porque nos da figuras, cuando debe suministrarnos fórmulas; y porque han extraviado miserablemente a los de allende y aquende de su escuela, acostumbrada así más y más al alimento de palabras con preferencia al de realidades.

Estética

85. Tiempo es ya de volver los ojos sobre el fatal influjo de esas doctrinas en la teoría de la belleza y del arte, o sea la Estética; cumpliendo así nuestra promesa de la proposición 112 del Elenco pasado, donde ofrecimos para la primera oportunidad algunas muestras de las doctrinas de Cousin sobre la belleza y la moral.

86. Ese absoluto que busca M. Cousin, y que no es más que una palabra en sus labios, es quien le ha extraviado lastimosamente en su exposición de la idea de lo bello.

87. Quiere M. Cousin contrastar el ideal con el sentimiento, cuando el ideal es hijo legítimo del sentimiento.

88. Esta palabra sentimiento tiene algo de odiable y ominoso para M. Cousin, visto que siempre quiere excluir este elemento de cuanto hay de noble y grande en la humanidad: y la grandeza de la humanidad está en el sentimiento; y el alma es sentimiento e inteligencia.

89. El hecho de la divergencia de gusto entre los individuos, proveniente de sus impresiones, hizo desechar a M. Cousin el sentimiento como base del gusto en el arte: a poco que se reflexione se hallará que en el senti-

miento mismo está la raíz de la convergencia y de la divergencia; es decir, que somos individuos y especie como partes del todo que llamamos linaje humano.

90. Es, por consiguiente, también extraviadísima la idea que nos considera uniformados en la inteligencia, y diversificados en el sentimiento: y todo ello por el prurito de adjudicarle a la inteligencia cuanto tenga un carácter de constancia y de perpetuidad, y al sentimiento cuanto hay de variable y contingente. ¡Qué los sentimientos del corazón no son uniformes y constantes en todos tiempos y naciones, tanto o más que los hechos del entendimiento! ¡Ay de la causa de la moral, si los hombres no pudieran uniformarse por el vínculo del sentimiento!

91. No hay, pues, contraposición verdadera entre lo real y lo ideal: lo ideal es una realidad de la humana naturaleza.

92. Así se deja comprender que el artista recibe de la naturaleza y devuelve bajo su propia forma de inneidad lo que de ella ha recibido: a la manera que el filósofo, también inspirado por cuanto le rodea, imprime su estampa en la prole con que regala al universo.

93. ¿Cómo puede concebirse la formación de la conciencia universal sin la base del consentimiento? ¿y el consentimiento de dónde pende? De la universalidad o igualdad del sentimiento.

94. Y aquí se nos revela que la cuestión del arte es a un tiempo la misma de la filosofía, de la moral y de la religión.

95. Tampoco se nos tachará, por ser partidarios del sentimiento, como destructores del ideal; muy al contrario, creemos que lo apagan de todo punto, o que al menos no saben dónde para, los que le alejan de semejante origen.

96. Consecuencia de nuestra doctrina es sustentar que el artista no copia rigurosamente de la naturaleza exterior, sino del ejemplar que le ha hecho formar su propio sentimiento.

97. ¿Cómo pueden explicarse en la teoría de lo absoluto, de un modelo inalterable y único en la belleza, las variedades de belleza que en el mismo orden producen diferentes artistas?

98. Véase, sin embargo, cuán sencillamente se expone el fenómeno en nuestra doctrina: el artista ha sentido en un grado y modo, suyos propios,

nuevos por consiguiente a la humanidad; pero que ésta no hubiera podido conocer, que habrían sido completamente inútiles para ella, si en su pecho no tuviera los resortes que se mueven al compás e influjo de esta novedad: aquí está el sentimiento.

99. Rara es la cuestión trascendental en filosofía en que no intervenga la del origen de las ideas; y respecto a la de belleza, como de otras abstractas, conviene advertir que nuestro espíritu no siempre necesita generalizar para abstraer: o sea, que la abstracción es en dos maneras: advertencia que nos vemos en el caso de hacer, pues los contrarios nos echan en cara que clasificamos, o formamos grupos, cuando no entienden la derivación de las ideas. Cousin hace igualmente esta distinción bajo otra forma; pero es para no ser consecuente con ella, como acostumbra.

100. Decir como asienta M. Cousin, que «la idea de lo bello puede aparecer en el seno de la naturaleza, pero siempre de una manera encubierta y mutilada», es, en primer lugar, no saberse explicar; y, en segundo, hallar más hermosura en las obras del hombre que en las del Creador.

101. Así lo dice expresamente, cuando afirma después «que ella —la idea de belleza— se presenta de un modo más esplendente en las obras humanas»; sin meterse a profundizar las causas del placer que suele experimentar la humanidad en las obras del arte, superior a veces al que le inspira las de la naturaleza. Procuraremos exponerlas.

102. Nosotros creemos, sin embargo, en general, que la belleza —no la idea de belleza, que reposa en el espíritu humano— tan está en la naturaleza de primera mano, que siempre exceden las realidades a las imaginaciones en cantidad y calidad.

103. Siempre, pues, que intente el artista impresionarnos, tendrá que tomar y escoger así del mundo físico como del mundo moral; que todo se reconcentra en su pecho, para luego salir afuera. Así, en este sentido, el arte es eminentemente creador.

104. Y esta sola consideración decide la contienda entre clásicos y románticos; si no hubiese otras que ya la dirimieran, como la manifestamos en el Elenco de 1835.

105. Es de todo punto errónea la distinción que hace M. Cousin entre el juicio que forma el hombre por virtud de una impresión peculiar y el que

forma por otra que es en general a la humanidad: dice que «el primer acto es de sensación, y el segundo de juicio». Apage nugas.

106. En uno y otro juzga el hombre; pero en el primer caso juzga que el objeto es solo agradable para él; en el segundo, que lo es para todos, y entonces es cuando tiene a lo bello por algo fundamental que está en la naturaleza de todos.

107. Esto es tan cierto, que hasta entonces no había el hombre hecho distinción entre agradable y bello, causándole extrañeza que no tuviesen todos sus semejantes por gratos los objetos que a él le habían encantado.

108. Así, pues, conviniendo con Cousin en que «lo bello y lo agradable tienen caracteres distintos, aunque no contrapuestos en su origen, y que el segundo es objeto de una sensación individual que no tiene valor fuera del círculo de cada uno», es necesario advertirle que siempre se forma juicio sobre este hecho, que no lo tiene el hombre por individual hasta no tropezar con la divergencia de los demás hombres.

109. «Que la belleza pertenece a un juicio universal, a un mundo superior a los hombres, a la soberana razón» (Cousin). Sí, porque es hija del sentimiento universal.

110. «Si decís que se empieza por el absoluto, colocáis al espíritu en una condición incomprensible»; admirablemente. «Mas si avanzáis que principia por lo individual, os reto a que podéis jamás sacar de él el absoluto» (Cousin). Luego o no hay absoluto propiamente tal, o, si ha de sacarse, ha de revelársenos forzosamente en lo individual: y entonces, ¿lo es? Consecuencia, examen, no pedimos más.

111. Nadie ha enseñado jamás que «el sentimiento de lo bello sea el deseo de posesión», como temerariamente lo echa en cara M. Cousin a los filósofos del siglo XVIII. Lo que han enseñado, y es de eterna verdad, es que el deseo de posesión viene en pos del sentimiento, de lo bello: de otra suerte hasta sin objeto ni fin serían bellas las cosas.

112. La belleza de los objetos es un medio de levantar nuestro espíritu, y por consiguiente de educarnos y morigerarnos por el intermedio de los sentidos.

113. «El deseo de posesión es una necesidad de asimilar el objeto a nosotros mismos, y el sentimiento de lo bello no es una necesidad; nada

nos pide hacia fuera; queda satisfecho con solo existir (Cousin). De modo que se ha vuelto el señor Cousin más sensual que todos los materialistas, pues niega el derecho de posesión a todos los demás sentidos, colocándolo exclusivamente en el órgano asimilador, o sea el estómago.

114. Así, pues, que el que vea un magnífico vaso griego, no deseará poseerlo, porque no se lo puede asimilar; ni el que oiga los dulces sones de la lira tratará de apropiárselos por el oído para reproducirlos cuando le agrade, y porque le agradan.

115. Pero todavía no está contento M. Cousin; no para hasta no exagerar la paradoja misma, y concluye afirmando que «es propio de la belleza no excitar el deseo, sino atender a sofocarle: si la vista de una bella estatua —continúa— despierta en vosotros el deseo de la posesión, no os mezcléis más en punto de belleza, no nacisteis para sentirla, no sois artistas». Traslado a Rafael y a Miguel Ángel.

116. Creemos haber dado suficientes muestras del poco criterio y falta de profundidad y sentimiento con que examina Cousin estas materias: siéndonos harto fácil, aunque sí fastidioso, prolongar semejante catálogo; todo lo cual unido a lo que en el pasado Elenco sustentamos sobre su teoría del conocimiento, y a lo que sobre la moral nos resta decir, justificará completamente el cargo que entonces le hicimos de no ser la calidad de su entendimiento en manera alguna a propósito para el campo de la verdadera filosofía; no, mil veces no: la erudición no es filosofía: el estilo no es filosofía.

Moral

117. Así como el arte, también se resiente la moral de los principios de una falsa psicología: ese bien absoluto que buscáis, no os deja encontrar el bien verdadero.

118. ¿Cómo entendéis el bien absoluto, cuando el bien mismo es una realización?

119. Se ha creído por alguno que destruimos el bien por despojarle del absolutismo y fundarle en la relación, que es una roca cimentada sobre las mismas existencias.

120. Han querido confundir los que tal opinan la marcha de la clasificación con la del contraste en los procederes del entendimiento, y así juzgar-

nos que negábamos la existencia real del bien, porque le considerábamos revelándosenos en el mal: de forma que el mal es menester para el bien, y el bien es menester para el mal: relación forzosa, y garante mutuo de sus existencias.

121. Entra ahora M. Jouffroy proclamando que en el orden eterno de las cosas es donde se nos revela el absoluto, que por consiguiente nada tiene que ver con la sensación. Y ¿qué es el orden, sino la relación que descubrimos en los fenómenos del universo bajo el ministerio inmediato de nuestros sentidos en unión con el entendimiento?

122. Así decimos que está en el orden lo que pasa con arreglo a las impresiones que hemos recibido de fuera, o a los instintos que sentimos dentro; corrigiendo después, con mejor conocimiento de causa —nuevas impresiones por medio de los sentidos— nuestras anteriores nociones de orden.

123. ¿De dónde, pues, parte siempre el hombre? ¿Es o no es de su sentimiento? ¡Conspírense cuanto quieran todas las tinieblas de la metafísica y la sofistería para oscurecer esta verdad más radiante que el Sol!

124. En su derrota, y en su empeño por remedar el triunfo, quieren estos timoratos moralistas de falso cuño amedrentar a los incautos con el duende de la frenología.

125. Dos son los fines que en ello se proponen: primero, conociendo cuanto de discutible y por averiguar hay todavía en esta ciencia, tratan de infundir desconfianza contra las doctrinas del llamado sensualismo, por favorecer dicha ciencia más bien estas doctrinas que las suyas: segundo, acusando paladinamente a la frenología de fatalismo y de materialismo, y por consiguiente de destructora de la humana responsabilidad, hacen recaer la culpa sobre el atravesado sensualismo.

126. En cuya importante materia debemos explicarnos del modo más explícito y preciso; teniendo entendido los eclécticos, los espiritualistas netos, los idealistas a medias, los místicos y toda ralea metafísicante y absolutista, que aun cuando resultara completamente convencida de falsa frenología, ni adelantaban un solo paso en favor de sus respectivos sistemas, ni conmovían en un ápice la roca sobre que descansa el sensualismo.

127. En efecto, confesado por todos los partidos —y aunque no lo confiesen— que sin cerebro no pueden ejercerse facultades mentales, y que el hombre está sintiendo en todos los actos de su pensamiento, poco importa para derrocar ese falso espiritualismo, que se considere el cerebro como órgano único y entero, o como dividido en varios, aunque relacionados entre sí.

128. Así pues, cesad de alucinar al vulgo, impotentes declamadores, pues confundiendo el sensualismo con la frenología, queréis inducir a que se crea que las nubes que aún reinan en la una, oscurecen también al otro. Sofistería, pero de la más grosera, es lo único que habéis aprendido en el taller de vuestro institutor.

129. La verdad del sensualismo está demostrada de un modo invencible desde el grande Aristóteles, quien no perdió coyuntura en sus obras de refutar las doctrinas de su esclarecimiento maestro; y tan demostrada, que aun ignorándose la acción y hasta la existencia del cerebro, no podría quedar en pie el idealismo.

130. Lo que ha sucedido, pues, al sensualismo es lo que acontece siempre a la verdad; que con el progreso humano vienen otras verdades a fortalecerla y asegurarla.

131. Por eso he sustentado que ya hoy no es disculpable en un filósofo, como lo era en tiempos oscuros y atrasados, seguir un partido diferente, puesto que sobran las pruebas del sensualismo en todas las ciencias, en su historia, y hasta en las lenguas mismas, en el campo favorito de la erudición, a donde en son de literatos relatores, no de filósofos profundos, han ido a refugiarse los eclécticos y compañeros mártires.

132. Y viniendo directamente a la frenología, sustentamos que nuestros contrarios no han saludado la cuestión, al negar el principio de la localización en las facultades intelectuales, que es cabalmente la base del sistema de Gall; sistema que no ya columbró sino que hasta detalló, a mediados del siglo XVII, el profundo español Huarte.

133. Pero lo más sorprendente para los idealistas, y aun para los que no lo sean, es hallar la Frenología en el padre del idealismo, en el divino Platón, como lo convencen los dos siguientes pasajes del más famoso de sus Diálogos, que en gracia de lo peregrino del caso nos permitiremos

extractar, y en que en primer lugar se hace una sola y misma sustancia del encéfalo y de la médula espinal, representando la médula oblongada como el áncora a la cual ha adherido Dios los vínculos de toda la organización animal. Nótese que Cartesio colocaba en la médula la residencia del alma. Vamos ahora con los dos pasajes notables. 1.º «Juzgando que las partes anteriores de nuestro cuerpo son más nobles y más propias para mandar que las partes posteriores, quisieron los Dioses que nuestro movimiento se verificase más bien hacia adelante que hacia atrás: fue menester, pues, que la delantera de nuestro cuerpo se distinguiese del otro lado, y se formase diferentemente. Para esto, en el globo de la cabeza colocaron desde luego el rostro, y en el rostro los órganos de todas las facultades del alma». Y el 2.º, en otra parte del mismo diálogo: «Dios sembró en la médula todos los géneros de almas; dividió la médula desde el principio en tantas especies cuantas especies de alma debía haber, y les dio las mismas cualidades». Aquí está Platón en las tierras de Gall. ¡Cómo se encuentran los grandes pensadores sin saber cómo, dónde, ni cuándo! 134. Mas no por abogar nosotros en favor de la base, creemos demostrado la craneoscopía propiamente tal.

135. Nos inclinamos a creer, por el contrario, sin desechar la inspección del cráneo, que hay otros medios que también deben traerse a colación para determinar el asiento de las facultades mentales; en una palabra, es menester estudiar todo el cerebro en relación con los fenómenos de la inteligencia, no solo en el hombre, sino en la serie de los animales: sin comparación no llegamos a la verdadera síntesis.

136. Confesemos empero que la robusta inducción de Gall es la fuente y origen hasta de los trabajos de sus mismos impugnadores; y aquí está un ejemplo del lazo sintético que quisiéramos descubrir en los que emprendieran la historia de la ciencia.

137. Juzgamos que el problema de la humanidad, esto es, el de sus facultades morales e intelectuales, está en razón compuesta de varias causas combinadas, descollando por sobre todas ellas la de la organización como fundamental.

138. Solo de esta manera puede impugnarse la doctrina de Helvetius sobre la ilimitada influencia de la educación, la cual es sin embargo una de

las causas que constituyen el moral humano. ¿Dónde está la causa, el principio de la variedad que reina en la educación? ¿Por qué ha seguido ésta más bien un sesgo que otro en los diversos pueblos?

139. Otro tanto podremos decir sobre las acaloradas cuestiones entre moralistas y políticos acerca de la influencia de los climas y de las razas, influencias que se modifican mutuamente y se hallan subordinadas a la especialidad de la organización.

140. Nada dicen contra la organización individual las leyes que siguen las edades y sexos.

141. Así estas cuestiones no pueden resolverlas los puramente moralistas, como ni tampoco pueden los historiadores llevar la luz a la historia del linaje humano, sin convertirse en fisiólogos, a fuer de trascendentales y sintéticos.

142. Enseguida demostraremos que la existencia de la frenología no toca en un pelo a la humana responsabilidad.

143. Consiste ésta en un hecho de sentimiento, independiente de toda hipótesis o teoría.

144. Tan luego como el hombre siente en sí el poder de producir y evitar un acto, es decir, su libertad, ya se juzga, y juzga a los demás responsables.

145. Del sentimiento, pues, nacen los derechos y deberes, porque el hombre se halló en la sociedad como en su centro.

146. Por la razón contraria, siempre que el hombre siente, o se le demuestra que no ha estado en su arbitrio evitar una acción, se absuelve a sí mismo y a los demás de toda responsabilidad.

147. Existen, pues, causas tanto en él mismo como en la naturaleza exterior con el carácter de fatales e imprescindibles.

148. Entre éstas se cuentan sin duda, y siempre se contaron, las imperfecciones y defectos individuales con que vinieron los hombres al mundo. En una palabra, los hombres se dividen en educables, e ineducables, o educables hasta cierto punto respecto de ramos especiales: unos hombres nacen con mejores disposiciones que otros para tales o cuales objetos.

149. Estos son hechos inconcusos, confesados en todas épocas y naciones, por haberse observado invariablemente en todas ellas; hechos que

así se hallan consignados en el idioma del vulgo como en los labios de la sabiduría. Sortitus sum animam bonam, decía el hijo de Sirac.

150. ¿En qué, pues, ha cambiado la frenología el estado de la cuestión con respecto a fatalismo y responsabilidad?

151. El fatalismo que había, es el que hay y el que habrá; pero en ese círculo no juega el libre albedrío.

152. Pero con más facilidad, si cabe todavía, sacude la inducción de Gall el cargo de materialismo; pues la unidad del principio cogitante no ha de estar más atacada con la multiplicación de órganos cerebrales que lo estaría con la existencia de los sensitivos externos.

153. Los temperamentos son unas concausas de diversidad en las facultades, o bien motivos especiales equivalentes a localización.

154. Así, tanto antiguos como modernos, metafísicos como fisiólogos, teólogos como moralistas, todos a una, han convenido en las disposiciones especiales que distinguen al hombre para la virtud como para la ciencia, para el crimen como para la ignorancia: causas que es forzoso fomentar o neutralizar por medio de la educación.

155. La fisonomía ofrece igualmente indicaciones que en manera alguna puede desatenderse.

156. La frenología, pues, no ha venido a quitar ni poner hechos, sino a dar la razón de estos mismos hechos.

157. Ha creído que el hombre debe tener una fisonomía interna así como tiene una exterior que lo distinga; o lo que es igual, analogía de efectos, analogía de causas, diversificación de efectos, diversificación de causas.

158. El sistema de localización, no como un análisis mutilador, sino como un análisis creador de la síntesis, es una tendencia irresistible de todo el andar de la ciencia: la patología es aquí la experimentadora, o instrumento de la fisiología.

159. Entiéndase empero, y lo repetimos: que no hemos tratado de circunscribir la localización o la exterioridad del cráneo, sino ensancharla a todos los órganos, sirviendo de comprobante e ilustración a la gran ley hipocrática del consensus unus, que es la ley de la naturaleza: cadena, y cadena cerrada.

160. Muy lejos, pues, de atacar la fisiología ni ninguna ciencia natural las leyes de la moralidad, ofrecen y ofrecerán los únicos medios a veces eficaces de volver al gremio de la moral a los entes desgraciados que estaban absolutamente fuera de él.

161. Así que los verdaderos amantes de la mejora de la humanidad deben promover con todas sus fuerzas esta santa alianza de la ciencia y la religión para conspirar al mismo fin.

162. Solo la ignorancia en que laboran algunos moralistas sobre estas materias puede disculparlo del infausto divorcio que procuran introducir entre estas dos hijas del cielo, que en acción se confunden en una sola.

163. Pero como esa ignorancia no es invencible, están obligados en conciencia a ensanchar la esfera de sus conocimientos antes de dictar reglas de moral, y entre tanto recoger y meditar.

164. En lo que de veras se causa gran daño al corazón, después de habérselo causado al entendimiento, es en esas doctrinas estrambóticas de M. Cousin sobre Dios y el hombre.

165. Dejémosle hablar a él mismo, porque es grave la acusación: «La razón es el mediador necesario entre Dios y el hombre, aquel logos de Pitágoras y de Platón, aquel verbo hecho carne que sirve de intérprete a Dios y de protector al hombre, hombre a la vez y Dios todo junto. No es sin duda éste el Dios absoluto en su majestuosa indivisibilidad, sino su manifestación en espíritu y en verdad: no es el ser de los seres, pero es el Dios del género humano. Como no le falta ni le abandona jamás, el género humano cree en él con creencia irresistible e inalterable, y esta unidad de creencia en el mismo es su más elevada unidad».

166. Se ve, pues, que su trinidad no es la trinidad del cristianismo, ni la de la recta filosofía.

167. La culpa de este devaneo la tuvo primeramente la misma idea equivocada que se formó de la trinidad del hombre, o sea del triple fenómeno indivisible que se nota en sus facultades intelectuales.

168. Quiso Cousin aislar en el hombre los tres elementos colocando a Dios en su razón, en su sensibilidad al mundo, y en su voluntad al yo responsable. ¿Cómo podía este sistema resistir a la objeción que un niño le hiciera, de que tan responsable era su entendimiento como su voluntad,

pues el mismo yo era quien entendía y quería? Además, esta doctrina hace a Dios falible, y responsable de nuestros errores.

169. Resulta, pues, una identidad absoluta entre Dios y el hombre, y una necesidad del mundo para la existencia de Dios; panteísmo neto y fatalismo puro es lo que envuelve esta doctrina.

170. Pero aunque no lo dijera, él que afirmó recientemente en la última edición de sus Fragmentos, que Dios puede ser entendido, y que él lo entendía; es a un tiempo panteísta, fatalista, blasfemador y antifilosófico en alto grado.

171. M. Cousin ha dicho «que Dios creó el mundo necesariamente», pues ya es panteísta.

172. Si M. Cousin hubiera entendido el gran resultado que arrojó la crítica de Kant, de ese Kant, cuyo introductor se gloría de ser en su patria, acaso hubiera evitado tan desastrosa caída.

173. Pero como uno de los motivos que también le impelían a ostentar este sistema era el ruido que hicieran en Alemania los de Schelling y Hegel, no pensó más que en sorprender en su país con el espíritu de novedad.

174. Siempre eco, o espejo de lo que sonaba o lucía allende el Rin, pero el filósofo no debe ser espejo que refleje sin alteración, sino lente que refracte y concentre los rayos de la luz en si mismo, para darlos al mundo bajo nueva forma.

175. Tan cierto es que tenía muy a la mira el francés rivalizar con los alemanes Schelling y Hegel, que no hay más que pasar la vista por el siguiente trozo: «Los primeros años del siglo XIX han visto aparecer ese gran sistema, el sistema de la identidad absoluta. Este sistema es el verdadero: Schelling lo bosquejó y Hegel lo desenvolvió». (Fragmentos de 1833.)

176. Los alemanes tratan el sistema de Cousin, negando que sea el Schelling, como en efecto no lo es, de espantosa monstruosidad. (Véase a Hinrisch y a Heine.)

177. De donde también sacamos en claro y de paso que ya hay un sistema verdadero. Entonces, ¿adónde fue a parar el eclecticismo? Nadie es capaz de refutar a M. Cousin mejor que lo hace él mismo.

178. Ved aquí una muestra del modo de formular de Hegel y otra del de Cousin, para que huya la juventud de tan oscuras y extraviadoras guías.

179. «En el momento de la particularidad debe el ente eterno concreto ser lo presupuesto, y su movimiento es la producción de la aparición (el fenómeno), la separación del momento eterno de la mediación, del único hijo, en la contraposición sustancial por un lado del cielo y de la tierra, de la naturaleza elemental y concreta; y por el otro de espíritu estando en relación con él. Aquí tenemos otra vez al Cristo como mundo fenomenal, cuando antes era el mismo Dios, diferente y no diferente de él. Qui potest capere capit. Y ya se comprende que Cousin no como quiera es hijo, sino reflejo de Hegel. Veamos ahora la fórmula del discípulo: «Así es cómo el hombre refleja a Dios, y que Dios vuelve en cierto modo a sí mismo en la conciencia del hombre, cuyo mecanismo y triplicidad fenomenal constituye indirectamente, por el reflejo de su propio movimiento y de la triplicidad sustancial de que es la identidad absoluta».

180. Reducir a la razón el Dios del cristianismo y el de la humanidad, es no haber entendido ni al cristianismo, ni a la humanidad.

181. El Dios del cristianismo es amor; Deus charitas est, según dijo el discípulo amado, y el Dios de la humanidad es también amor porque es entendimiento.

182. Se ve, pues, además del error que envuelve esta doctrina, la tendencia desmoralizadora que la distingue; pues privando al corazón de aspirar a Dios, como tras una realidad, aparte del mundo y de la razón, rompe el vehículo entre la humanidad y la divinidad.

183. Tuvimos, pues, razón en afirmar, que por doquiera que se mire este malhadado sistema de M. Cousin, cerrando las puertas del porvenir, acaba con toda especie de ideal.

184. Ahora se comprenderá el gran fallo del barón de Eckstein en su periódico titulado El Católico: «que la juventud francesa iba a las cátedras de psicología a aprender estériles teorías sobre el yo, y a perder toda fe y toda creencia capaces de fecundar el corazón».

185. ¡Qué raíces además puede echar la moral en los pechos de la juventud, cuando lo más santo, lo más sagrado del mundo, se hace descansar en ridículo juego de palabras, por una parte, y en teorías que no pueden resistir análisis, por la otra!

186. Por eso le dijimos en el pasado Elenco, que la reacción era temible para la causa de la moral, una vez que la juventud volviera indignada del engaño en que la habían imbuido sus mismos directores.

187. Fomentemos, pues, el corazón de la juventud bañando su entendimiento con este gran resultado que arroja el estudio profundo de las ciencias: la religión es un elemento tan necesario para la vida moral, como el aire lo es para la corporal: tan indispensable al pueblo como al hombre instruido: no admitimos la distinción que más o menos encubiertamente encierran las doctrinas de algunos filósofos en la materia.

188. Los que predican, pues, religión, como se hace hoy en Francia, por razones de conveniencia social, son los que le infieren mayor agravio y el peor servicio, acusando a un tiempo la incredulidad e hipocresía que por dentro llevan.

189. Es menester, pues, no separar a la inteligencia del corazón: el hombre no nació para el egoísmo, sino para la expensión: la necesidad de una síntesis le atormenta incesantemente, y no encontrándola en lo que le rodea, a fuerza de sintético, se lanza hasta otra vida en pos de su destino, en pos del enlace de los fenómenos.

190. El espíritu de nuestra enseñanza ha sido hasta ahora hacernos sentir nuestra ignorancia, sin doblar la rodilla ante el ídolo de la autoridad: ved ahí los dos primeros pasos para bien saber.

191. Hemos querido inspirar desconfianza en nuestras propias fuerzas, pero sin degenerar en temor: y valentía sin presunción.

192. Forzoso es el comenzar de esta manera; pues tal lo exige el estado en que se ha puesto entre nosotros la cuestión: forzoso es volver a otra obra cartesiana semejante a la que llevó a cabo nuestro siempre respetado maestro en el pensar.

193. Ha sido menester no solo iniciar a la juventud, sino llamar la atención a todos los hombres pensadores, en quienes se albergue una centella de patriotismo y moralidad.

194. Lucha ha sido y aun será menester. ¡Salvo a la lucha! que es el único medio de conseguir los grandes fines.

195. Se ha prolongado empero, como siempre acontece —y aquí va otra lección para la juventud— porque es muy doloroso el amor propio de los

hombres, aun habiendo juzgado por deslumbramiento, lo que en todo caso los disculparía, confesar que se equivocaron, y que otro hombre ha sido parte a sacarlos de su equivocación.

196. Pero reflexionen que ésta es la historia del linaje humano: siempre ha habido una voz fuerte entre los hombres que se haya levantado para hacerlos marchar por donde no iban y debieran ir.

197. No porque hubiera almas empedernidas en el pueblo judaico, que no doblaran la cerviz a la demostración, fue inútil la predicación del crucificado.

198. Así prospera siempre mejor la verdad entre las gentes vestidas del hombre nuevo; esto es, exentas de prevención y llenas de candor.

199. Formar al hombre con cuantas menos prevenciones sean posibles, es la grande obra de la filosofía.

200. Fundar un plantel de ideas y sentimientos, así como de método, es la aclimatación que de ella nos proponemos hacer en nuestro suelo: escuela de pensamientos y virtudes; no queremos filósofos expectantes, ni eruditos de argentería, sino hombres activos de entendimiento, y más activos de corazón.

VIII. Exámenes generales del Colegio del Salvador

Bajo la dirección de don José de la Luz

En los días 10 de diciembre y siguientes hasta su conclusión

HABANA IMPRENTA DEL GOBIERNO POR S. M.

1848 Sui et veri index.

Educación primaria lectura

Sección primera

A cargo de don José María Romay

Se han ejercitado en leer en el Catecismo de Fleury y en el primer libro de Lectura Gradual.

Don Pedro Duquesne

Don Francisco Arango

Don José de la Luz

Don Eduardo Jiménez

Don Martín Pedroso

Don Gabriel Alderete

Don Eduardo Alderete

Don Francisco Miranda

Don Isidro Limonta

Don Federico Alderete

Sección segunda

A cargo de don Francisco de Zayas

Están más adelantados que los de la sección anterior.

Don Ramón Diago

Don Claudio del Pozo

Don Carlos Jiménez

Don Francisco González

Don José Manuel González

Don Carlos Poey

Don José Antonio Galarraga

Don Juan Manuel Alfonso

Don Melquiades de San Pedro
Don Jacinto Alfonso
Don José García
Don Emilio Céspedes
Don Ricardo Díaz
Don Francisco G. Larrinaga
Don Francisco del Pozo

Sección tercera
A cargo de don Ramón Ramos
En prosa y verso
Don Francisco Castro
Don Francisco Bethencourt
Don Antonio de la Luz
Don Higinio Bethencourt
Don Manuel Martí
Don Miguel Acosta
Don Fernando Pino
Don Miguel Pedroso
Don Blas Morán
Don Emilio García
Don Ramiro Alfonso
Don Manuel Mora
Don Luis Murias
Don Francisco Elosua
Don José Antonio Arrondo
Don Ramón Miranda
Don Agustín del Pozo
Don Bruno García
Don José Díaz
Don José Robert
Don Francisco Mantilla
Don Rafael de la Torre
Don Rafael O'Farrill

Don Anastasio Carrillo Religión

Sección primera
A cargo de don José María Romay
Las oraciones por Ripalda
Don José de la Luz
Don Pedro Duquesne
Don Eduardo Jiménez
Don Gabriel Alderete
Don Rafael O'Farrill
Don Eduardo Alderete
Don Francisco Miranda
Don Francisco Arango
Don Isidro Limonta
Don Francisco Alderete

Sección segunda
A cargo de don Francisco de Zayas
Explican las oraciones
Don Ramón Diago
Don Carlos Jiménez
Don José Manuel González
Don Claudio del Pozo
Don José Antonio Galarraga
Don Francisco González
Don José García
Don Melquiades de San Pedro
Don Francisco Mantilla
Don Carlos González
Don Emilio Céspedes
Don Higinio Bethencourt
Don Ricardo Díaz
Don Juan Manuel Alfonso
Don Francisco del Pozo

Don Francisco G. Larrinaga

Escritura
A cargo de don Manuel Nathan
Se compone de todos los alumnos del establecimiento, quienes presentarán sus trabajos y escribirán a presencia de los concurrentes.

Gramática castellana

Sección primera
A cargo de don Ramón Ramos
Partes de la oración y accidentes. Análisis. Composición sobre temas sencillos. Escritura al dictado.
Don Juan Manuel Alfonso
Don Higinio Bethencourt
Don Antonio de la Luz
Don Francisco Mantilla
Don Francisco del Pozo
Don Jacinto Alfonso
Don Claudio del Pozo
Don José Antonio Galarraga
Don Manuel Martí
Don José Fernández
Don José García
Don Francisco G. Larrinaga
Don Isidro Fernández
Don Francisco González
Don Emilio Céspedes
Don Carlos Jiménez
Don Miguel Acosta
Don Eduardo Jiménez
Don Carlos Poey
Don Ramón Diago
Don Rafael O'Farrill

Don Anastasio Carrillo

Sección segunda
A cargo del mismo
Están más adelantados que los de la sección anterior.
Don Ramiro Alfonso
Don José Robert
Don Miguel Pedroso
Don Luis Murias
Don Ramón Miranda
Don Agustín del Pozo
Don Francisco Castro
Don Fernando del Pino
Don Emilio García
Don Bruno García
Don José Díaz
Don José Antonio Arrondo
Don Francisco Bethencourt
Don Blas Morán
Don Domingo Ramos
Don Miguel Romay
Don Francisco Elosua
Don Manuel Mora Aritmética

Sección primera
A cargo de don José María Romay
Las cuatro reglas con los enteros y las principales definiciones. Don José
García
Don Emilio Céspedes
Don Ricardo Díaz
Don Francisco G. Larrinaga
Don Ramón Diago
Don Francisco Arango
Don José de la Luz

Don Eduardo Jiménez
Don Miguel Acosta
Don Pedro Duquesne
Don Francisco Miranda
Don Rafael O'Farrill
Don Miguel Alderete
Don Eduardo Alderete
Don Martín Pedroso
Don Francisco González Leer cantidades
Don Isidro Limonta
Don Federico Alderete

Sección segunda
A cargo de don Juan B. de Zayas
Operaciones con enteros y fraccionarios, y algunas ligeras nociones de teoría. Han resuelto problemas de la Colección de Gremilliet.
Don Ramón Miranda
Don Rafael de la Torre
Don Luis Murias
Don Enrique San Pedro
Don Juan M. González
Don Melquiades de San Pedro
Don Isidro Fernández
Don Manuel Martí
Don José Fernández
Don José Antonio Galarraga
Don José Díaz
Don Juan Manuel Alfonso
Don Francisco Bethencourt
Don Jacinto Alfonso
Don Higinio Bethencourt
Don Antonio de la Luz
Don Domingo Ramos
Don Francisco Mantilla

Don Manuel Mora
Don Carlos Poey
Don Fernando del Pozo
Don Francisco del Pozo
Don Miguel Pedroso
Don Claudio del Pozo

Sección tercera
A cargo de don Francisco Brusa
Operaciones con enteros, quebrados, decimales y denominados.
Don Manuel S. Martínez
Don Bruno García
Don Emilio García
Don Agustín del Pozo
Don José Robert
Don Francisco Castro
Don José Antonio Arrondo
Don Ramiro Alfonso
Don Blas Morán
Don Francisco Elosua

Dibujo lineal
A cargo de don Juan B. De Zayas
La clase está dividida en dos secciones: la primera, compuesta de los niños más tiernos del establecimiento, se ejercita en el trazado de las líneas en todas direcciones, y la segunda en el trazado a ojo de las figuras del Curso Elemental de Jorrín, hasta las aplicaciones de la línea recta inclusive.
Don Francisco Arango
Don Ramón Diago
Don Gabriel Alderete
Don Francisco G. Larrinaga
Don José Antonio Galarraga
Don Emilio Céspedes
Don Claudio del Pozo

Don Manuel González
Don José de la Luz
Don Rafael O'Farrill
Don Jacinto Alfonso
Don Francisco González
Don Juan Manuel Alfonso
Don Pedro Duquesne
Don Francisco del Pozo
Don Carlos Poey
Don Higinio Bethencourt
Don Martín Pedroso
Don Isidro Fernández
Don Francisco Miranda
Don Melquiades de San Pedro
Don Isidro Limonta
Don Ricardo Díaz

Sección segunda
Don Bruno García
Don José Fernández
Don Eduardo Jiménez
Don Miguel Acosta
Don Carlos Jiménez
Don Rafael de la Torre
Don José García
Don Manuel Martí
Don Manuel Mora

Geografía

Sección primera
A cargo de don José María Romay
Algunas nociones sobre la geografía de la Isla, hasta el sistema de montañas por el tratado de Poey.

Don José de la Luz
Don Eduardo Jiménez
Don Rafael O'Farrill
Don Gabriel Alderete
Don Francisco Arango
Don Eduardo Alderete
Don Isidro Limonta
Don Francisco Miranda
Don Pedro Duquesne
Don Federico Alderete

Sección segunda
A cargo de don Manuel Nathan
Contestarán según·el tratado de Poey, y definirán los términos más usuales de la ciencia.
Don José Antonio Galarraga
Don Carlos de la Torre
Don Claudio del Pozo
Don Carlos Jiménez
Don Francisco del Pozo
Don Ricardo Díaz
Don José García
Don Francisco González
Don Carlos Poey
Don Miguel Acosta
Don Ramón Diago
Don Isidro Fernández
Don Higinio Bethencourt
Don Juan Manuel Alfonso
Don Manuel Martí
Don Francisco G. Larrinaga
Don Martín Pedroso
Don José Manuel González
Don José Fernández

Don Emilio Céspedes
Don Jacinto Alfonso

Sección tercera
A cargo de don Francisco de Zayas
Geografía moderna física y política según la cartilla de Poey. Don Gabriel
Navarrete
Don Blas Morán
Don Luis Murias
Don Emilio García
Don Francisco Elosua
Don Agustín del Pozo
Don José Robert
Don José Díaz
Don Domingo Ramos
Don José Antonio Arrondo
Don Francisco Bethencourt
Don Francisco Mantilla
Don Miguel Romay

Educación secundaria Religión
A cargo de don Juan B. Zayas
Se han ejercitado en explicar la doctrina cristiana, exponiendo los misterios de nuestra Santa Religión y la parte histórica de la Biblia.
Don Ramón Miranda
Don Luis Murias
Don Francisco Elosua
Don Antonio de la Luz
Don José Antonio Arrondo
Don Manuel Mora D Blas Morán
Don José Domingo Ramos
Don José Díaz
Don Miguel Pedroso
Don Francisco Bethencourt

Don Rafael de la Torre D Enrique San Pedro
Don Bruno García D Emilio García
Don Agustín del Pozo
Don Manuel Martí
Don José Robert
Don Ramiro Alfonso

Gramática
A cargo de don José María Zayas
Clasificación de las palabras. Idea fundamental. Ideas accesorias. Abstracciones. Accidentes. Oraciones, Sujeto. Atributo. Complementos. Concordancias. Figuras.
Don Ambrosio Valiente
Don Magín Robert
Don Pedro Diago
Don Manuel S. Martínez
Don Felipe G. Chávez
Don Francisco Morales
Don Gabriel Navarrete
Don Joaquín Lastres
Don José Mas
A cargo de don Manuel Nathan Han traducido los primeros capítulos de Paul et Virginie, frases sencillas del castellano al francés.
Don Miguel Pedroso
Don Manuel S. Martínez
Don Joaquín Lastres
Don Emilio García
Don Ramón Miranda
Don Luis Murias
Don Francisco Mantilla
Don Rafael O'Farrill
Don Ramiro Alfonso
Don Magín Robert
Don Anastasio Carrillo

Don Carlos Poey
Don Francisco Larrinaga
Don Blas Morán
Don Rafael de la Torre
Don José Díaz
Don Manuel Martí
Don Manuel Mora
Don Agustín del Pozo
Don Isidro Fernández
Don Enrique San Pedro
Don Melquiades de San Pedro

Sección segunda
A cargo de don Francisco Brusa
Traducen del español al francés y viceversa. Sintaxis, según la Gramática de Noel y Chapel, hasta el participio pasado inclusive.
Don José Mas
Don José Antonio Arrondo
Don Felipe G. Chávez
Don Francisco Morales
Don Pedro Diago
Don Gabriel Navarrete
Don Ambrosio Valiente

Inglés
A cargo de don Ambrosio Aparicio

Sección primera
Han comenzado recientemente y solo han ejercitado los pronombres y la conjugación aplicada a frases cortas.
Don Claudio del Pozo
Don Manuel Martí
Don Carlos Jiménez
Don Manuel González

Don Emilio Céspedes
Don Manuel Mora
Don Francisco González
Don José García

Sección segunda

Teoría y uso de los pronombres personales, verbos auxiliares y formación de oraciones interrogativas con toda clase de versos. Tienen muy poco tiempo de lectura y de traducción.

Don Rafael de la Torre
Don Ramón Diago
Don José Antonio Galarraga
Don Miguel Acosta
Don Bruno García
Don Luis Murias
Don José Antonio Arrondo
Don Domingo Ramos
Don Juan Manuel Alfonso
Don Blas Morán
Don Jacinto Alfonso
Don Francisco Elosua
Don Francisco Bethencourt
Don Carlos Poey
Don Fernando del Pino
Don Antonio de la Luz

Sección tercera

Leen, traducen, escriben al dictado, explicando las reglas gramaticales. Conversación familiar.

Don Pedro Diago
Don Francisco Morales
Don Gabriel Navarrete
Don Francisco Castro
Don Ramiro Alfonso

Don Emilio García
Don José Mas

Latín

Sección primera
A cargo de don José María Zayas
Declinaciones en general menos las de los nombres grecolatinos. Don Claudio del Pozo Conjugación del verbo sum y sus compuestos y de los regulares.
Don Ramón Miranda
Don Carlos Poey
Don Enrique San Pedro
Don José Fernández
Don José Robert
Don Juan Manuel Alfonso
Don Isidro Fernández
Verbos deponentes, defectivos e irregulares. Principios de traducción. Don Bruno García
Don Francisco Castro
Don Domingo Ramos

Sección segunda
A cargo de don Francisco Brusa
Traducen en el primer tomo de los Autores Selectos. Conocen la sintaxis hasta el régimen de los verbos pasivos y se han ejercitado en formar temas sobre las reglas explicadas.
Don Pedro Diago
Don Ambrosio Valiente
Don Felipe G. Diago
Don Magín Robert
Don Joaquín Lastres
Don Manuel S. Martínez
Don José Mas

Matemáticas
A cargo de don Francisco Brusa

Sección primera
Aritmética práctica.
Álgebra. Hasta ecuaciones de primer grado. Geometría. El primer libro.
Don Ambrosio Valiente
Don Francisco Morales
Don Felipe G. Chávez
Don Francisco Bethencourt
Don Gabriel Navarrete
Don Joaquín Lastres
Don Manuel S. Martínez
Don Magín Robert

Sección segunda
Aritmética. En general excepto la teoría de los logaritmos.
Álgebra. Hasta ecuaciones del segundo grado.
Geometría. Los dos primeros libros, y del tercero hasta el cuadrado de
la hipotenusa.
Don Pedro Diago
Don José Mas

Geografía
A cargo de don José María de Zayas
Nociones generales de la ciencia, astronómicas, estadísticas, físicas
y políticas, con extensión de la Europa; resolverán los alumnos algunos
problemas en el globo y presentarán los trabajos que han hecho durante el
curso que empieza.
Don Ambrosio Valiente
Don Pedro Diago
Don José Mas
Don Joaquín Lastres

Don Manuel S. Martínez
Don Ramiro Alfonso
Don Ramón Miranda
Don Fernando Pino
Don Francisco Morales
Don Magín Robert
Don Miguel Pedroso
Don Antonio de la Luz
Don Enrique de San Pedro
Don Francisco Castro

Clases universitarias
Empezadas desde el 4 de septiembre del presente

Historia y cronología
A cargo de don José María de Zayas

Sección primera
Presentarán sus disertaciones, que abrazan los hechos comprendidos desde la Creación hasta la guerra de Troya inclusive, sobre los cuales pueden ser examinados, como también sobre principios de Cronología.
Don José Mas
Don Magín Robert
Don Ambrosio Valiente
Don Gabriel Navarrete
Don Pedro Diago
Don Francisco Morales

Sección segunda Desde la extinción del Imperio Romano de Occidente hasta Carlomagno inclusive, siguiendo el mismo método que la anterior.
Don Manuel S. Martínez
Don Joaquín Lastres
Don Felipe G. Chávez
Don Miguel Romay

Física
A cargo de don Francisco de Zayas

Sección primera Contestarán, según el programa de la Real Universidad,
sobre todas las materias que se exigen para el primer semestre, practicando
algunos experimentos y presentarán sus disertaciones sobre varios temas.
Don Pedro Diago
Don José Mas
Don Magín Robert
Don Francisco Morales
Don Gabriel Navarrete
Don Ambrosio Valiente

Sección segunda
Los alumnos de esta clase se examinarán en todo lo conveniente a la
teoría y aplicaciones de la electricidad, practicando también varios experi-
mentos y leerán algunas composiciones.
Don Felipe G. Chávez
Don Joaquín Lastres
Don Manuel S. Martínez
Don Miguel Romay

Química
A cargo de don Antonio Caro
Preliminares. Afinidades. Causas modificadoras. Nomenclatura. Cuerpos
simples. Metales y metaloides. Estudios de los metaloides y sus compues-
tos. Experimentos.
Don Joaquín Lastres
Don Felipe G. Chávez
Don Manuel S. Martínez
Don Miguel Romay

Botánica

A cargo del mismo

Nociones fundamentales. Principios de Anatomía y Fisiología vegetal. Diversas teorías para explicar el crecimiento en diámetro de los árboles dicotiledones. Procedimiento para la multiplicación artificial de las plantas. Absorción. Influencia del ácido carbónico, oxígeno y del ázoe en la vegetación. Marcha de la savia y demás funciones de los vegetales.

Los mismos alumnos de la clase anterior

Anatomía

A cargo de Juan B. Zayas

Contestarán a cuanto exige el programa de la Real Universidad para los alumnos del primer año de Filosofía.

Don Pedro Diago

Don José Mas

Don Magín Robert

Don Ambrosio Valiente

Don Felipe G. Chávez

Dibujo

A cargo de don Francisco Brusa

Don Bruno García ... presentará 4 cabezas de estudio

Don Francisco Elosua ... Ídem. 2 Ídem. Don Agustín del Pozo ... Don José García ... presentaran estudios

Don Francisco González ... preliminares

Música

Establecida el 15 de septiembre del presente.

A cargo de don Enrique González

Sección primera

Solfeo general y particular.

Los alumnos darán las principales definiciones.

Don Miguel Acosta

Don Ricardo Díaz

Don Ramiro Alfonso
Don Francisco Elosua
Don Francisco Arango
Don Emilio García
Don José Díaz
Don Agustín del Pozo

Sección segunda

Clase de piano
Variación sobre un Tema de Capuletti (Burgnler) por Fantasía sobre temas de la Norma ... Don Francisco Arango
Don Ramiro Alfonso Ejercicios de H. Bertini ... Don Francisco Arango
Dúo a cuatro manos de la ópera *Attila* por ... Don Ramiro Alfonso
Don Francisco Elosua

Gimnasio
Acaba de establecerse
A cargo de don José María de Zayas.

IX. Exámenes generales del Colegio del Salvador

sito en el Cerro, bajo la dirección de don José de la Luz

En los días 2 de diciembre y siguientes hasta su conclusión

HABANA IMPRENTA DEL GOBIERNO POR S. M.

1849

Fidem incorruptam professis.

Tácito

Educación primaria

Religión

Sección primera

A cargo de don José María Romay

Recitan y explican el catecismo de Ripalda hasta los sacramentos, y la primera parte del Fleury.

Don Gabriel Alderete

Don Nicolás de Cárdenas

Don Eduardo Alderete

Don Antonio Muñoz Izaguirre

Don Ricardo Fernández

Don Isidro Limonta

Don Tomás Juara

Don Álvaro Suárez

Don Francisco Miranda

Don Juan Ignacio Chacón

Don Francisco López

Don Miguel Seguí

Don Miguel Morán

Don Francisco Arango

Don Nicolás Alfonso Las oraciones por Ripalda.

Don Federico Alderete

Don Domingo André

Don Emilio Alfonso

Don Manuel Arredondo

Don Juan C. Peñalver
Don Ignacio Zequeira
Don Ramón Aguirre
Don Alfredo Morales

Sección segunda
A cargo de don Fernando Hernández
Explican el Catecismo de Ripalda, y tienen algunas nociones de Historia sagrada.
Don José Antonio Galarraga
Don José Sánchez
Don Tomás González Echeverría
Don Juan Abreu
Don Isidro Fernández
Don José Ricardo O'Farrill
Don Martín Pedroso
Don Rodrigo Ponce
Don Francisco Cruz
Don Pedro Duquesne
Don Juan Díaz
Don Próspero de la Cruz
Don José Francisco González
Don Miguel del Monte
Don Joaquín Cantera
Don Melquiades de S. Pedro
Don José García
Don Miguel Morán
Don Antonio Herrera
Don Francisco G. Larrinaga
Don Felipe Alfonso
Don José Herrera
Don Manuel Nattes
Don Álvaro Suárez
Don José de la Luz

Don Esteban reyes
Don José reyes
Don Jacinto Alfonso
Don Eduardo Lastres
Don Ramón Diago
Don José Manuel González
Don Ricardo Díaz
Don Antonio Guiral
Don Juan Manuel Fernández
Don Ramón Caneda
Don Manuel López
Don Manuel Macías
Don Ricardo Brito

Lectura
Todas las clases por el método explicativo

Sección primera
A cargo de don José María Romay
Leen en el Libro de lectura graduada, el de Martínez de la Rosa y la Miscelánea Infantil.
Don Gabriel Alderete
Don Antonio Muñoz Izaguirre
Don Eduardo Alderete
Don José Ramón Aguirre
Don José de la Luz
Don Nicolás de Cárdenas
Don Juan Ignacio Chacón
Don Francisco López
Don Tomás Juara
Don Francisco Arango
Don Francisco Miranda
Don Nicolás Alfonso
Don Manuel Seguí

Don Emilio Alfonso
Don Domingo André
Don Ricardo Fernández Empiezan a leer.
Don Federico Alderete
Don Ignacio Zequeira
Don Manuel Arrondo
Don Juan C. Peñalver

Sección segunda
A cargo de don Fernando Hernández
Fábulas de Samaniego y otras obras de fácil inteligencia
Don Eduardo Lastres
Don Rodrigo Ponce
Don Antonio Guiral
Don Álvaro Suárez
Don Martín Pedroso
Don Pedro Duquesne
Don Manuel Macías
Don Francisco Cruz
Don Juan Díaz
Don Isidro Limonta
Don Próspero de la Cruz
Don Ramón Caneda
Don Ramón Díaz
Don Miguel Morán

Sección tercera
A cargo del mismo
Más adelantados que los de la sección anterior.
Don Juan Manuel Alfonso
Don Antonio Valdés
Don Jacinto Alfonso
Don Manuel Mora
Don Esteban reyes

Don Antonio Herrera
Don Pedro reyes
Don Manuel Martí
Don José Sánchez
Don José Manuel González
Don Anastasio Carrillo
Don Melquiades de S. Pedro
Don Isidro Fernández
Don Manuel López
Don Manuel Nattes
Don Ricardo Brito

Sección cuarta
Prosa y verso.
A cargo del mismo

Don Domingo Guiral
Don Fernando Valdés
Don Francisco Mantilla
Don Rafael O'Farrill D Juan Abreu
Don José Ricardo O'Farrill
Don José Herrera
Don José reyes

Sección quinta
A cargo de don Ramón Ramos
Como los de la sección anterior.
Don Felipe Gómez
Don Román González Echeverría
Don Antonio de la Luz
Don José García
Don Leopoldo Villegas
Don Francisco Larrinaga
Don Joaquín Cantera

Don Ricardo Diez
Don Miguel del Monte
Don José Antonio Galarraga
Don Emilio Céspedes
Don Rafael de la Torre
Don José Fernández
Don José Francisco González
Don Felipe Alfonso
Don José Manuel Fernández
Don Alfredo Morales

Escritura
A cargo de don Manuel Nathan
Presentarán sus trabajos y escribirán a presencia de los concurrentes.
La mayoría de los alumnos del colegio asiste a esta clase.

Gramática castellana

Sección primera
A cargo de don José María Romay
Se han ejercitado en conjugar, escribir y conocer las partes de la oración.
Don Juan Ignacio Chacón
Don José Manuel González
Don Joaquín Cantera
Don Ramón Caneda
Don Nicolás Cárdenas
Don Martín Pedroso
Don Antonio Guiral
Don Francisco López
Don Miguel Seguí
Don Eduardo Alderete
Don Gabriel Alderete
Don Álvaro Suárez
Don José de la Luz

Don Antonio Muñoz Izaguirre
Don Francisco Arango
Don Francisco Miranda
Don Isidro Limonta
Don Eduardo Lastres
Don Pedro Duquesne
Don Ricardo Fernández
Don Ricardo Díaz
Don Tomás Juara
Don Miguel Morán

Sección segunda
A cargo de don Ramón Ramos
División de las palabras. Accidentes. Escritura al dictado. Presentarán sus composiciones.
Don José Manuel González
Don Francisco Cruz
Don Melquiades de S. Pedro
Don Manuel López
Don Anastasio Carrillo
Don Juan Manuel Fernández
Don Ramón Diago
Don Ricardo Brito
Don Próspero de la Cruz
Don Rafael O'Farrill
Don Juan Díaz
Don Francisco G. Larrinaga
Don Francisco González
Don José Sánchez
Don Felipe Alfonso
Don Alfredo Morales
Don Emilio Céspedes
Don Jacinto Alfonso
Don José Ricardo O'Farrill

Don Miguel del Monte
Don Isidro Fernández
Don Manuel Nattes
Don Rodrigo Ponce

Sección tercera
A cargo del mismo
Análisis. Sintaxis. Escritura al dictado. Composiciones.
Don Felipe Gómez
Don Leopoldo Villegas
Don Antonio Valdés
Don Rafael de la Torre
Don Juan Manuel Alfonso
Don José Antonio Galarraga
Don José García
Don Manuel Martí
Don Rafael Arango
Don José Herrera
Don Domingo Guiral
Don José Fernández
Don Fernando Valdés
Don Mariano Suárez
Don Domingo Ramos
Don Juan Abreu Como la anterior.
Don Pedro de la Teja
Don Antonio Herrera
Don Francisco Mantilla
Don Pedro reyes
Don Antonio Villegas
Don Manuel Mora
Don Tomás González Echeverría
Don Eduardo Farrés
Don Emilio García
Don Manuel Vázquez

Don Manuel Macías
Don Juan Cisneros
Don Esteban reyes
Don Antonio Estévez
Don José reyes
Don Blas Morán
Don Julián Tolmé
Don Agustín del Pozo

Aritmética

Sección primera
A cargo de don José María Romay
Las cuatro reglas.
Don Eduardo Alderete
Don Eduardo Lastres
Don Pedro Duquesne
Don Antonio Muñoz Izaguirre En restar.
Don Domingo André En sumar.
Don José Ramón Aguirre
Don Tomás Juara
Don Federico Alderete Leer cantidades.
Don Ignacio Zequeira
Don Manuel Arredondo
Don Juan C. Peñalver

Sección segunda
A cargo de don Fernando Hernández
Se han ejercitado en resolver problemas sobre las cuatro reglas. Don Francisco de la Cruz
Don José de la Luz
Don José Ricardo O'Farrill
Don Rafael O'Farrill
Don Francisco González

Don Ramón Diago
Don Ramón Caneda
Don Antonio Guiral
Don Álvaro Suárez
Don Manuel Seguí
Don Nicolás de Cárdenas
Don Joaquín Cantera
Don José Sánchez
Don Gabriel Alderete
Don Isidro Limonta
Don Martín Pedroso
Don Juan M. Fernández
Don Ricardo Díaz
Don Pedro Duquesne

Sección tercera
A cargo de don Juan Bruno de Zayas
Enteros, quebrados y números mixtos, resuelven algunos problemas y dan razón del procedimiento.
Don Francisco Miranda
Don Miguel del Monte
Don Francisco Arango
Don Manuel Macías
Don Francisco Larrinaga
Don Emilio Céspedes
Don Felipe Gómez
Don Emilio Alfonso
Don Álvaro Suárez
Don Nicolás Alfonso
Don José García
Don Rodrigo Ponce
Don Juan Ignacio Chacón
Don Próspero de la Cruz

Sección cuarta
A cargo de don Juan Cottilla
Hasta denominados inclusive.
Don Antonio de la Luz
Don Manuel Martí
Don Antonio Estévez
Don Anastasio Carrillo
Don Juan Díaz
Don Isidro Fernández
Don Antonio Herrera
Don Melquiades de S. Pedro

Sección quinta
A cargo de don Fernando Hernández
Quebrados comunes, decimales, números complejos, razones y proporciones.
Don Francisco Mantilla
Don José Herrera
Don Leopoldo Villegas
Don Enrique de San Pedro
Don Rafael de la Torre
Don Fernando Valdés
Don Domingo Ramos
Don Eduardo Farrés
Don Manuel Mora
Don Julián Tolmé
Don Pedro de la Teja
Don Antonio Llado
Don Pedro reyes
Don José Fernández
Don Antonio Villegas
Don Esteban reyes
Don Antonio Valdés
Don José reyes

Sección sexta
Como la anterior.
A cargo de don Juan Cottilla
Don Juan Abreu
Don José Manuel González
Don Juan Manuel Alfonso
Don Jacinto Alfonso
Don Ricardo Brito
Don José Antonio Galarraga
Don Manuel López
Don Miguel Morán

Dibujo lineal

Sección primera
A cargo de don Juan Cottilla
Líneas. Circunferencias. Ángulos. Triángulos. Polígonos.
Esta clase tiene por objeto dar a todos las más precisas nociones de dibujo lineal, y de ella salen los que luego han de profundizar en este ramo.
Don Ramón Caneda
Don Domingo Ramos
Don Antonio Guiral
Don Francisco López
Don Antonio Muñoz Izaguirre
Don Joaquín Cantera
Don José María Sánchez
Don Francisco Miranda
Don José de la Luz
Don Manuel Macías
Don Manuel Arredondo
Don Juan C. Peñalver
Don Francisco Cruz Muñoz
Don Pedro Duquesne

Don Juan Díaz
Don Francisco Arango
Don Nicolás de Cárdenas
Don Isidro Limonta
Don Isidro Fernández
Don Rafael O'Farrill
Don Ricardo Fernández
Don José Ricardo O'Farrill
Don Ignacio Zequeira
Don Martín Pedroso
Don José Francisco González
Don Eduardo Farrés

Sección segunda
A cargo del mismo
Como la anterior con más extensión.
Don Juan Abreu
Don Jacinto Alfonso
Don Carlos Cintra
Don Emilio Alfonso
Don Emilio Céspedes
Don Felipe Alfonso
Don Juan Ignacio Chacón
Don Domingo Guiral
Don Ramón Diago
Don Manuel López
Don José Manuel González
Don Miguel Morán
Don Francisco Mantilla
Don Miguel Seguí
Don Rodrigo Ponce
Don Ricardo Díaz
Don José Antonio Arrondo
Don Antonio Villegas

Don Juan Antonio Galarraga
Don Ricardo Brito
Don Nicolás Alfonso

Geografía
A cargo de don Manuel J. Nathan
Nociones elementales. Geografía de Cuba, texto de Poey. Don Ramón
Diago
Don José de la Luz
Don Rafael O'Farrill
Don Manuel Macías
Don Francisco Cruz
Don Antonio Guiral
Don José Sánchez
Don José Manuel González
Don Melquiades de San Pedro
Don José Francisco González
Don Juan Manuel Fernández
Don José Ricardo O'Farrill
Don Juan Ignacio Chacón
Don Martín Pedroso
Don Pedro Duquesne
Don Ramón Caneda
Algo menos adelantados están.
Don Miguel Morán
Don Emilio Alfonso
Don José reyes
Don Alfredo Morales
Don Eduardo Alderete
Don Ricardo Fernández
Don Isidro Limonta
Don Francisco Miranda
Don Eduardo Lastres
Don José Gabriel Alderete

Don Nicolás Alfonso
Don Francisco Arango
Don Nicolás de Cárdenas
Don Manuel Nattes
Don Joaquín Cantera

Sección segunda
A cargo de don Francisco Zayas
Los cinco primeros han dado toda la Cartilla Geográfica de Poey, los demás la Europa.
Don Antonio Villegas
Don Mariano Suárez
Don Juan Manuel Vázquez
Don Esteban reyes
Don Tomás González Echeverría
Don Rodrigo Ponce
Don Domingo Guiral
Don Antonio Estévez
Don José Antonio Galarraga
Don Juan Abreu
Don Felipe Gómez
Don José Fernández
Don Anastasio Carrillo
Don Álvaro Suárez
Don Manuel López
Don Manuel Martí
Don Juan Díaz
Don Rafael de la Torre
Don Pedro Teja
Don Juan Manuel Alfonso
Don Miguel Delmonte
Don Jacinto Alfonso
Don Manuel Mora
Don Felipe Alfonso

Don Eduardo Farrés
Don Leopoldo Villegas
Don Emilio Céspedes
Don José García
Don Ricardo Brito
Don Rafael Arango
Don Juan Cisneros
Don Próspero de la Cruz

Sección tercera
A cargo del mismo
La Europa por el compendio de Poey.
Don José Robert
Don Agustín del Pozo
Don Francisco Elosua
Don José Herrera
Don Carlos Cintra
Don Antonio Valdés
Don Francisco Mantilla
Don Fernando Valdés
Don Mariano Estrada
Don Blas Morán
Don Julián Tolmé
Don Ramón L. Miranda
Don Luis Murias
Don Blas Morán
Don Bruno García

Educación secundaria Religión
A cargo de don Juan Bruno de Zayas
Lectura de las Sagradas Letras. Darán razón del dogma y de la historia.
Don Ramón L. Miranda
Don Carlos Cintra
Don Blas Morán

Don Domingo Ramos
Don Antonio Villegas
Don Rafael Arango
Don Emilio García
Don José Fernández
Don Domingo Guiral
Don Bruno García
Don José Antonio Arrondo
Don Rafael de la Torre
Don Antonio Valdés
Don Francisco Mantilla
Don Fernando Valdés
Don Miguel Pedroso
Don Mariano Suárez
Don Juan Manuel Alfonso
Don Ramiro Alfonso
Don Leopoldo Villegas
Don Pedro reyes
Don Felipe Gómez
Don Luis Murias
Don Francisco Elosua
Don Pedro de la Teja
Don Antonio Estévez
Don Mariano Estrada
Don Eduardo Farrés
Don Antonio de la Luz
Don Emilio Céspedes
Don José Robert
Don Agustín del Pozo
Don Manuel Martí

Gramática castellana
A cargo de don José María Zayas

División de las palabras según la idea y según la forma. Accidentes. Partículas. Ortografía absoluta y relativa. Puntuación. Concordancias. Oraciones. Figuras. Presentarán sus composiciones.

Don Ramiro Alfonso
Don Bruno García
Don Carlos Cintra
Don Francisco Elosua
Don Mariano Estrada
Don José Antonio Arrondo
Don José Robert
Don Ramón L. Miranda
Don Miguel Pedroso
Don Ignacio Villegas
Don Luis Murias

Sección primera
A cargo de don Fernando Hernández
Declinaciones y conjugaciones.
Don Felipe Gómez
Don Francisco de la Cruz
Don Rodrigo Ponce
Don Manuel Macías
Don Juan Manuel Fernández
Don Anastasio Carrillo
Don Mariano Suárez
Don Leopoldo Villegas
Don Pedro Duquesne
Don Francisco G. Larrinaga
Traducen en las Letras Sagradas.
Don Juan Cisneros
Don Tomás González Echeverría
Don Juan Abreu
Don José Hernández
Don Isidro Fernández

Don Antonio Llado
Don José reyes
Don José Robert
Don Eduardo Lastres
Don Francisco Mantilla

Sección segunda
A cargo de don José María Zayas
De la colección de Autores Latinos, traducen las fábulas de *Fedro*, cartas familiares de Cicerón y las vidas de Milciades y de Temístocles por C. Nepote. Géneros y pretéritos.
Don Domingo Guiral
Don Bruno García
Don Antonio Valdés
Don Juan Manuel Alfonso
Don Fernando Valdés
Don Ricardo Alfonso
Don José Herrera
Don Rafael Arango
Don Mariano Estrada
Don Ignacio Villegas
Don Ramón L. Miranda
Don Domingo Ramos
Don Enrique de San Pedro
Don Miguel Romay
Don Carlos Cintra

Sección tercera
A cargo de don Francisco Brusa
Han traducido el primer libro de La Eneida y algunas odas de Horacio, y temas del castellano al latín sobre casi toda la sintaxis.
Don José Mas
Don Ambrosio Valiente
Don Manuel Pedroso

Don Felipe González Chávez
Don Manuel González Echeverría
Don Magín Robert
Don Manuel S. Martínez
Don Joaquín Lastres

Francés

Sección primera
A cargo de don Manuel F. Nathan
Han leído y traducido los primeros capítulos de Pablo y Virginia y se han ejercitado en formar oraciones fáciles. La clase cuenta dos meses.
Don Fernando Valdés
Don José Herrera
Don Jacinto Alfonso
Don Manuel Mora
Don Anastasio Carrillo
Don Antonio Llado
Don Antonio Valdés

Sección segunda
A cargo del mismo
Ejercicios de lectura, traducción y escritura, dirigiéndoles siempre la palabra en francés.
Don Francisco Mantilla
Don Blas Morán
Don Mariano Estrada
Don Isidro Fernández
Don Juan Manuel Fernández
Don Francisco G. Larrinaga
Don Antonio Estévez
Don Francisco Elosua
Don Melquiades de San Pedro

Sección tercera

A cargo del mismo

Versión del francés al castellano y viceversa. Escritura al dictado. Más adelantados que los anteriores en el manejo del idioma.

Don Ramiro Alfonso

Don Felipe Alfonso

Don Juan Manuel Vázquez

Don Pedro Teja

Don Ramón L. Miranda

Don Juan Cisneros

Don Rafael de la Torre

Don Manuel S. Martínez

Don Felipe Gómez

Don Tomás González Echeverría

Don Magín Robert

Don Joaquín Lastres

Don Leopoldo Villegas

Sección cuarta

A cargo de don Francisco Brusa

Traducen de un idioma al otro. Contestan sobre la sintaxis de los sustantivos, adjetivos, pronombres y principales reglas del participio.

Don Miguel Pedroso

Don Julián Tolmé

Don Rafael O'Farrill

Don José Herrera

Don Agustín del Pozo

Don Enrique de San Pedro

Don Ricardo Alfonso

Don Luis Murias

Don Eduardo Farrés

Sección quinta

A cargo del mismo

Traducen en cualquier libro de un idioma al otro, dando razón de las principales dificultades gramaticales: sostienen una conversación.

Don José Mas
Don Manuel González Echeverría
Don Francisco de Cárdenas
Don Gabriel Navarrete
Don Ambrosio Valiente
Don Francisco Morales
Don Felipe Chávez
Don Pedro Diago
Don José Antonio Arrondo

Inglés

A cargo de don Ambrosio Aparicio y de don Ramón Ramos

Principiantes ejercitados en la lectura, traducción y formación de frases sencillas.

Don José de la Luz
Don Antonio Guiral
Don Martín Pedroso
Don Álvaro Suárez
Don Isidro Limonta
Don Ricardo Brito
Don Miguel Morán
Don Mariano Suárez
Don José Manuel González
Don Gabriel Alderete
Don Ramón Caneda
Don Juan Díaz
Don Melquiades de S. Pedro
Don Ricardo Díaz
Don Joaquín Cantera
Don Esteban reyes

Sección segunda

A cargo de los mismos

Algo más adelantados que los de la sección anterior.

Don Antonio de la Luz

Don José García

Don Miguel Romay

Don Emilio Céspedes

Don Ignacio Villegas

Don Manuel Pedroso

Don Ambrosio Valiente

Don Felipe González Chávez

Don Juan Manuel Vázquez

Don Antonio Villegas

Don Domingo Ramos

Don Jacinto Alfonso

Don Manuel Mora

Don Rafael O'Farrill

Don José Ricardo O'Farrill

Don Miguel Delmonte

Don Manuel Martí

Don Manuel Macías

Don Antonio Estévez

Don Eduardo Farrés

Sección tercera

A cargo de los mismos

Leen y traducen el *Popular Lessons*, y de viva voz frases en que apliquen los principios gramaticales.

Don Luis Jurias

Don Francisco Elosua

Don Antonio Arrondo

Don Emilio García

Don Ramiro Alfonso

Don Pedro de la Teja

Don Carlos Cintra

Don Tomás González Echeverría
Don Ricardo Alfonso
Don Ramón Diago
Don Domingo Guiral
Don Blas Morán
Don José Manuel Alfonso
Don José Antonio Galarraga
Don Rafael de la Torre
Don Agustín del Pozo
Don Bruno García

Sección cuarta
A cargo de don Ambrosio 'Aparicio
Leen, traducen, escriben en la pizarra y sostienen una conversación.
Don Pedro Diago
Don Francisco de Cárdenas
Don Francisco Morales
Don Julián Tolmé
Don Gabriel Navarrete
Don Manuel González Echeverría
Don José Mas

Teneduría de libros
A cargo de don Manuel Nathan
Presentarán sus libros y responderán a las preguntas que se les hagan
relativas a este ramo.
Don Gabriel Navarrete
Don Francisco Morales
Don Antonio Arrondo
Don Juan Manuel Vázquez
Don Blas Morán
Don Emilio García

Geografía

A cargo de don José María Zayas

Mundo antiguo y mundo moderno. Nociones de Geografía Matemática: presentarán sus composiciones.

Don José Mas
Don Ramiro Alfonso
Don Ambrosio Valiente
Don Miguel Pedroso
Don Gabriel Navarrete
Don Joaquín Lastres
Don Francisco Morales
Don Ramón L. Miranda
Don Manuel S. Martínez
Don Manuel González Echeverría
Don Ignacio Villegas
Don Pedro Diago
Don Magín Robert
Don Antonio de la Luz

Dibujo lineal

A cargo de don Juan Bruno Zayas

(Texto: Francoeur) Trazado geométrico de las figuras de la primera sección. Construcción de las de adorno. Cálculo geométrico (3.ª Sección). Resolverán los problemas siguientes: Conocido el lado de un cuadrado, hallar la diagonal. Hallar el diámetro del círculo circunscrito. Duplicar un cuadrado. Hallar el lado de un cuadrado conocida la diagonal. Dividir una circunferencia en 3, 5, 8, 12 partes iguales. Encontrar un lado de un triángulo rectángulo conocidos los otros dos. Desarrollar en línea recta la circunferencia. Hallar el radio, conocida la circunferencia. Hallar la longitud de un arco de círculo cuyo radio y número de grados sean conocidos. Superficies. Volúmenes.

Don Ramón Miranda
Don Manuel Mora
Don Francisco Elosua
Don Rafael de la Torre

Don Manuel Martí
Don Juan Manuel Alfonso
Don Bruno García

Aritmética
A cargo de Juan Bruno Zayas
Práctica de las operaciones con los números, dando razón de ellas hasta
la teoría de los logaritmos exclusive.
Don Ramiro Alfonso
Don Ricardo Alfonso
Don Rafael Arango
Don Carlos Cintra
Don Tomás González Echeverría
Don Francisco Elosua
Don Bruno García
Don Luis Murias
Don Ramón L. Miranda
Don Mariano Estrada
Don José Robert
Don Domingo Guiral
Don Miguel Pedroso

Álgebra

Sección primera
A cargo de don Juan Cottilla
Hasta ecuaciones de primer grado inclusive.
Don Joaquín Lastres
Don Juan Manuel Vázquez
Don Manuel S. Martínez
Don Ignacio Villegas
Don Domingo Ramos
Don Antonio Villegas
Don José Fernández

Don Leopoldo Villegas
Don Ricardo Alfonso
Don Miguel Romay

Sección segunda
A cargo de don Juan Bruno Zayas
Por el Compendio de Lista hasta ecuaciones de segundo grado inclusive.
Don Ramiro Alfonso
Don Tomás González Echeverría
Don Mariano Estrada
Don Luis Murias
Don Francisco Elosua
Don Ramón L. Miranda
Don Bruno García
Don José Robert
Don Francisco Morales
Don Domingo Guiral
Don Magín Robert
Don Ricardo Alfonso
Don Gabriel Navarrete
Don Carlos Cintra
Don Miguel Pedroso

Geometría
A cargo del mismo
Hasta triángulos inclusive por el texto de Lista.
Don Ramiro Alfonso
Don Ricardo Alfonso
Don Carlos Cintra
Don Francisco Elosua
Don Tomás González Echeverría
Don Bruno García
Don Domingo Guiral
Don Luis Murias

Don Ramón L. Miranda
Don Ignacio Villegas
Don Miguel Pedroso
Don Francisco Morales

Geometría, trigonometría, álgebra superior
Geometría. Plana (geometría en el espacio) todo lo concerniente a planos. Problemas Trigonometría hasta la resolución de los triángulos obli-cuángulos exclusivos.
Álgebra. Toda el álgebra elemental superior. Binomio de Newton en el caso del exponente positivo. Teoría de progresiones por diferencia y por cociente. Fracciones continuas. Teoría general de los logaritmos.
Don José Mas
Don Manuel González Echeverría
Don Pedro Diago
Don Francisco de Cárdenas
Don Ambrosio Valiente
Don Gabriel Navarrete
Don Magín Robert
Don Francisco Morales
Don Felipe Chávez

Dibujo natural
A cargo de don Francisco Brusa
Presentarán sus trabajos.
Don Manuel González Echeverría... Don Bruno García ...
Cabezas y cuerpos enteros
Don Blas Morán...
Cabezas
Don Joaquín Lastres... Don Antonio Valdés ... Don Fernando Valdés ... Don Rafael O'Farrill...
Estudios
Don José Ricardo O'Farrill...

Música

A cargo de don Enrique González

Explican los principios elementales. Solfeo general y particular (texto Rodolfo).

Don Emilio García
Don Agustín del Pozo
Don Juan Manuel Alfonso
Don Jacinto Alfonso
Don Felipe Gómez
Don Joaquín Cantera
Don Miguel del Monte
Don Felipe Alfonso
Don Francisco G. Larrinaga
Don José García
Más adelantados que los anteriores.
Don Ramiro Alfonso
Don Francisco Arango
Don Francisco Elosua

Clase de piano

Don Ramiro Alfonso ... Variaciones sobre un tema de la *Semíramis* de Rossini (Herz).

Don Francisco Arango ... Rondó de María de Padilla de Donizetti (Herz) y una Fantasía sobre Temas de Nabucodonosor de Verdi (Hunten).

Don Francisco Elosua ... Rondó de la Parisina de Donizetti (Burgmuller). Ejercicios los siguientes:
Don Emilio García
Don Francisco G. Larrinaga
Don Felipe Alfonso
Don Miguel del Monte Cantarán varios coros

Gimnasio

A cargo de don José María de Zayas

Ejercicios generales por todos los alumnos del establecimiento.

Clases universitarias

Historia
A cargo de don José María Zayas
(El curso comenzó el 3 de septiembre)

Primer curso. Cronología. Divisiones generales de la historia. Historia antigua hasta la guerra de Troya.
Don Carlos Cintra
Don José Fernández
Don Ramón Miranda
Don Manuel Estrada
Don Román González Echeverría
Don Rafael Arango
Don Domingo Ramos
Don José Robert

Segundo curso. Desde la guerra de Troya hasta las Cruzadas.
Don José Mas
Don Ambrosio Valiente
Don Magín Robert
Don Francisco Morales
Don Gabriel Navarrete
Don Ricardo Alfonso
Don Antonio Llado
Don Ignacio Villegas
Don Pedro Diago

Tercer curso. Desde Carlomagno hasta la Revolución Francesa. Don Manuel B. Martínez
Don Joaquín Lastres
Don Felipe G. Chávez

Don Miguel Romay Todos presentarán sus disertaciones.

Física
A cargo de don Francisco de Zayas

Primer curso. Definición. Diverso estado de los cuerpos. Propiedades generales de la materia y de los cuerpos. Agentes. Composición de fuerzas. Paralelogramos. Diversas clases de movimiento. Choque de los cuerpos inelásticos. Leyes del movimiento uniformemente variado. Fuerzas centrales.
Atracción. Gravedad. Leyes. Obstáculos. Centro de gravedad. Densidad. Balanzas. Leyes de la caída de los cuerpos. Plano inclinado. Péndulo.
Igualdad y dirección de las presiones de los líquidos. Balanza hidrostática. Aerómetros. Movimientos de los líquidos.
Don José Fernández
Don Mariano Estrada
Don Ramón L. Miranda
Don José Robert
Don Carlos Cintra
Don Tomás González Echeverría
Don Ramiro Alfonso
Don Juan Cisneros
Don Julián Tolmé
Don Luis Murias
Don José Antonio Arrondo
Don Bruno García
Don Francisco Elosua
Don Manuel Pedroso
Don Antonio Villegas
Don Domingo Ramos
Don Miguel Pedroso
Don Ramón Arango

Segundo curso. Electricidad y parte del galvanismo. Don Magín Robert

Don Antonio Llado
Don José Mas
Don Ignacio Villegas
Don Francisco Morales
Don Ricardo Alfonso
Don Ambrosio Valiente
Don Pedro Diago
Don Gabriel Navarrete

Tercer curso. Magnetismo. Óptica. Acústica.
Don Joaquín F. Lastres
Don J. Miguel Romay
Don Manuel S. Martínez
Se practicarán varios experimentos.

Química
A cargo de don Antonio Caro

Segundo curso. Química Mineral.
Preliminares. Afinidades. Causas modificadoras. Nomenclatura. División. Clasificación de los elementos según Ampére, Despretz y Baudrimont. Enumeración de los cuerpos simples. Metaloides y sus compuestos. Practicarán experimentos.
Don Pedro Diago
Don Francisco Morales
Don Ambrosio Valiente
Don José Mas
Don Ignacio Villegas
Don Antonio Llado
Don Ricardo Alfonso
Don Magín Robert

Tercer curso. Química orgánica.

Generalidades. Definición y división. Análisis elemental. Aparatos para verificarlo. Principios inmediatos. Propiedades generales de estos aparatos. Teorías moleculares de los cuerpos orgánicos, según Dumas y Liebig. Modificaciones de los mismos. Acción sobre ellos de los inorgánicos. Acción de las sustancias orgánicas unas sobre otras. Ácidos orgánicos binarios, ternarios, cuaternarios y pirogenados. Formación de las materias orgánicas. Dificultades de la síntesis orgánica. Practicarán experimentos.

Don Manuel S. Martínez

Don José M. Romay

Don Joaquín Lastres Estos mismos alumnos se examinaron en Química Mineral el año pasado. Han concluido la Química Orgánica:

Don Francisco de Cárdenas

Don Felipe Chávez

Don Manuel González Echeverría

Botánica

A cargo del mismo

Nociones fundamentales. Principios de Anatomía y Fisiología vegetal. Diversas teorías para explicar el crecimiento en diámetro de los árboles dicotiledones. Procedimiento para la multiplicación artificial de las plantas. Absorción. Influencia del ácido carbónico, oxígeno y ázoe en la vegetación. De dónde toma el último elemento. Marcha de la savia y demás funciones de los vegetales.

Don Pedro Diago

Don Antonio Llado

Don Ricardo Alfonso

Don Ignacio Villegas

Don Francisco Morales

Don Magín Robert

Don José Mas

Don Gabriel Navarrete

Don Ambrosio Valiente

Anatomía

A cargo de don Francisco Zayas
(Comenzada el 3 de septiembre)
Osteología según las lecciones de Gutiérrez.
Don Rafael Arango
Don José Fernández
Don Tomás González Echeverría
Don Mariano Estrada
Don José Robert
Don Ramón L. Miranda
Don Carlos Cintra
Don Domingo Ramos

Zoología
A cargo de don José Trujillo
Con arreglo al programa y texto de la Universidad.
Don Manuel González Echeverría
Don Francisco de Cárdenas
Don Felipe G. Chávez
Los mamíferos solamente.
Don Pedro Diago
Don Joaquín Lastres
Don Manuel S. Martínez
Don Miguel Romay

Filosofía
A cargo de don Juan Francisco Funes
Renegar de la Filosofía porque no siempre los alumbra, es renegar del
Sol porque suele eclipsarse.
Se ha seguido la división de Balmes.
[Luz].

Metafísica

Alumnos de 3.º y 4.º curso don Manuel González Echeverría don Francisco de Cárdenas don Felipe G. Chávez don Joaquín F. Lastres don J. Miguel Romay don Manuel S. Martínez

1. La razón es el distintivo del hombre: la sensibilidad, la condición para el ejercicio de sus facultades.

2. Por lo mismo es inseparable de todos nuestros actos intelectuales y morales.

3. Los fenómenos de la sensibilidad son las sensaciones, y abrazan aunque no constituyen, nuestra naturaleza toda.

4. El alma recibe las sensaciones por medio de órganos apropiados al efecto: tales son los cinco sentidos, y en general todo nuestro organismo.

5. Las sensaciones son fenómenos reales que nos dan a conocer la existencia real de los objetos y fenómenos interiores y exteriores a nosotros.

6. Por tanto nos enseñan la realidad de nuestra existencia y del mundo exterior, echando por tierra las cavilosas dudas del escepticismo: de aquí la certeza de nuestros conocimientos.

Ideología pura

7. Las sensaciones consideradas como percibidas por nuestro entendimiento se llaman ideas; la idea es, pues, el conocimiento o la representación intelectual de un objeto o de una propiedad.

8. Por tanto, la sensibilidad impresionada de los objetos y fenómenos exteriores forma el manantial de las ideas.

9. Esto se demostrará analizando las varias especies de ideas.

Psicología

10. El ser que en nosotros siente, piensa y quiere, es uno mismo. De aquí la identidad del yo en todas las relaciones de aquellas facultades.

11. La pluralidad no induce un principio múltiple en nuestra alma.

12. Naturaleza de ésta y análisis de sus diferentes facultades.

13. A todas éstas son inherentes la actividad y la libertad.

14. Ved aquí la sanción del libre albedrío.

Teodicea

15. Las ciencias son ríos que nos llevan al mar insondable de la Divinidad.

16. La idea de causa, inevitable para el entendimiento humano, es la muerte del panteísmo.

17. La existencia de Dios es el cimiento del mundo moral.

Ética

18. De la combinación de la inteligencia y libre albedrío nace la conciencia moral. De aquí las condiciones para la moralidad de un acto.

19. Naturaleza de la moralidad.

20. La unión de la moralidad con la utilidad, lo mismo que con la justicia, es íntima e inseparable, como relaciones distintas de un mismo objeto.

21. Origen y fundamento de la Moral.

22. Varias especies de deberes.

23. El orden social los corrobora todos, y es un medio poderoso de realizar la Moral: por tanto, la unión de éste con aquel debe ser íntima y absoluta.

24. La Religión es el alma del alma; así que, incluye todos los principios internos y externos de moralidad, pero todos ellos juntos no la pueden incluir ni reemplazar.

Lógica

25. Su objeto y utilidad.

26. Operaciones intelectuales. Necesitan ser dirigidas por la Lógica.

27. Papel importante, y doble de los signos.

28. Paralelismo entre los signos algebraicos y los experimentos físicos.

29. Caracteres de la inducción y de la deducción. Su punto de contacto.

30. Varias especies de argumentación: son medios de indagar y persuadir la verdad.

31. Sofismas y falacias; lo son por el contrario de errar y de engañar a los demás.

32. Método que debe seguirse en la investigación de la verdad, cualquiera que sea el asunto en que la busquemos, desde el más simple y llano hasta el más complicado y sublime.

33. El criterio: no los criterios.

X. Exámenes generales del Colegio del Salvador

sito en el Cerro, Bajo la dirección de don José de la Luz
En los días 8 de diciembre y siguientes hasta su conclusión
HABANA IMPRENTA DEL GOBIERNO Y CAPITANÍA GENERAL
POR S. M.
1850
La ignorancia es la maldición de Dios;
la ciencia es el ala con que volamos hasta el cielo.
Shakespeare

Advertencia

En este naufragio universal de la epidemia,[25] mal pueden los colegios haber salido bien librados. Por su parte El Salvador apenas se atreve a levantar cabezas con la cortedad de la ofrenda que forzosamente ha de presentar; pero sea cual fuere el resultado, derechamente se encamina a su juez natural y competente —el público— quien al echar su fallo, pulsará si llevamos o no dentro del pecho el incorruptam fidem professis que por divisa hemos adoptado.

Educación primaria

Religión

Sección primera
A cargo de don Juan Bruno Zayas
Doctrina cristiana por Ripalda. Historia sagrada hasta los reyes.
Don Antonio Guiral
Don Emilio Romay
Don José Bruzón
Don Antonio García
Don Jerónimo Pratty
Don Francisco Cadaval
Don Joaquín Cadaval

---

25 Se refiere a la epidemia del cólera, una de cuyas víctimas será María Luisa, hija de Luz (Roberto Agramonte).

Don Matías Averhoff
Don Joaquín Averhoff
Don Luis Felipe Diago
Don Francisco Villegas
Don José Ramón Aguirre
Don Antonio Muñoz Izaguirre
Don Ricardo Fernández
Don Domingo André
Don Emilio Alfonso
Don José de la Luz
Don Fernando González
Don Gabriel de Palomino
Don José Olano
Don Álvaro Suárez
Don Ricardo Diez
Don Alejandro López
Hasta las oraciones solamente.
Don Ricardo Romay
Don Andrés Terry
Don Joaquín Diago
Don Ignacio Zequeira

Sección segunda
A cargo de don Fernando Hernández
Explican toda la doctrina. Nociones de Historia Sagrada.
Don Miguel del Monte
Don Manuel López
Don Eduardo Lastres
Don Domingo del Corral
Don Jacinto Alfonso
Don Francisco G. Larrinaga
Don Francisco López
Don Martín Pedroso
Don Rodrigo Ponce

Don Miguel Moran
Don José Sánchez
Don Juan Manuel Fernández
Don Francisco Cruz Muñoz
Don Felipe Alfonso
Don Ramón Caneda
Don Ramón Diago
Don Pedro Duquesne
Don José Ignacio Chacón
Don José García
Don Cristóbal Madan
Asisten desde poco tiempo a esta clase.
Don Simón Hevia
Don Emilio Galán
Don Joaquín Rivas
Don Silvio Moliner
Don Martín Funes
Don Antonio Martínez
Don Alejandro Martínez
Don Pedro Armenteros
Don Tomás Puig

Lectura
Todas las clases por el Método explicativo

Sección primera
A cargo de don Felipe Guerrero
Leen en el Libro de lectura graduada.
Don Luis Felipe Diago
Don Joaquín Diago
Don Emilio Alfonso
Don Ricardo Romay
Don Emilio Romay
Don José Ramón Aguirre

Don Ricardo Fernández
Don Fernando González
Don Francisco Cadaval
Don Joaquín Cadaval
Don Alejandro López
Don Gabriel de C. Palomino
Don Domingo André
Don Andrés Terry
Don Ignacio Zequeira

Sección segunda
A cargo de don Fernando Hernández
Texto de lectura graduada —Samaniego—. Campe, Descubrimiento de América.
Don Nicolás Alfonso
Don Cristóbal Madan
Don Matías Averhoff
Don Jacinto Averhoff
Don Álvaro Suárez
Don Manuel López
Don Ricardo Díaz
Don José de la Luz
Don Francisco Villegas
Don José Sánchez
Don Tomás Puig

Sección tercera
A cargo del mismo
Varios textos en prosa y verso de fácil inteligencia.
Don Ramón Diago
Don Rodrigo Ponce
Don Francisco Cruz
Don Eduardo Lastres
Don Emilio Galán

Don Jerónimo Pratty
Don Miguel Morán
Don José Ignacio Chacón
Don Francisco López
Don Martín Funes
Don Antonio García
Don Francisco G. Larrinaga
Don Alejandro Martínez
Don Antonio Martínez

Sección cuarta
A cargo de don Ramón Ramos
Diferentes autores en prosa y verso
Don Miguel del Monte
Don Jacinto Alfonso
Don Emilio Céspedes
Don Antonio Herrera
Don José Bruzón
Don Joaquín Rivas
Don Silvio Moliner
Don Pedro Duquesne
Don Pablo Hernández
Don Antonio Villegas
Don Juan Manuel Fernández
Don José García
Don Francisco Espinosa
Don José Olano
Don Felipe Alfonso
Don Fernando del Pino
Don Eduardo Farrés
Don Mariano Suárez
Don José Antonio Galarraga
Don Simón Hevia
Don Domingo del Corral

Don Pedro Armenteros
Don Antonio de la Luz
Don Francisco Armenteros

Escritura
A cargo de don Manuel T. Nathan
Presentarán sus trabajos y escribirán a presencia de los concurrentes.

Gramática castellana

Sección primera
A cargo de don José María Zayas
Se han ejercitado en conjugar, escribir y conocer las partes de la oración.
Don Luis Felipe Diago
Don Justo R. Del rey
Don Antonio García
Don Joaquín Diago
Don Ignacio Zequeira
Don Francisco Cadaval
Don Alejandro López
Don Joaquín Cadaval
Don Fernando González
Don José Ramón Aguirre
Don Andrés Terry
Don Narciso Mestre

Sección segunda
A cargo de don Ramón Ramos
Partes de la oración. Accidentes. Escritura al dictado. Composiciones.
Don José Ignacio Chacón
Don Antonio Muñoz
Don José Bruzón
Don Jerónimo Pratty
Don Ricardo Díaz

Don Nicolás Alfonso
Don Emilio Alfonso
Don Miguel del Monte
Don Eduardo Lastres
Don Ramón Caneda
Don Martín Pedroso
Don Domingo André
Don Fernando González
Don Ricardo Fernández
Don Francisco Villegas
Don Antonio Martínez
Don Antonio Guiral
Don Alejandro Martínez
Don Tomás Puig

Sección tercera
A cargo de don Fernando Hernández
Análisis. Escritura al dictado. Ejercicios de lectura en los clásicos y de composición castellana.
Don Mariano Suárez
Don Manuel López
Don Vicente Castro
Don Leopoldo Villegas
Don Miguel Morán
Don Pablo Hernández
Don Antonio Herrera
Don Simón Hevia
Don Joaquín Rivas
Don Francisco Espinosa
Don Francisco Armenteros
Don Pedro Armenteros

Sección cuarta
A cargo de don Ramón Ramos

Algo más adelantada que la anterior. Composiciones. Don Domingo del Corral

Don José Olano
Don Juan Manuel Fernández
Don Felipe Alfonso
Don Antonio Ceballos
Don Jacinto Averhoff
Don Matías Averhoff
Don Isidro Fernández
Don Felipe Alfonso
Don Emilio Céspedes
Don José Sánchez
Don Ramón Diago
Don Álvaro Suárez
Don Pedro Duquesne
Don Francisco Cruz
Don Cristóbal Madan
Don Emilio Galán
Don Francisco G. Larrinaga

Aritmética

Sección primera
Hasta dividir
A cargo de don Felipe Guerrero
Don Francisco Cadaval
Don José Ramón Aguirre
Don Domingo André
Hasta multiplicar
Don Emilio Romay
Don Alejandro López
Don Luis Felipe Diago
Don Gabriel C. Palomino
Leer cantidades

Don Ignacio Zequeira
Don Andrés Terry
Don Joaquín Diago
Don Narciso Mestre

Sección segunda
A cargo de don Fernando Hernández
Se han ejercitado en resolver problemas sobre las cuatro reglas con números enteros.
Don Pedro Duquesne
Don Eduardo Lastres
Don Ricardo Fernández
Don Gabriel de C. Palomino
Don Ramón Caneda
Don Antonio García
Don Antonio Muñoz Izaguirre
Don José Ignacio Chacón
Don Álvaro Suárez
Don José Bruzón
Don José Sánchez
Don Fernando González
Don Jacinto Averhoff
Don Joaquín Cadaval
Don José R. del rey
Don Cristóbal Madan
Don Juan Manuel Fernández
Don Francisco Villegas
Don José de la Luz
Don Martín Pedroso
Don José Olano
Don Matías Averhoff
Don Francisco López

Sección tercera

A cargo de don Juan Bruno Zayas

Operaciones con enteros, quebrados y números mixtos. Habiéndose ejercitado más en los primeros.

Don Ramón Diago
Don Ricardo Díaz
Don Jerónimo Pratty
Don Antonio Guiral
Don Miguel del Monte
Don Emilio Galán
Don Francisco Cruz
Don Joaquín Rivas
Don Simón Hevia
Don Alejandro Martínez
Don Domingo del Corral

Sección cuarta

A cargo del mismo

Hasta elevación de potencias y extracción de raíces inclusive. Don Felipe Gómez

Don Rodrigo Ponce
Don Jacinto Alfonso
Don Felipe Alfonso
Don Nicolás Alfonso
Don Antonio Villegas
Don Francisco G. Larrinaga
Don Emilio Alfonso
Don José García
Don Mariano Suárez
Don Emilio Céspedes

Sección quinta

A cargo de don Fernando Hernández

Hasta razones y proporciones inclusive.

Don Antonio Herrera

Don Antonio Ceballos
Don Vicente Castro
Don Francisco Mantilla
Don Juan Manuel Alfonso
Don Miguel Morán
Don Antonio Valdés Aguirre
Don Antonio de la Luz
Don Manuel López
Don Rafael de la Torre
Don Juan F. Abreu
Don José Antonio Galarraga
Don Fernando del Pino
Don Leopoldo Villegas
Don José Herrera
Don Enrique Piñeyro
Don Adolfo Moliner
Don Pablo Hernández
Don Silvio Moliner
Don Isidro Fernández
Don Francisco Armenteros
Don Francisco Espinosa

Dibujo lineal

Sección primera
A cargo de don Felipe Guerrero
Ejercicios fáciles, los alumnos son principiantes.
Don Gabriel de C. Palomino
Don Jacinto Averhoff
Don Emilio Romay
Don Francisco Villegas
Don Ricardo Romay
Don Antonio Muñoz Izaguirre
Don Isidro Fernández

Don Simón Hevia
Don José Ramón Aguirre
Don Antonio Martínez
Don Francisco López
Don Alejandro Martínez
Don Alejandro López
Don Narciso Mestre
Don José de la Luz
Don Joaquín Cadaval
Don Ignacio Zequeira
Don Joaquín Diago
Don Francisco Cadaval
Don Emilio Galán
Don Antonio García
Don Fernando González
Don Matías Averhoff

Sección segunda
A cargo de don Juan Cottilla
Trazado de figuras y de cuerpos a ojo y por el método gráfico. Resolución de algunos problemas.
Don Francisco Cruz
Don José García
Don José Bruzón
Don Ricardo Díaz
Don Miguel Delmonte
Don Eduardo Lastres
Don Pedro Duquesne
Don José Sánchez
Don Ricardo Fernández
Don Jerónimo Pratty
Don Domingo André
Don Martín Funes
Don Domingo del Corral

Don Juan Manuel Fernández
Don Antonio Guiral
Don Álvaro Suárez
Don José Olano
Don Martín Pedroso

Sección tercera
A cargo del mismo
Superficies y volúmenes. Presentarán algunos trabajos.
Don Pablo Hernández
Don Bruno García
Don Luis Murias
Don Juan E. Abreu
Don Nicolás Alfonso
Don José Herrera
Don Emilio Alfonso
Don Fernando del Pino
Don Jacinto Alfonso
Don Emilio Céspedes
Don Felipe Alfonso
Don Rodrigo Ponce
Don Ramón Diago
Don José Ignacio Chacón
Don Francisco Mantilla
Don Manuel López
Don Miguel Morán

Geografía

Sección primera
A cargo de don Manuel T. Nathan
Nociones elementales: Geografía de Cuba. Texto de Poey.
Don José Bruzón
Don Ricardo Fernández

Don Nicolás Alfonso
Don Antonio Guiral
Don Domingo André
Don José de la Luz
Don Jerónimo Pratty
Don Francisco López
Don Antonio Muñoz Izaguirre
Don Emilio Alfonso
Don Francisco Villegas
Don Antonio García
Están menos adelantados
Don Gabriel de C. Palomino
Don Francisco Cadaval
Don Luis Felipe Diago
Don Ricardo Romay
Don Fernando González
Don Ramón Aguirre
Don Joaquín Cadaval
Don Antonio Martínez
Don Emilio Romay
Don Ignacio Zequeira
Don Alejandro López
Don Alejandro Martínez
Don Joaquín Diago
Don Andrés Terry
Don José R. del rey

Sección segunda
A cargo de don Juan Bruno de Zayas
Nociones elementales. Europa. Cartilla de Poey.
Don Felipe Alfonso
Don Jacinto Averhoff
Don Joaquín Rivas
Don José Sánchez

Don Ricardo Díaz
Don Antonio Herrera
Don Emilio Galán
Don Martín Funes
Don Tomás Puig
Don Matías Averhoff
Don José Ignacio Chacón
Don Miguel Morán
Don Isidro Fernández
Don Simón Hevia
Don Cristóbal Madan
Don Pedro Armenteros
Don Ramón Diago
Don Francisco Larrinaga

Sección tercera
A cargo del mismo
Toda la cartilla del mismo autor.
Don Antonio Ceballos
Don Ramón Caneda
Don Martín Pedroso
Don José García
Don Miguel del Monte
Don Domingo del Corral
Don Emilio Céspedes
Don Mariano Suárez
Don José Olano
Don Rodrigo Ponce
Don Francisco Cruz
Don Pedro Duquesne
Don José Manuel Fernández

Sección cuarta
A cargo de don Francisco de Zayas

Europa según el Compendio de Poey.
Don Felipe Gómez
Don Silvio Moliner
Don Jacinto Alfonso
Don Leopoldo Villegas
Don José Herrera
Don Rafael de la Torre
Don Juan Manuel Alfonso
Don Pablo Hernández
Don Juan F. Abreu
Don Adolfo Moliner
Don Manuel López
Don Vicente Castro
Don Domingo Guiral
Don Fernando del Pino
Don Enrique Piñeyro
Don Eduardo Farrés
Don Francisco Espinosa
Don Francisco Armenteros

Educación secundaria Religión
A cargo de don Juan Bruno Zayas
Historia del pueblo hebreo. Explicación de la doctrina cristiana habién-
dose ejercitado más en lo segundo. Composiciones.
Don Domingo Guiral
Don Antonio Herrera
Don José Herrera
Don Felipe Gómez
Don Juan Manuel Alfonso
Don Juan E. Abreu
Don Adolfo Moliner
Don Mariano Suárez
Don Leopoldo Villegas
Don Enrique Piñeyro

Don Vicente Castro
Don Antonio de la Luz
Don Francisco Mantilla
Don Emilio Céspedes
Don Eduardo Farrés
Don Rafael de la Torre
Don Fernando del Pino
Don Pablo Hernández
Don Antonio Valdés Aguirre
Don Fernando Valdés Aguirre
Don Francisco Armenteros

Gramática castellana
A cargo de don José María Zayas
Análisis. Ortografía, Composición.
Don Rafael de la Torre
Don Juan F. Abreu
Don Blas Morán
Don Antonio Villegas
Don José Antonio Galarraga
Don Fernando Valdés Aguirre
Don José Fernández
Don Manuel Vázquez
Don Julián Tolmé
Don Francisco Ayala
Don Eduardo Farrés
Don Silvio Moliner
Don Antonio de la Luz
Don Ignacio Villegas
Don Juan Manuel Alfonso
Don Antonio Valdés Aguirre
Don Miguel Pedroso
Don José Herrera
Don Francisco Mantilla

Don Fernando del Pino
Don Domingo Guiral
Don Adolfo Moliner
Don Felipe Gómez
Don Enrique Piñeyro

Latín

Sección primera
A cargo de don Fernando Hernández
Declinaciones. Conjugaciones y traducción en las Selectas Sagradas.
Don Francisco Cruz
Don Eduardo Lastres
Don Pedro Duquesne
Don Francisco Larrinaga
Don Juan Manuel Hernández
Don Antonio Ceballos
Don Emilio Galán
Don Jerónimo Pratty
Don Domingo del Corral
Don José Bruzón
Don Antonio Martínez Los cinco últimos son principiantes.

Sección segunda
A cargo del mismo
Traducción en las Selectas Sagradas. Cartas familiares de Cicerón, Fábulas de *Fedro*.
Don Felipe Gómez
Don José Fernández
Don Juan E. Abreu
Don Vicente Castro
Don Rafael Arango
Don Rodrigo Ponce
Don José María Gálvez

Don Pablo Hernández
Don Leopoldo Villegas

Sección tercera
A cargo de don José María Zayas
Traducen algunas cartas de Cicerón. Vidas de Milciades, Temístocles y Pomponio Atico por Cornelio Nepote y algunos párrafos de los Comentarios de César sobre las guerras civiles. Temas fáciles.
Don Juan Cisneros
Don Francisco Mantilla
Don Antonio Angulo
Don José Herrera
Don Manuel Carrera
Don Santiago de la Huerta
Don Tomás González
Don Carlos Cintra
Don Domingo Guiral
Don Juan Manuel Alfonso
Don Carlos Cintra
Don Ricardo Alfonso
Don Joaquín Lastres
Don Fernando Valdés Aguirre
Don Antonio Valdés Aguirre
Don Bruno García
Don Francisco Armenteros

Sección cuarta
A cargo del mismo
No cuenta tres meses de organizada Han traducido la oración Pro Archia poeta y algunos párrafos de la Pro lege Manilia de Cicerón. Temas.
Don Francisco Ayala
Don Enrique Piñeyro
Don Ambrosio Valiente
Don José Mas

Francés

Sección primera
A cargo de don Manuel T. Nathan
Lectura. Traducción. Construcción de oraciones fáciles. Dirigiéndoles siempre la palabra en francés.
Don Antonio Herrera
Don Bruno García
Don Blas Morán
Don Enrique Piñeyro
Don Jacinto Alfonso
Don Joaquín Rivas
Don Francisco G. Larrinaga
Don Francisco Armenteros

Sección segunda
A cargo del mismo
Manejan ya con alguna propiedad el idioma. Lectura francesa explicada. Ejercicios orales.
Don José Francisco Mantilla
Don Felipe Alfonso
Don Julián Tolmé
Don José María Gálvez
Don Domingo del Corral
Don Rafael de la Torre
Don Manuel Carrera
Don Carlos Cintra
Don Francisco Ayala
Don Juan Manuel Fernández
Don Isidro Fernández
Don José Herrera
Don Santiago de la Huerta
Don Eduardo Farrés

Don Fernando Valdés Aguirre
Don Antonio Valdés Aguirre

Sección tercera
A cargo del mismo
Leen y traducen en cualquier libro. Han corregido los Ejercicios de Noel y Chapsal y pueden sostener una conversación.
Don Antonio Angulo
Don Luis Murias
Don Ricardo Alfonso
Don Leopoldo Villegas
Don Adolfo Moliner
Don Manuel Vázquez
Don Ambrosio Valiente
Don Francisco Morales
Don Miguel Pedroso
Don Tomás González Echeverría
Don José Mas
Don Joaquín Lastres
Don Manuel S. Martínez
Don Ramiro Alfonso

Inglés

Sección primera
A cargo de don Ramón Ramos
Lectura y traducción en el *Introduction to Popular Lessons*. Se les ha ejercitado en la composición de frases sencillas, acostumbrándoles el oído a la pronunciación inglesa.
Don Miguel Morán
Don Cristóbal Madan
Don José Olano
Don Mariano Suárez
Don Antonio Ceballos

Don Álvaro Suárez
Don Ramón Caneda
Don Martín Pedroso
Don José de la Luz Han empezado hace muy poco tiempo:
Don Fernando González
Don Felipe Alfonso
Don Simón Hevia
Don Alejandro Martínez

Sección segunda
A cargo del mismo
Lectura y traducción en el *Popular Lessons*. Han hecho algunos de los ejercicios de Olendorff y entienden algo de una conversación sencilla.
Don Antonio Guiral
Don Eduardo Farrés
Don Manuel López
Don Miguel Delmonte
Don Jacinto Alfonso
Don Joaquín Lastres
Don Ricardo Díaz
Don Francisco Villegas

Sección tercera
A cargo de don Ambrosio Aparicio
Algo más adelantado que los de la anterior.
Don Ambrosio Valiente
Don Emilio Céspedes
Don José García
Don Antonio de la Luz
Don Ignacio Villegas
Don Rodrigo Ponce
Don Juan Manuel Vázquez

Sección cuarta

A cargo del mismo

Leen, traducen, escriben y sostienen una conversación.

Don Luis Murias

Don Ramón Diago

Don Carlos Cintra

Don Luis Felipe Diago

Don Juan Manuel Alfonso

Don José Antonio Galarraga

Don Domingo Guiral

Don Bruno García

Don Tomás González Echeverría

Don Julián Tolmé

Don Silvio Moliner

Don Ramiro Alfonso

Don Joaquín Diago

Don Ricardo Alfonso

Don Rafael de la Torre

Don Antonio Angulo

Don José Mas

Don Manuel Carrera

Don Adolfo Moliner

Teneduría de libros y aritmética mercantil

A cargo de don Manuel T. Nathan

Presentarán sus libros y responderán a las preguntas que se les hagan relativas al ramo, verificando con brevedad las operaciones que corran.

Don Juan Manuel Vázquez

Don Blas Morán

Don Ignacio Villegas

Don Manuel López

Don Miguel Pedroso

Don Eduardo Farrés

Don Adolfo Moliner

Don Francisco Morales

Don Francisco Espinosa

Geografía
A cargo de don José María Zayas
Geografía moderna, Mapas y composiciones. Nociones de esfera y resolución de algunos problemas en el globo terrestre.
Don Ramiro Alfonso
Don Luis Murias
Don Carlos Cintra
Don Bruno García
Don Tomás González
Don Francisco Mantilla
Don Ricardo Alfonso
Don Juan Manuel Vázquez
Don Blas Morán
Don José Fernández
Don Julián Tolmé
Don Juan Cisneros
Don José María Gálvez
Don Antonio de la Luz
Don Antonio Valdés Aguirre
Don Fernando Valdés Aguirre Asisten solo a la clase de cosmografía
Don Antonio Angulo
Don Santiago de la Huerta
Don Manuel Carrera
Don José Mas

Matemáticas

Sección primera
A cargo de don Juan Bruno Zayas
Álgebra. Por el método de Colburn hasta el párrafo IX de la introducción.
Don Juan Manuel Alfonso
Don Domingo Guiral

Don Felipe Alfonso
Don José Herrera
Don Juan E. Abreu
Don Antonio Valdés Aguirre
Don Vicente Castro
Don Fernando Valdés Aguirre
Don Silvio Moliner
Don Pablo Hernández
Don Fernando del Pino
Don Antonio Villegas
Don Enrique Piñeyro
Don Leopoldo Villegas
Don Rafael Arango
Don Rafael de la Torre
Don Felipe Gómez
Don Miguel Pedroso
Don José Francisco Mantilla

Sección segunda
A cargo del mismo
Geometría. Medición de las rectas. Ángulos. Perpendiculares y oblicuas.
Paralelas.
Don Juan Manuel Alfonso
Don Domingo Guiral
Don Rafael Arango
Don José Francisco Mantilla
Don Felipe Gómez
Don Miguel Pedroso
Don José Herrera
Don Antonio Villegas
Don Enrique Piñeyro
Don Antonio Valdés Aguirre
Don Juan E. Abreu
Don Leopoldo Villegas

Don Vicente Castro
Don Fernando Valdés Aguirre

Sección tercera
A cargo de don Juan Cottilla
Álgebra. Desde ecuaciones de primer grado hasta logaritmos inclusive.
Texto Lista.
Don Antonio Angulo
Don Juan Cisneros
Don Ramiro Alfonso
Don Julián Tolmé
Don Carlos Cintra
Don Tomás González Echeverría
Don Manuel Carrera
Don Ricardo Alfonso
Don José María Gálvez
Don Luis Murias
Don Bruno García
Don José Fernández
Don Santiago de la Huerta

Sección cuarta
A cargo del mismo
Geometría. Tratado de líneas, superficies y volúmenes. Texto Lista. Don
Antonio Angulo
Don Tomás González Echeverría
Don Ramiro Alfonso
Don José María Gálvez
Don Carlos Cintra
Don Luis Murias
Don Manuel Carrera
Don José Fernández
Don Ricardo Alfonso
Don Bruno García

Don Juan Cisneros
Don Santiago de la Huerta
Don Julián Tolmé

Sección quinta
A cargo del mismo
Trigonometría plana. Fórmulas generales y resolución de los triángulos rectilíneos.
Don José Mas
Don Manuel Carrera
Don Antonio Angulo
Don Ricardo Alfonso
Don Ramiro Alfonso
Don Juan Cisneros
Don Francisco Ayala
Don Julián Tolmé
Don Tomás González Echeverría
Don Luis Murias
Don José Fernández
Don José María Gálvez
Don Bruno García
Don Carlos Cintra
Don Santiago de la Huerta

Dibujo natural
Presentarán: A cargo de don Francisco Brusa
Don Vicente Castro ... Don José Olano ... Don Fernando del Pino... Estudios de principiantes
Don Pablo Hernández ... Don Manuel Carrera... Don Blas Morán... Varias cabezas
Don Bruno García ...

MÚSICA
A cargo de don Enrique González

Explicarán los principios elementales. Solfeo general y particular.
Don Felipe Alfonso
Don Juan Manuel Alfonso
Don Jacinto Alfonso
Don Miguel Delmonte
Don Emilio Galán
Don José Herrera

Clase de piano
Don Felipe Alfonso... Recreación musical a 4 manos (Herz)
Don Felipe Gómez... Don Miguel Delmonte ... Vals El Deseo de Beethoven con variaciones. (Herz)
Don Ramiro Alfonso... Variaciones brillantes sobre el tema de la violeta de Caraffa. (Herz)

Clases universitarias
(El curso comenzó el 2 de septiembre)

Historia
A cargo de don José María Zayas
Primer curso. Cronología. Divisiones generales de la Historia. Historia Antigua hasta Ciro.
Don Rafael Arango
Don Vicente Castro
Don Juan E. Abreu
Don José Herrera
Don Juan Manuel Alfonso
Don Antonio Angulo
Don Ramiro Alfonso
Don Luis Murias
Don Bruno García
Don Felipe Gómez
Don Santiago de la Huerta
Don Manuel Carrera

Don Domingo Guiral
Don Antonio Valdés Aguirre
Don Fernando Valdés Aguirre

Segundo curso. Desde la batalla de «Actium» hasta las «cruzadas» exclusive. Presentarán algunas disertaciones.
Don José Mas
Don José Fernández
Don José María Gómez
Don Juan Cisneros
Don Francisco Ayala
Don Carlos Cintra

Física
A cargo de don Francisco de Zayas

Primer curso. Preliminares hasta nociones elementales de Hidrodinámica inclusive. Texto: Marcet.
Don Rafael Arango
Don Juan E. Abreu
Don Antonio Angulo
Don Juan Manuel Alfonso
Don Manuel Carrera
Don José Herrera
Don Domingo Guiral
Don Santiago de la Huerta
Don Antonio Valdés Aguirre
Don Felipe Gómez
Don Francisco Larrinaga
Don Fernando Valdés Aguirre
Don Vicente Castro

Segundo curso: Electricidad y galvanismo.
Don José Mas

Don Ramiro Alfonso
Don Carlos Cintra
Don Luis Murias
Don Juan Cisneros
Don Bruno García
Don Francisco Ayala
Don Julián Tolmé Se practicarán varios experimentos.

Química
A cargo de don Antonio Caro
Preliminares. Afinidades. Causas modificadoras. Nomenclatura. Cuerpos simples. Metaloides y sus compuestos.
Don José Mas
Don Ramiro Alfonso
Don José María Gálvez
Don José Fernández
Don Carlos Cintra
Don Juan Cisneros
Don Francisco Ayala
Don Julián Tolmé

Botánica
A cargo del mismo
Nociones fundamentales. Principios de Anatomía y Fisiología vegetal. Diversas teorías para explicar el crecimiento en diámetro de los árboles dicotiledones. Procedimiento para la multiplicación artificial de las plantas. Absorción. Influencia del ácido carbónico, oxígeno y del ázoe en la vegetación. Marcha de la savia y demás funciones de los vegetales. Influencia del terreno y de los fenómenos meteorológicos en la vegetación.
Don José Mas
Don José María Gálvez
Don José Fernández
Don Juan Cisneros
Don Carlos Cintra

Don Francisco Ayala

Anatomía
Definición. División y utilidad de la ciencia. Osteología según las lecciones de Gutiérrez.
Don Rafael Arango
Don Antonio Valdés Aguirre
Don Juan Manuel Alfonso
Don Juan E. Abreu
Don Vicente Castro
Don Felipe Gómez
Don José Herrera
Don Manuel Carrera
Don Domingo Guiral
Don Tomás González Echeverría
Don Antonio Angulo
Don Santiago de la Huerta
Don Fernando Valdés Aguirre

Filosofía
A cargo del Director [don José de la Luz]
2 Alumnos del 3.º y 4.º curso
Leerán algunas disertaciones.
Don Ricardo Alfonso
Don Ambrosio Valiente
Don Joaquín Lastres
Don Manuel S. Martínez

Introducción
1. ¿Por qué hay diversas Filosofías, y solo una Matemática?
2. Hasta qué punto puede ser diversa, y desde dónde una Filosofía.
3. Tendencia y necesidad de uniformarse cada vez más.
4. Renegar de la filosofía porque no siempre nos alumbra, es renegar del Sol porque suele eclipsarse.

5. La ciencia es hallar la regla en la excepción, y la excepción en la regla.

6. Cómo está el arte en la ciencia, y la ciencia en el arte.

7. La teoría del arte es la más honda de toda la ciencia.

Lógica

8. Su objeto y utilidad.

9. Operaciones intelectuales. Necesitan ser dirigidas por la Lógica.

10. Papel importante y doble de los signos.

11. Paralelismo entre los signos algebraicos los del lenguaje y los experimentos físicos.

12. Caracteres de la inducción y de la deducción.

13. Según la índole de cada ciencia predomina en su formación uno de estos dos elementos, pero ninguno puede prescindir del segundo absolutamente.

14. En la inducción va envuelta la deducción (pensamiento de Funes).

15. En consecuencia, el silogismo no es una forma arbitraria, sino la más natural del pensamiento, y que los escolásticos hubieran llamado con razón su forma sustancial.

16. Varias especies de argumentación: son medios de indagar y persuadir la verdad.

17. Sofismas y falacias lo son, por el contrario, de errar y de engañar a los demás.

18. Las prevenciones adoptadas para el recto uso de los sentidos y de su representante, la imaginación, así como las suministradas por la crítica, no pertenecen propiamente al orden lógico, siendo todas hijas de la experiencia.

19. Sin ellas empero sería deficiente cualquier disciplina sobre la dirección del espíritu humano.

20. Una es la verdad y uno el método para sacarla.

21. Podría decirse de uno y otro lo que la Iglesia de su doctrina Unus Deus, una fides, et unum baptisma.[26]

22. La verdad es la congruencia del concepto con el objeto.

---

26   «Uno es Dios, una la fe y uno el bautismo.»

23. Por eso no hay que distinguirla en objetiva y subjetiva, pues aunque esta distinción tiene tanta cabida en la ciencia, no hay verdad que no reúna ambos caracteres.

24. Luego no se distingue la verdad lógicamente según la ciencia a que pertenezca.

25. Naturaleza de las ciencias. Diversa y análoga.

26. Necesidad de conocerlas para juzgarlas: imposibilidad en que para ello laboran los filósofos puramente metafísicos. Forzoso es imitar a los Platones, Aristóteles y Leibnitzes. Tu longe vestigia sequere.

27. Estas cuestiones son más trascendentales de lo que parece: procuraremos patentizarlo.

28. Su importancia para la educación. Entre nosotros le falta aun el elemento fecundador. La Filosofía.

29. Se encuentran, es verdad, maestros que sepan su obligación, como suele decirse; pero se necesita la devoción en espíritu y verdad para el desempeño de esa obligación.

30. ¿Y el manejo de los alumnos? Ved aquí otra mina inagotable y aun por beneficiar.

31. Si no está subordinada la enseñanza a un principio superior, a un alma que la penetre toda, no es dable sacar todo el fruto posible de los educandos; en una palabra, no es lo mismo saber un ramo que tener inspiración (pues inspiración es todo el magisterio), y ser teórico y práctico en la Pedagogía.

32. Necesidad imprescindible de las escuelas normales[27] para conseguirlo.

33. Cuanto sabemos mana de cuatro fuentes: el sentido íntimo, los sentidos externos, el raciocinio y la autoridad; y, sin embargo, apuntamos el año pasado, y aun sostenemos el presente:

34. «El criterio, no los criterios».

35. Hasta en el llamado de autoridad reluce el ejercicio de la razón.

36. Con sumo tino, pues, llama San Pablo a la fe rationabile obsequium vestrum: deferencia racional a los dictados del Altísimo.

---

27 Vid. En el volumen sobre Educación su traducción al Informe de Cousin sobre Escuelas Normales.

Metafísica

37. La razón es el distintivo del hombre: la sensibilidad la condición para el ejercicio de sus facultades.

38. Por lo mismo es inseparable de todos nuestros actos intelectuales y morales.

39. Los fenómenos de la sensibilidad son las sensaciones, y abrazan, aunque no constituyen, nuestra naturaleza toda.

40. El alma recibe sus sensaciones por medio de órganos apropiados al efecto: tales son los cinco sentidos, y en general todo nuestro organismo.

41. Las sensaciones son fenómenos reales que nos dan a conocer la existencia real de los objetos y fenómenos interiores y exteriores a nosotros.

42. Por tanto, nos enseñan la realidad de nuestra existencia y del mundo exterior, echando por tierra las cavilaciones del escepticismo: de aquí la certeza de nuestros conocimientos.

43. La sensibilidad, aunque diversificada, es tan una como la inteligencia.

44. Quimera es asentar que solo hay sensaciones en lo intelectual; pero realidad grande, que son la única entrada para formar su historia.

Ideología pura

45. Las sensaciones consideradas como percibidas por nuestro entendimiento se llaman ideas: la idea es, pues, el conocimiento o la representación intelectual de un objeto o de una propiedad.

46. Por tanto, la sensibilidad impresionada de los objetos y fenómenos exteriores forma el manantial de las ideas.

47. Esto se demostrará analizando las varias especies de ideas.

48. ¿Es o no bien llamada imagen la idea?

49. Procuraremos derramar alguna luz sobre este punto tan controvertido, siguiendo estos trámites de nuestras facultades: 1.º sensación-representación-concepto-abstracción-comparación-nuevo concepto. 2.º y en otros casos: sensación e inducción forzosa, sin esos trámites.

50. ¿En cuál de estas dos categorías se colocan las ideas de tiempo y espacio? Parecen hallarse en terreno neutral: su análisis será el mejor comprobante de nuestro modo de ver.

Psicología

51. El ser que en nosotros siente, piensa y quiera, es uno mismo. De aquí la identidad del yo en todas las relaciones de aquellas facultades.

52. La pluralidad no induce un principio múltiplo en nuestra alma.

53. Naturaleza de ésta y análisis de sus diferentes facultades.

54. A todas éstas son inherentes la actividad y la libertad.

55. Ved aquí la sanción del libre albedrío.

Teodicea

56. Las ciencias son ríos que nos llevan al mar insondable de la Divinidad.

57. La inducción de las inducciones: ahí está Dios.

58. Pretenden el imposible los que juzgan ser deístas siendo panteístas: se engañan o engañan.

60. Ateos, y tan ateos como los epicúreos, con la añadidura de inconsecuentes.

61. Hemos ampliado nuestra impugnación al panteísmo, por los nuevos campeones que tratan de introducirlo bajo la capa del deísmo.

62. Pero apenas entran en la lid, cuando ellos mismos se despedazan por do quiera principiis obsta.[28]

63. Dios es el Sol de nuestras almas: solo él las alumbra y enciende eficazmente.

64. La existencia de Dios es el cimiento del mundo moral.

Ética

65. De la combinación de la inteligencia y libre albedrío nace la conciencia moral. De aquí las condiciones para la moralidad de un acto.

66. Naturaleza de la moralidad.

67. La unión de la moralidad con la utilidad, lo mismo que con la justicia, es íntima e inseparable, como relaciones distintas de un mismo objeto.

68. Origen y fundamento de la Moral.

69. Varias especies de deberes.

---

28   «Los principios lo impiden.»

70. Diferencia entre un tratado de Moral y la ciencia de la Moral: el primero comprende la enumeración y clasificación de todos los deberes, la segunda sus fundamentos.

71. Por qué a la Filosofía solo compete examinar las raíces del árbol, según la bella expresión de Balmes, y prescribir en consecuencia el método para cultivarlo.

72. Así como la existencia de Dios es el cimiento del mundo moral, la inmortalidad del alma es como la atmósfera de ese mundo.

73. Porque la humanidad si no aspira, no respira, y ved ahí la necesidad del ideal.

74. Relaciones entre la Moral, la Jurisprudencia, la Política y la Economía pública, con justa razón llamadas Ciencias morales por excelencia.

75. Ningún filósofo ni publicista ha definido la ley tan precisa y atinadamente como el Aristóteles de la Edad Media: Santo Tomás.

76. Cuatro condiciones debe tener la pena para llenar su fin: veremos si las reúne la de muerte.

77. ¡Es posible que en pleno siglo XIX todavía se defienda con descaro el suicidio! —compadézcase norabuena; pero sepan sus apologistas que la vida, cualquiera que sea su condición, es forzoso aceptarla como un deber; es un tesoro que ni siquiera se nos ha dado en préstamo, sino en precario.

78. El trabajo, esa es la roca en que se asienta la propiedad.

79. Los que se rebelan contra ella, van contra la ley del progreso; y los que se resisten al estado de familia, caminan derecho a la barbarie, se degradan a la condición de bestias gregales.

80. Buscar el remedio de los males que afligen al cuerpo social fuera de la familia y de la propiedad, es matar al enfermo para curarle.

81. No hay síntesis ninguna social que pueda sustituirse al dogma cristiano.

82. Entre los manantiales de la actual civilización brilla en primera línea el cristianismo.

83. Harto dista aún la humanidad de su completa realización; en ella está cifrada su porvenir.

84. La Religión es el alma del alma: así que incluye y se sobrepone a todos los principios internos y externos de moralidad, pero todos ellos juntos no la pueden incluir ni reemplazar.

85. Ella es la única potencia que puede levantar la voz para armonizar la humanidad, diciendo a las dos categorías en que está necesariamente dividida: Sperate miseri, cavete felices.[29]

La filosofía es el bautismo de la razón.

---

29 «Esperad los desgraciados, guardaos los afortunados.»

XI. Exámenes generales del Colegio del Salvador

Sito en el Cerro

Bajo la dirección de don José de la Luz

En los días 30 de noviembre y siguientes hasta su conclusión

HABANA

IMPRENTA DEL GOBIERNO Y CAPITANÍA GENERAL POR S. M.

1851

El buen médico refiere la parte al todo, y no el todo a la parte.

Platón

Educación primaria

Religión

Sección primera

A cargo de don José Mas

Doctrina cristiana por Ripalda

Don Miguel André

Don Antonio Legorburu

Don Juan Manuel Moya

Don Joaquín Moya

Don Francisco Hugues

Don Manuel Arredondo

Don Andrés Terry

Don Ignacio Zequeira

Don Federico Alderete

Don Ricardo Romay

Don José María Callejas

Don Juan Velázquez

Don Luis Velázquez

Don Manuel Suárez

Don Enrique de Cárdenas

Don José de J. Miñoso

Los cinco últimos solo han dado las oraciones.

Sección segunda

A cargo del mismo

Doctrina cristiana por Ripalda y primera parte del Fleury. Don Domingo André

Don Máximo Peralta

Don Alejandro López

Don Emilio Romay

Don Emilio Alfonso

Don José María Morejón

Don José Rafael del rey

Don José de la Luz

Don Nicolás Peralta

Don Tomás Díaz

Don José María Pedroso

Han dado todo el Fleury

Don Nicolás Alfonso

Don Nicolás de Cárdenas

Don Antonio Martínez

Don Antonio García

Don Emilio Reyling

Sección tercera

A cargo de don Juan Bruno Zayas

Explicación de la doctrina cristiana y de la Historia del pueblo hebreo. Texto Ripalda y Fleury.

Don José Bruzón

Don Francisco Villegas

Don Francisco López

Don Nicolás Lluy

Don Francisco Cadaval

Don Joaquín Cadaval

Don Juan Manuel Martínez

Don Alejandro Martínez

Don Juan Zuill
Don Luis Jiménez
Don Jerónimo Pratti
Don Eduardo Godwin
Don Antonio Sánchez
Don Nicolás Domínguez
Don Pablo Vázquez
Don Ricardo Fernández
Don Manuel Meireles
Don Joaquín Giroud
Don Francisco Díaz Argüelles
Don Juan Díaz Argüelles
Don Fernando González Osma
Don Eduardo Alderete
Don Gabriel Alderete
Don Antonio Muñoz Izaguirre
Don José Velázquez
Don Narciso Rivero

Sección cuarta
A cargo del mismo
Explicación de la doctrina. Historia del pueblo hebreo, más especialmen-
te. Texto, la Biblia.
Don José García
Don Manuel Zambrana
Don Simón Hevia
Don Emilio Galán
Don Juan Manuel Hernández
Don José Sánchez Toledo
Don Francisco Cruz Muñoz
Don José Urioste
Don Juan Urioste
Don Antonio Guiral
Don Cristóbal Madan

Don Justo Alderech
Don Domingo del Corral
Don Ramón Caneda
Don Joaquín Arrangoiz
Don Eduardo Montejo
Don José María Rencurrel
Don Eduardo Lastres
Don Luis Sánchez
Don Martín Pedroso
Don Martín Funes
Don José Olano
Don Joaquín Rivas
Don Álvaro Suárez
Don Francisco Pedroso
Don Miguel Morán
Don José Ignacio Chacón
Don Manuel Domínguez

Lectura
Todas las clases por el «Método explicativo»

Sección primera
A cargo de don Ramón Ramos
Leerán en la Miscelánea Infantil.
Don Pedro Alderete
Don Andrés Terry
Don Ignacio Zequeira
Don Manuel Arredondo
Don Manuel Suárez
Don Luis Velázquez

Sección segunda
A cargo de don José Manuel Mestre Samaniego. Campe, Descubrimiento
de América.

Don Emilio Reyling
Don José Rafael del rey
Don Nicolás de Cárdenas
Don Juan Manuel Moya
Don Joaquín Moya
Don Antonio Legorburu
Don José María Pedroso
Don Francisco Hugues
Don Enrique de Cárdenas
Don Emilio Romay
Don Juan Díaz Argüelles
Don Rafael Herrera
Don Juan Velázquez
Don Miguel André
Don José de Jesús Miñoso
Don Manuel Meireles
Don Ricardo Fernández
Don Juan Manuel Martínez
Don Nicolás Peralta
Don Narciso Rivero
Don Máximo Peralta

Sección tercera
A cargo de don Ramón Ramos
Fábulas de Hartzenbusch
Don José María Morejón
Don Gabriel de C. Palomino
Don Alejandro López
Don Francisco Díaz Argüelles
Don Domingo André
Don Eduardo Alderete
Don Joaquín Giroud
Don José María Callejas
Don Juan Zuill

Don Gabriel Alderete
Don Fernando González Osma
Don Joaquín Cadaval
Don Francisco Cadaval

Sección cuarta
A cargo del mismo
Colección de trozos escogidos de Velázquez de la Cadena. Don Antonio
Sánchez
Don Emilio Alfonso
Don Eduardo Montejo
Don Francisco Villegas
Don Cristóbal Madan
Don Eduardo Godwin
Don Nicolás Alfonso
Don Pedro Sánchez
Don Luis Jiménez
Don Manuel Zambrana
Don Manuel de Cárdenas

Sección quinta
A cargo de don José Manuel Mestre
Diferentes autores en prosa y verso.
Don José Simón Bacalleo
Don Antonio Martínez
Don Alejandro Martínez
Don Ramón Caneda
Don Federico Cuevas
Don Miguel Morán
Don José Ignacio Chacón
Don Antonio Muñoz Izaguirre
Don Nicolás Domínguez
Don Jerónimo Pratti
Don Martín Funes

Don José María Rencurrel
Don Emilio Galán
Don Joaquín Rivas
Don Antonio García
Don Juan Rodríguez
Don Antonio Guiral
Don José Sánchez Toledo
Don Simón Hevia
Don Luis Sánchez
Don Eduardo Lastres
Don Juan Urioste
Don Manuel López
Don José Urioste
Don Francisco López
Don Nicolás Lluy
Don José Velázquez

Escritura
A cargo de don Manuel T. Nathan
Presentarán sus trabajos y escribirán a presencia de los concurrentes.

Gramática castellana

Sección primera
A cargo de don Ramón Ramos
Conocen las partes de la oración y conjugan cualquier verbo regular o irregular.
Don Antonio Legorburu
Don Francisco Cadaval
Don Fernando González Osma
Don Manuel Meireles
Don José María Pedroso
Don José María Callejas
Don Francisco Díaz Argüelles

Don Joaquín Giroud
Don Juan Díaz Argüelles
Don Rafael Herrera
Don José de Jesús Miñoso
Don Enrique de Cárdenas
Don Miguel André
Don Emilio Reyling
Don José Rafael del rey
Don Nicolás Peralta
Don Joaquín Cadaval
Don Juan Manuel Moya
Don José Velázquez
Don Joaquín Moya
Don Juan Velázquez
Don Gabriel Alderete
Don Ricardo Fernández
Don Nicolás de Cárdenas
Don Juan Manuel Martínez
Don Tomás Díaz
Don Ricardo Romay
Don Francisco Hugues
Don Emilio Romay

A cargo del mismo
Partes de la oración. Accidentes. Sintaxis. Escritura al dictado. Composiciones.
Don Nicolás Lluy
Don Francisco López
Don Domingo André
Don Alejandro López
Don José María Morejón
Don Luis Jiménez
Don Eduardo Alderete
Don Antonio García

Don Máximo Peralta
Don Manuel Zambrana
Don Juan Rodríguez
Don Nicolás Alfonso
Don Antonio Martínez
Don Emilio Alfonso
Don Antonio Sánchez
Don Jerónimo Pratti
Don Antonio Muñoz Izaguirre
Don José Simón Bacallao
Don Gabriel de C. Palomino
Don Cristóbal Madan
Don Justo Albrecht
Don Martín Funes
Don Eduardo Godwin
Don Martín Pedroso
Don Francisco Villegas
Don Juan Zuill
Don Narciso Rivero

Sección tercera
A cargo de don José Manuel Mestre
Análisis. Sintaxis. Ortografía. Ejercicios de lectura en los clásicos. Sinonimia.
Don Francisco Arrangoiz
Don Pedro Sánchez
Don Ramón Caneda
Don Álvaro Suárez
Don Domingo del Corral
Don Juan Urioste
Don Francisco Cruz Muñoz
Don Antonio Herrera
Don Federico de la Cueva
Don Alejandro Martínez

Don Nicolás Domínguez
Don Manuel de Cárdenas
Don Emilio Galán
Don José Ignacio Chacón
Don Miguel Morán
Don José Urioste
Don Eduardo Montejo
Don José García
Don José Sánchez Toledo
Don José Olano
Don Luis Sánchez

A cargo del mismo
Mas adelantados que los de la anterior. Ejercicios de composición. Don
Jacinto Alfonso
Don Silvio Moliner
Don Emilio Céspedes
Don Manuel López
Don Pedro Duquesne
Don Simón Hevia
Don Juan Manuel Fernández
Don Joaquín Rivas
Don Antonio Guiral
Don Eduardo Lastres
Don José Bruzón Aritmética

Sección primera
A cargo de don José Mas
Hasta restar exclusive.
Don José María Pedroso
Don Ricardo Romay
Don Manuel Suárez
Don Manuel Arrondo
Don Federico Alderete

Don Luis Velázquez
Don José María Callejas
Don Andrés Terry
Don Emilio Romay
Don Ignacio Zequeira
Hasta multiplicar exclusive.
Don Nicolás Peralta
Don José de Jesús Miñoso
Don Máximo Peralta
Don Rafael Herrera
Don Miguel André
Don Joaquín Moya
Don Antonio Legorburu
Han resuelto problemas de la Colección de Gremilliet.
A cargo de don Juan Cottilla Enteros hasta dividir. Resolverán problemas.
Don Pablo Vázquez
Don Juan Rodríguez
Don José María Morejón
Don Domingo André
Don Juan Díaz Argüelles
Don Francisco Díaz Argüelles
Don Juan Manuel Martínez
Don Fernando González Osma
Don Alejandro López
Don José de la Luz
Don Juan B. Zuill
Don Rafael del rey
Don Tomás Díaz
Don Gabriel de C. Palomino
Don Manuel Meireles Hasta multiplicar.
Don Nicolás de Cárdenas
Don Enrique de Cárdenas
Don Nicolás Domínguez
Don Francisco Hugues

Don Eduardo Alderete
Don Francisco López
Don Joaquín Giroud
Don Narciso Rivero

Sección tercera
A cargo de don Juan Bruno Zayas
Enteros y quebrados. Problemas.
Don José Bruzón
Don Ramón Caneda
Don Eduardo Godwin
Don José Olano
Don Antonio García
Don José Ignacio Chacón
Don Antonio Muñoz Izaguirre
Don Álvaro Suárez
Don Juan Manuel Fernández
Don Pedro Duquesne
Don José Simón Bacallao
Don José Sánchez Toledo
Don José María Rencurrel
Don Eduardo Lastres
Don Francisco Cillegas
Don Simón Hevia
Don Emilio Galán
Don Eduardo Montejo
Don Martín Pedroso
Don Martín Funes
Don Cristóbal Madan
Don José Velázquez
Don Miguel Morán
Don Alejandro Martínez
A cargo de don José Ignacio Rodríguez Evolución a potencias. Extracción
de raíces. Razones y proporciones. Regla de tres. Interés.

Don Antonio Valdés
Don Vicente Castro
Don Fernando Valdés
Don Silvio Moliner
Don Mariano Suárez
Don Antonio Herrera
Don Francisco Arrangoiz
Don Pedro Sánchez
Don Juan Urioste
Don Domingo Sterling
Don José Urioste
Don Antonio Guiral
Don Isidro Fernández
Don Francisco Cruz Muñoz
Don Rodrigo Ponce
Don Jerónimo Pratti
Don Emilio Alfonso
Don Domingo del Corral
Don Justo Albrecht
Don Manuel de Cárdenas
Don Joaquín Rivas
Don José Herrera
Don Emilio Céspedes

Sección quinta
A cargo de don Juan Cottilla
Aritmética teórica
Don Miguel Betancourt
Don Juan Manuel Alfonso
Don Pablo Hernández
Don Juan F. De Abreu
Don José Beato
Don Jacinto Alfonso
Don Nicolás Alfonso

Don Antonio de la Luz
Don Enrique Piñeiro
Don Manuel López
Don Luis Sánchez
Don Antonio Ceballos
Don Francisco Pedroso
Don Luis Jiménez
Don Manuel Domínguez

Dibujo lineal

Sección primera
A cargo de don Juan Cottilla
Ejercicios fáciles, los alumnos son principiantes.
Don Manuel Suárez
Don José de la Luz
Don Manuel Arredondo
Don José de Jesús Miñoso
Don Miguel André
Don Joaquín Moya
Don Máximo Peralta
Don Joaquín Cadaval
Don Antonio Legorburu
Don Joaquín Giroud
Don Fernando González Osma
Don Ignacio Zequeira
Don Francisco Hugues
Don Ricardo Romay
Don Nicolás Peralta
Don Rafael Herrera

Sección segunda
A cargo del mismo
Trazado de figuras a ojo y por el método gráfico.

Don Eduardo Godwin
Don Francisco Díaz Argüelles
Don Pablo Vázquez
Don Juan Díaz Argüelles
Don Gabriel Alderete
Don Juan B. Zuill
Don Gabriel de C. Palomino
Don Antonio Muñoz Izaguirre
Don Rafael del rey
Don Alejandro López
Don Martín Funes
Don Nicolás de Cárdenas

Sección tercera
A cargo del mismo
Superficies y volúmenes. Resoluciones de algunos problemas. Don Pablo Hernández
Don Nicolás Alfonso
Don Rodrigo Ponce
Don Nicolás Lluy
Don Emilio Alfonso
Don José Beato
Don Luis Jiménez
Don José María Rencurrel
Don Domingo André
Don José Bruzón
Don Domingo del Corral
Don José García
Don Isidro Fernández
Don Antonio García
Don Manuel Zambrana
Don Antonio Sánchez
Don Martín Pedroso
Don Jerónimo Pratti

Geografía

Sección primera
A cargo de don Juan Cottilla
Geografía de Cuba. Texto de Poey.
Don Domingo André
Don Emilio Alfonso
Don Rafael del rey
Don Emilio Romay
Don Tomás Díaz
Don Eduardo Alderete
Don Alejandro López
Don Gabriel C. Palomino
Don Federico Alderete
Don Máximo Peralta
Don Nicolás Peralta
Don Miguel André
Don Nicolás de Cárdenas
Don José María Pedroso
Han dado solo el Departamento Occidental.
Don Manuel Arredondo
Don Enrique de Cárdenas
Don Manuel Suárez
Don Francisco Hugues
Don Rafael Herrera
Don José de Jesús Miñoso
Don Ricardo Romay
Don Joaquín Moya
Don Ignacio Zequeira
Don José María Callejas
Don Andrés Terry
Don Juan Velázquez
Don Luis Velázquez

Don Narciso Rivero

Sección segunda
A cargo de don Juan Bruno Zayas
La Europa por 1.ª Cartilla de Poey
Don Ricardo Fernández
Don Juan B. Zuill
Don Francisco Díaz Argüelles
Don Juan Díaz Argüelles
Don Manuel Meireles
Don Fernando González Osma
Don Simón Hevia
Don José Velázquez
Don Gabriel Alderete
Don Eduardo Alderete
Don Joaquín Cadaval
Don José García
Don Francisco Cadaval
Don Joaquín Giroud
Don Narciso Rivero
Don Joaquín Mona
Don Juan Manuel Moya
Don José de la Luz

Sección tercera
A cargo del mismo
Cartilla Geográfica. Unos la mitad y otros principian. Don Emilio Reyling
Don Justo Albrecht
Don José Sánchez Toledo
Don José Simón Bacallao
Don Álvaro Suárez
Don Manuel Domínguez
Don Antonio Martínez
Don Federico de la Cueva

Don Francisco Arrangoiz
Don Joaquín Rivas
Don Juan Urioste
Don Emilio Galán
Don Eduardo Montejo
Don Juan Rodríguez
Don Antonio Morán
Don Nicolás Domínguez
Don Ramón Caneda
Don Antonio Guiral
Don Alejandro Martínez
Don Francisco Villegas
Don José Bruzón
Don Francisco Pedroso
Don José Urioste
Don Cristóbal Madan

Sección tercera
A cargo de don Francisco Zayas
Toda la Cartilla Geográfica de Poey.
Don Nicolás Lluy
Don Pedro Sánchez
Don Antonio García
Don Eduardo Godwin
Don Jerónimo Pratti
Don Antonio Muñoz Izaguirre
Don Eduardo Lastres
Don Luis Jiménez
Don Antonio Sánchez
Don Martín Funes
Don José María Morejón
Don José María Rencurrel
Don Nicolás Alfonso
Don Pablo Vázquez

Don Francisco López

Sección quinta
A cargo del mismo
Europa por el Compendio de Poey. Nociones de Geografía Matemática.
Don Jacinto Alfonso
    Don Luis Sánchez
    Don Emilio Céspedes
    Don Rodrigo Ponce
    Don Vicente Castro
    Don Martín Pedroso
    Don Domingo Sterling
    Don Manuel López
    Don Silvio Moliner
    Don Mariano Suárez
    Don Juan Manuel Fernández
    Don Isidro Fernández
    Don José Olano
    Don Antonio Ceballos
    Don Pedro Duquesne
    Don José Herrera
    Don Domingo del Corral
    Don Miguel Betancourt

Educación secundaria

Religión
A cargo de don Juan Bruno Zayas Historia del pueblo hebreo.
Explicación de la doctrina cristiana, más especialmente. Texto, La Biblia.
Composiciones.
    Don Leopoldo Villegas
    Don José Beato
    Don Emilio Céspedes
    Don Juan Manuel Alfonso

Don Bernabé del Portillo
Don Rodrigo Ponce
Don Fernando Valdés Aguirre
Don Miguel Betancourt
Don Isidro Fernández
Don Jacinto Alfonso
Don Juan E. de Abreu
Don Antonio Valdés Aguirre
Don Domingo Sterling
Don Mariano Suárez
Don José Herrera
Don Enrique Piñeiro
Don Antonio de la Luz
Don Antonio Herrera
Don Domingo Guiral
Don Vicente Castro
Don Manuel Costales
Don Antonio Costales
Don Pablo Hernández

Gramática castellana
A cargo de don José María Zayas
Análisis. Ortografía. Composición
Don Leopoldo Villegas
Don Enrique Piñeyro
Don José Beato
Don Bernabé del Portillo
Don Pablo Hernández
Don Domingo Guiral
Don Miguel Betancourt
Don Miguel Pedroso
Don Eduardo Farrés
Don Rafael Arango
Don Antonio Valdés Aguirre

Don Antonio de la Luz
Don Fernando Valdés Aguirre
Don Mariano Suárez
Don Juan E. de Abreu
Don Manuel Costales
Don Juan Manuel Alfonso
Don Antonio Ceballos

Latín

Sección primera
A cargo de don José Mas
Declinan, conjugan y traducen en las Selectas Sagradas.
Don Emilio Galán
Don Antonio Martínez
Don Nicolás Lluy
Don José García
Don José María Rencurrel
Don Jerónimo Pratti
Don Pedro Sánchez
Don Luis Sánchez Declinan y conjugan
Don Antonio Guiral
Don Eduardo Montejo
Don José María Morejón
Don Nicolás Alfonso
Don Alejandro López Declinan solo
Don Manuel de Cárdenas
Don Manuel Zambrana
Don José de la Luz
Don José María Pedroso

Sección segunda
A cargo de don José Ignacio Rodríguez

Declinación y conjugación. Traducción de las Fábulas de *Fedro* y de algunas cartas familiares de Cicerón. Temas fáciles.

Don José María Gálvez
Don Pablo Hernández
Don Leopoldo Villegas
Don Manuel Domínguez
Don Francisco Cruz Muñoz
Don Francisco Arrangoiz
Don Miguel Betancourt
Don Domingo del Corral
Don Pedro Duquesne
Don Manuel Costales
Don Juan Manuel Fernández
Don Bernabé del Portillo
Don Rodrigo Ponce
Don José Urioste
Don Eduardo Lastres
Don Antonio Costales
Don José Bruzón

Sección tercera
A cargo del mismo
Traducen las cartas de Cicerón. Vidas de Milciades, Temístocles, Cimón y Atico, por Cornelio Nepote. Temas.

Don Antonio Valdés Aguirre
Don Juan Manuel Alfonso
Don Fernando Valdés Aguirre
Don José Beato
Don Rafael Arango
Don Vicente Castro
Don Juan E. de Abreu
Don Domingo Sterling
Don Isidro Fernández
Don José Herrera

Don José Fernández
Don José Gerez y Meza

Sección cuarta
A cargo de don José María Zayas
Traducción de Quintiliano, Columella, Flavio, Vejecio, Frontino y algunos capítulos de Tito Livio. Colección de Chompré. Y han hecho numerosos temas del español al latín. Método de Burnouf.
Don Enrique Piñeyro
Don Tomás González Echeverría
Don Domingo Guiral
Don Carlos Cintra
Don Santiago de la Huerta
Don Antonio Angulo
El Anfitrión de Plauto. Epigramas de Marcial. Versos de Cátulo. Elegías de Ovidio. Temas.

Francés

Sección primera
A cargo de don Manuel T. Nathan
Leen, traducen y construyen oraciones fáciles. Son principiantes. Don Felipe Díaz Martínez
Don Pedro Duquesne
Don Justo Albrecht
Don José Gerez y Meza
Don Juan Manuel Moya

Sección segunda
A cargo del mismo
Explican en francés lo que leen. Escriben al dictado y contestan a lo que se les hable.
Don Francisco Arrangoiz
Don Jacinto Alfonso

Don Antonio Herrera
Don Domingo Sterling
Don Emilio Reyling
Don Isidro Fernández
Don Joaquín Rivas
Don Domingo del Corral

Sección tercera
A cargo del mismo
Más adelantados que los de la sección anterior. Han corregido algunos capítulos de los ejercicios de Noel y Chapsal.
Don Pablo Alfonso
Don Luis Murias
Don Felipe Gómez
Don Miguel Betancourt
Don José Herrera
Don Antonio Valdés Aguirre
Don Fernando Valdés Aguirre
Don Isidro Fernández
Don Juan Manuel Hernández
Don Enrique Piñeyro
Don José Beato

Sección cuarta
A cargo del mismo
Traducen en cualquier libro, habiéndose ejercitado en los buenos modelos. Sostienen una conversación. Composiciones.
Don Antonio Angulo
Don José María Gálvez
Don Santiago de la Huerta
Don Ricardo Alfonso
Don Miguel Pedroso
Don Tomás González Echeverría
Don Silvio Moliner

Don Francisco Ayala
Don Carlos Cintra
Don Eduardo Farrés
Don Leopoldo Villegas
Don José Mas

Inglés

Sección primera
A cargo de don Ambrosio Aparicio
Leen y traducen en el Introduction to *Popular Lessons* y escriben algunas lecciones fáciles.
Don Enrique Piñeyro
Don Manuel de Cárdenas
Don Juan Díaz Argüelles
Don José Velázquez
Don Joaquín Giroud
Don Francisco Villegas
Don Nicolás de Cárdenas
Don Antonio Herrera
Don Fernando González Osma
Don Ricardo Fernández
Don Fernando Díaz Argüelles

Sección segunda
Como la anterior
A cargo de don Ramón Ramos
Don Domingo André
Don Juan Bautista Zuill
Don Jerónimo Pratti
Don Pedro Sánchez
Don Eduardo Alderete
Don Justo Albrecht
Don Antonio Muñoz Izaguirre

Don Emilio Romay
Don Enrique de Cárdenas
Don Joaquín Rivas
Don Martín Funes

Sección tercera
A cargo de don Ambrosio Aparicio
Leen y traducen en el *Popular Lessons*. Frases del español al inglés. Don Francisco Ayala
Don Álvaro Suárez
Don José Sánchez Toledo
Don Luis Jiménez
Don Juan Manuel Fernández
Don Ramón Caneda
Don José de la Luz
Don Emilio Galán
Don Simón Hevia
Don Manuel López

Sección cuarta
A cargo de don Ramón Ramos
Lectura y traducción en el *Popular Lessons*. Escritura al dictado. Traducción a viva voz.
Don José Bruzón
Don Alejandro Martínez
Don José María Gálvez
Don Rafael Arango
Don José Ignacio Chacón
Don Pablo Hernández
Don José Fernández
Don Cristóbal Madan
Don Eduardo Lastres
Don Federico de la Cueva
Don Eduardo Montejo

Sección quinta

A cargo de don Ambrosio Aparicio

Traducción en el Sequel to *Popular Lessons*. Escritura al dictado. Ejercicios de conversación.

Don Antonio Ceballos

Don Antonio Guiral

Don Juan Manuel Alfonso

Don Emilio Céspedes

Don Jacinto Alfonso

Don Rodrigo Ponce

Don José García

Don Bernabé del Portillo

Don José Gerez

Don Miguel Morán

Don José Olano

Don Mariano Suárez

Don Antonio de la Luz

Don Nicolás Domínguez

Don Eduardo Farrés

Sección sexta

A cargo del mismo

Traducción en la comedia «School for Scandal» y «First Class book» y libremente del inglés al castellano y viceversa, en cualquier libro. Conversación familiar.

Don Antonio Angulo

Don Ramiro Alfonso

Don Luis Murias

Don Domingo Guiral

Don Ricardo Alfonso

Don Tomás González Echeverría

Don Santiago de la Huerta

Don Carlos Cintra

Don Silvio Moliner
Don José Mas

Teneduría de libros y aritmética mercantil
A cargo de don Manuel T. Nathan
Presentarán sus libros. Pasarán los artículos que les propongan y verificarán con brevedad las operaciones que ocurran.
Don Luis Murias
Don Ramiro Alfonso
Don Antonio Ceballos
Don Miguel Pedroso
Don Manuel López
Don Eduardo Farrés

Geografía
A cargo de don José María Zayas
Geografía moderna. Mapas y composiciones. Nociones de meteorología de esfera. Resolución de algunos problemas en el globo terrestre.
Don Leopoldo Villegas
Don Pablo Hernández
Don José Beato
Don Eduardo Farrés
Don Antonio Valdés Aguirre
Don Antonio de la Luz
Don Enrique Piñeyro
Don Fernando Valdés Aguirre
Don Bernabé del Portillo
Don Juan E. de Abreu
Don Domingo Guiral
Don Juan Manuel Alfonso
Don José Fernández
Don Rafael Arango
Don Santiago de la Huerta
Don Antonio Costales

Matemáticas

Sección primera
A cargo de don Juan Bruno Zayas
Álgebra. Hasta ecuaciones de primer grado exclusive.
Don José María Gálvez
Don Emilio Céspedes
Don Miguel Betancourt
Don Pedro Sánchez
Don Luis Sánchez
Don Emilio Alfonso
Don Nicolás Alfonso
Don Rodrigo Ponce
Don Silvio Moliner
Don Leopoldo Villegas
Don Jacinto Alfonso
Don Bernabé del Portillo
Don Domingo Sterling
Don José Beato
Don Francisco Pedroso
Don Antonio Costales
Don José Herrera
Don Vicente Castro
Don Pablo Hernández
Don Isidro Fernández

Sección segunda
A cargo del mismo
Geometría. Primer libro de la obra de Catalán.
Don Leopoldo Villegas
Don José María Gálvez
Don José Beato
Don Rodrigo Ponce

Don Emilio Céspedes
Don Pablo Hernández
Don Antonio Costales
Don Domingo Sterling
Don Miguel Betancourt
Don Bernabé del Portillo
Don Jacinto Alfonso
Don José Herrera
Don Vicente Castro
Don Isidro Fernández
Don Francisco Pedroso

Sección primera
A cargo de don Juan Cottilla
Geometría y trigonometría rectilínea. Texto: Lista.
Don Antonio Angulo
Don Juan Manuel Alfonso
Don Tomás González Echeverría
Don Santiago de la Huerta
Don Domingo Guiral
Don Manuel Costales
Don Antonio Valdés Aguirre
Don Felipe Gómez
Don Fernando Valdés Aguirre
Don Juan E. de Abreu
Don Rafael Arango

Dibujo natural
Presentarán: A cargo de don Francisco Brusa
Don Nicolás Alfonso ... Don Juan Bautista Zuill ... Principios
Don José Urioste ... Don Luis Sánchez ... Don Eduardo Montejo ... Don
Domingo Sterling ... Don Nicolás Lluy ... Cabezas
Don José Olano ... Don Vicente Castro ... Don Pablo Hernández ...

Música

A cargo de don Enrique González

Explicarán los principales elementos. Solfeo general y particular. Don Juan Manuel Alfonso

Don José Herrera

Don Pedro Sánchez

Don Nicolás Domínguez

Don Antonio Valdés Aguirre

Don Fernando Valdés Aguirre

Don Jacinto Alfonso

Don Miguel Morán

Clase de piano

Cavatina de Beatrice de Tenda.

Burgmüller … Don Pedro Sánchez Marcha de la Norma … Don José Herrera Fantasía brillante de Dohler, sobre La Lucía … Don Ramiro Alfonso

Clases universitarias

(El curso comenzó el 1.º de septiembre)

Historia

A cargo de don José María Zayas

Primer curso. Cronología. Divisiones generales de la Historia. Historia antigua hasta Licurgo exclusivo.

Don Leopoldo Villegas

Don Pablo Hernández

Don Isidro Fernández

Don Antonio Costales

Don José Beato

Don Rodrigo Ponce

Don José Herrera

Don Miguel Betancourt

Don Bernabé del Portillo

Don Domingo Sterling

Don Francisco Pedroso
Don Francisco Ceballos
Don Silvio Moliner
Don Eduardo Farrés

Segundo curso. Desde Ciro hasta Las Cruzadas, inclusive. Disertaciones.
Don Antonio Angulo
Don Tomás González Echeverría
Don Juan Manuel Alfonso
Don Juan E. de Abreu
Don Domingo Guiral
Don Manuel Costales
Don Rafael Arango
Don Fernando Valdés Aguirre
Don Felipe Gómez
Don Santiago de la Huerta
Don Antonio Valdés Aguirre
Don Luis Murias
Don Ramiro Alfonso
Los alumnos que en el año anterior eran de segundo curso han concluido en junio del corriente.

Física
A cargo de don Francisco Zayas
Primer curso. Lo exigido para el primer semestre. Don Isidro Fernández
Don Silvio Moliner
Don Antonio Ceballos
Don Miguel Betancourt
Don Emilio Céspedes
Don Bernabé del Portillo
Don Eduardo Farrés
Don Francisco Pedroso
Don José Herrera
Don Mariano Suárez

Don Antonio Costales
Don José Beato
Don Pablo Hernández
Don Rodrigo Ponce
Don Leopoldo Villegas

Segundo curso. Electricidad y galvanismo.
Don Antonio Angulo
Don Santiago de la Huerta
Don Juan E. de Abreu
Don Fernando Valdés Aguirre
Don Juan Manuel Alfonso
Don Manuel Costales
Don Felipe Gómez
Don Rafael Arango
Don Antonio Valdés Aguirre
Don Domingo Guiral

Química mineral
A cargo de don Antonio Caro
Primer curso. Diferencia entre los fenómenos físicos y los químicos. Causas modificadoras. Nomenclatura. Equivalentes químicos. Leyes de Wenzel, Richter y Gay-Lussac. Observaciones de Bergmann relativas a los equivalentes. Isomorfismo. Notación química. Cuerpos simples. Metaloides y algunos de sus compuestos.
Don Antonio Angulo
Don Domingo Guiral
Don Tomás González Echeverría
Don Manuel Costales
Don Fernando Valdés Aguirre
Don Santiago de la Huerta
Don Antonio Valdés Aguirre
Don Juan E. de Abreu
Don Rafael Arango

Don Juan Manuel Alfonso

Química orgánica
A cargo del mismo
Tercer curso. Preliminares. Análisis. Determinación del oxígeno, hidróge-
no, carbono, ázoe, azufre y fósforo. Modo de formular. Determinar la mate-
ria ácida básica o neutra. Rotación de la luz polarizada por las sustancias
orgánicas. Principios inmediatos constitutivos de los vegetales. Productos
de la descomposición de las sustancias animales y vegetales. Fermentación
alcohólica. Producto de la oxidación del alcohol y del éter.
Don Carlos Cintra
Don José Mas
Don José María Gálvez
Don Francisco Ayala
Don José Fernández
Don José Gerez y Meza

Botánica
A cargo del mismo
Nociones fundamentales. Principios de Anatomía y Fisiología vegetal.
Diversas teorías para explicar el crecimiento en diámetro de los árboles
dicotiledones. Multiplicación artificial. Absorción. Influencia del ácido car-
bónico, oxígeno y del ázoe en la vegetación. Influencia del terreno y de los
fenómenos meteorológicos. Cultivo.
Don Antonio Angulo
Don Santiago de la Huerta
Don Tomás González Echeverría
Don Juan E. de Abreu
Don Juan Manuel Alfonso
Don Domingo Guiral
Don Antonio Valdés Aguirre
Don Manuel Costales
Don Rafael Arango
Don Fernando Valdés Aguirre

Anatomía

A cargo de don José Trujillo

Definición. División y tukoidad de la ciencia. Osteología según Gutiérrez.

Don Isidro Fernández

Don Leopoldo Villegas

Don José Herrera

Don Francisco Pedroso

Don Antonio Costales

Don José Beato

Don Miguel Betancourt

Don Bernabé del Portillo

Don Domingo Sterling

Don Vicente Castro

Don Pablo Hernández

Don Rodrigo Ponce

Filosofía

A cargo del Director

[José de la Luz y Caballero][30]

Alumnos del 3.º y 4.º

Cursos[31]

Leerán algunas disertaciones.

Tercer curso

Don José Mas

Don Carlos Cintra

Don José María Gálvez

Don Francisco Ayala

---

30   Roberto Agramonte.

31   A continuación del nombre de los alumnos que reciben la enseñanza de la filosofía del propio Luz Caballero, se transcribe en el Elenco de 1851 la parte relativa a Filosofía que es proposición por proposición exactamente igual a la del Elenco de 1850 (Roberto Agramonte).

Don José Fernández
Don Mariano Suárez
Don José Gerez y Meza
Don Ramiro Alfonso
Don Luis Murias
Don Miguel Pedroso

Cuarto curso
Don Ricardo Alfonso
Don Felipe Díaz Martínez

XII. Exámenes del Colegio del Salvador

Dirigido por don José de la Luz

Empezarán el 12 de diciembre

HABANA IMPRENTA DEL GOBIERNO Y CAPITANÍA GENERAL, POR S. M.

1852

Limpiad primero lo interior del vaso, para que sea limpio lo exterior. Jesús en San Mateo.

Educación primaria religión

Sección primera

A cargo de don José Mas

Don Ignacio Zequeira

Don Pedro P. Diago

Don Federico Alderete

Don Federico Diago

Don Andrés Calás

Don Nicolás Gómez

Don Manuel Arredondo

Don Antonio Gómez

Don Ignacio Telles

Don Eugenio Urioste

Don Enrique Cárdenas

Don Guillermo Sanguily Los seis últimos son principiantes

Sección segunda

A cargo del mismo

Doctrina cristiana por Ripalda. Historia sagrada por Fleury. Explican las oraciones.

Don Miguel André

Don Antonio Legorburu

Don Joaquín Moya

Don Rafael Herrera

Don José A. Galarraga
Don Nicolás Peralta
Don José R. Aguirre
Don Máximo Peralta
Don José María Pedroso
Don Emilio Romay

Sección tercera
A cargo del Director
[José de la Luz y Caballero][32]

Desde el Génesis hasta los Jueces. Composiciones.
Don Gabriel Alderete
Don Antonio M. Izaguirre
Don Nicolás Alfonso
Don José María Morejón
Don Nicolás Domínguez
Don Martín Pedroso
Don Nicolás Lluy
Don Jerónimo Pratti
Don Manuel Cárdenas
Don Gabriel Palomino
Don Ricardo Fernández
Don Diego Salazar
Don Martín Funes
Don Ricardo Brito
Don Eduardo Godwin
Don Alejandro M. Serrano
Don José de la Luz
Don Antonio M. Serrano
Don Miguel Morán
Don Manuel Quesada
Don Juan Hernández

---

32   Roberto Agramonte.

Lectura
Método explicativo

Sección primera
A cargo de don Ramón Ramos
En el librito de Lectura Graduada
Don Guillermo Sanguily
Don Eugenio Urioste
En fábulas y en el Dioscórides
Don Manuel Arredondo
Don Andrés Calás
Don Federico Alderete
Don Federico Diago
Don Nicolás Gómez
Don Ignacio Zequeira
Don Antonio Gómez

Sección segunda
A cargo del mismo
En el Nuevo Lector Español
Don Antonio Legorburu
Don Joaquín Moya
Don Emilio Romay
Don José A. Galarraga
Don Pedro P. Diego
Don Ignacio Telles
Don Rafael Herrera
Don Miguel André
Don Ricardo Fernández
Don Nicolás Cárdenas
Don Nicolás Peralta
Don Enrique Cárdenas
Don Máximo Peralta

Don José María Pedroso
Don Gabriel Alderete
Don José R. Aguirre

Escritura
A cargo de don Manuel T. Nathan
Presentarán sus trabajos y escribirán en presencia de los concurrentes.

Gramática castellana

Sección primera
A cargo de don Ramón Ramos
Partes de la oración. Accidentes. Escritura al dictado. Composiciones.
Don Guillermo Sanguily
Don Federico Diago
Don Ignacio Zequeira
Don Nicolás Gómez
Don Manuel Arredondo
Don Antonio Gómez
Don Andrés Calás
Don Eugenio Urioste

Sección segunda
A cargo del mismo
Más adelantados.
Don Antonio Legorburu
Don Enrique Cárdenas
Don Emilio Romay
Don Nicolás Peralta
Don Rafael Herrera
Don Ignacio Telles
Don Ricardo Fernández
Don Joaquín Moya
Don Miguel André

Don José María Pedroso
Don Gabriel Alderete
Don José A. Galarraga
Don Nicolás Cárdenas
Don José R. Aguirre

Sección tercera
A cargo de don José Manuel Mestre
Análisis. Prosodia. Ortografía
Don Gabriel Palomino
Don Diego Salazar
Don Máximo Peralta
Don Antonio M. Izaguirre
Don Jerónimo Pratti
Don Martín Pedroso
Don Joaquín Piedra
Don Manuel Zambrana

Sección cuarta
A cargo del mismo
Análisis. Sintaxis. Prosodia. Ortografía. Sinonimia. Don José de la Luz
Don José Olano
Don Nicolás Alfonso
Don José María Morejón
Don Eduardo Godwin
Don Francisco Cruz Muñoz
Don Pedro P. Diago
Don Antonio M. Serrano
Don Martín Funes
Don Nicolás Domínguez
Don José Urioste
Don Manuel Quesada
Don Domingo del Corral
Don Enrique Junco

Don Miguel Morán
Don Juan Urioste

Sección quinta
A cargo del mismo
Como los de la anterior. Ejercicios de composición. Don Alejandro M.
Serrano
Don José Bruzón
Don Ricardo Brito
Don Joaquín Arrangoiz
Don Antonio Guiral
Don Federico de la Cueva
Don Manuel Cárdenas
Don Jacinto Alfonso
Don Nicolás Lluy
Don Eduardo Lastres
Don Felipe Alfonso
Don Juan Manuel Fernández

Aritmética

Sección primera
A cargo de don Gustavo Héquet
Las cuatro reglas
Don Federico Alderete
Don Emilio Romay
Don Manuel Arredondo
Don Guillermo Sanguily
Don Federico Diago
Don Nicolás Peralta
Don Antonio Gómez
Don José María Pedroso
Don Antonio Legorburu
Don Eugenio Urioste

Don Joaquín Moya
Don Ignacio Zequeira
Don Nicolás Gómez

Sección segunda
A cargo de don José Mas
Enteros. Teórica. Problemas
Don Nicolás Domínguez
Don José R. Aguirre
Don Pedro P. Diago
Don José de la Luz
Don Andrés Calás
Don Antonio Muñoz Izaguirre
Don Ignacio Telles
Don Nicolás Cárdenas
Don Gabriel Palomino
Don José A. Galarraga
Don Enrique Cárdenas
Don Miguel Morán
Don Gabriel Alderete
Don Diego Salazar
Don Máximo Peralta
Don Ricardo Fernández
Don Rafael Herrera

Sección tercera
A cargo de don José María Villegas
Denominados, razones y proporciones, y regla de tres con aplicaciones.
Don Nicolás Alfonso
Don José Urioste
Don Antonio Guiral
Don Juan Hernández
Don Jesús B. Gálvez
Don Ricardo Brito

Don Miguel Morán
Don Antonio Costales
Don Alejandro M. Serrano
Don Martín Pedroso
Don Antonio M. Serrano
Don Eduardo Godwin
Don Nicolás Lluy
Don José Sánchez
Don José María Morejón
Don Jerónimo Pratti
Don Joaquín Piedra
Don Martín Funes
Don Federico de la Cueva
Don Eduardo Lastres
Don Enrique Junco
Don José Olano
Don Miguel Gómez
Don Manuel Cárdenas
Don Justo Albrecht
Don Manuel Quesada
Don José Bruzón
Los tres últimos están menos adelantados.

Dibujo lineal

Sección primera
A cargo de don José María Villegas
Han dado por el texto de Dueñas hasta triángulos inclusive. Don Gabriel Palomino
Don Manuel Arredondo
Don Diego Salazar
Don José Galarraga
Don Francisco J. Pedroso
Don Gabriel Alderete

Don Ignacio Zequeira
Don Pedro P. Diago
Don José de la Luz
Don Emilio Romay
Don Máximo Peralta
Don José María Pedroso
Don Nicolás de Cárdenas
Don Rafael Herrera
Don Antonio Legorburu
Don Antonio M. Izaguirre

Sección segunda
A cargo del mismo
Hasta planos exclusive y resolverán algunos problemas.
Don José Bruzón
Don Nicolás Alfonso
Don Miguel Morán
Don Joaquín Piedra
Don Eduardo Godwin
Don Jerónimo Pratti
Don Manuel Zambrana
Don Martín Funes

Geografía

Sección primera
A cargo de don Gustavo Héquet
De la Isla por Poey
Don Federico Alderete
Don Rafael Herrera
Don Miguel André
Don Antonio Lagorburu
Don Manuel Arredondo
Don Joaquín Moya

Don Andrés Calás
Don José María Pedroso
Don Federico Diago
Don Nicolás Peralta
Don José A. Galarraga
Don Máximo Peralta
Don Nicolás Gómez
Don Guillermo Sanguily
Don Antonio Gómez
Don Ignacio Telles
Don Eugenio Urioste
Don Enrique Cárdenas
Don Ignacio Zequeira

Sección segunda
A cargo del mismo
La Europa. Mapas
Don José R. Aguirre
Don Emilio Romay
Don Nicolás Cárdenas
Don Diego Salazar
Don Pedro P. Diago
Don Gabriel Alderete
Don Gabriel Palomino
Don Ricardo Fernández
Don Joaquín Piedra

Sección tercera
A cargo de don José Mas
La Europa. Presentarán sus trabajos
Don Martín Funes
Don Jerónimo Pratti
Don Antonio Muñoz Izaguirre
Don Nicolás Alfonso

Don José Sánchez
Don Nicolás Domínguez
Don Manuel Zambrana
Don Eduardo Godwin
Don Miguel Morán
Don Juan Hernández
Don Manuel Cárdenas
Don Ricardo Brito
Don Antonio Guiral
Don Juan Urioste
Don Pedro Morán
Don Manuel Quesada

Educación secundaria religión

A cargo del Director
[José de la Luz y Caballero][33]
Exposición del Pentateuco y de otros libros del Antiguo Testamento y del Nuevo y la del Evangelio de San Mateo.
Don Felipe Alfonso
Don Enrique Piñeyro
Don Jacinto Alfonso
Don Pablo Hernández
Don Antonio Guiral
Don Rodrigo Ponce de León
Don José Herrera
Don Domingo del Corral
Don Antonio de la Luz
Don Eduardo Lastres
Don Joaquín Arrangoiz
Don Fernando Malpica
Don José Beato
Don José Urioste
Don Jesús B. Gálvez

---

33   Roberto Agramonte.

Don Enrique Junco
Don Isidro Fernández
Don Francisco J. Pedroso
Don José Vinageras
Don Antonio Costales
Don Francisco Cruz Muñoz
Don Juan Manuel Fernández

Latín

Sección primera
A cargo de don José Ignacio Rodríguez
Declinación y conjugación
Don Manuel Zambrana
Don Ricardo Brito
Don José María Pedroso
Don Gabriel Alderete
Don Antonio M. Izaguirre
Don Enrique Cárdenas
Don Manuel Cárdenas
Don José de la Luz
Don Manuel Quesada

Sección segunda
A cargo del mismo
Traducción de fábulas. Análisis. Temas fáciles
Don Felipe Alfonso
Don José María Morejón
Don Jacinto Alfonso
Don Federico de la Cueva
Don Nicolás Alfonso
Don Juan Manuel Fernández
Don Bernabé del Portillo
Don Antonio Costales

Don Manuel Costales

Sección tercera
A cargo del mismo
Traducción de Cornelio Nepote. Análisis y principios de construcción.
Temas
Don José María Gálvez
Don José Bruzón
Don Enrique Junco
Don Antonio M. Serrano
Don Jesús B. Gálvez
Don Francisco Cruz Muñoz
Don Joaquín Arrangoiz
Don Nicolás Lluy
Don Fernando Malpica
Don Antonio Guiral
Don Eduardo Lastres
Don Francisco Pedroso

Sección cuarta
A cargo del Director
[José de la Luz y Caballero][34]
César. Cornelio Nepote. Cicerón. Temas
Don Juan M. Alfonso
Don José Beato
Don Juan E. de Abreu
Don José Herrera

Sección quinta
A cargo del mismo
Tito Livio. Salustio. Cicerón. Églogas de Virgilio. Temas
Don Antonio Angulo
Don Santiago de la Huerta

---

34   Roberto Agramonte.

Don Domingo Guiral
Don Enrique Piñeyro
Don Tomás G. Echeverría

Francés

Sección primera
A cargo de don M. T. Nathan
Principiantes que en su grado han hecho todo género de ejercicios.
Don Emilio Romay
Don Pedro Morán
Don Rodrigo Ponce de León
Don Domingo Guiral
Don Antonio Guiral
Don Jesús B. Gálvez
Don Juan Manuel Alfonso
Don Juan E. de Abreu

Sección segunda
A cargo del mismo
Más adelantados
Don Francisco Cruz Muñoz
Don José Olano
Don Nicolás Domínguez
Don José Urioste
Don Antonio de la Luz
Don Francisco J. Pedroso
Don Justo Albrecht
Don Pedro P. Diago
Don Juan Urioste

Sección tercera
A cargo del mismo
Hablan, traducen y escriben regularmente.

Don Joaquín Arrangoiz
Don José Beato
Don Felipe Alfonso
Don Juan Manuel Fernández
Don Isidro Fernández
Don Antonio Herrera
Don José Herrera
Don Domingo Corral
Don Jacinto Alfonso
Don Fernando Malpica
Más adelantados. Composiciones.
Don Tomás G. Echeverría
Don Miguel Pedroso
Don Enrique Piñeyro
Don Santiago de la Huerta
Don Leopoldo Villegas
Don José María Gálvez

Inglés

Sección primera
A cargo de don Ambrosio Aparicio
Traducen en el Introduction to *Popular Lessons*. Conjugación y pronombres.
Don Manuel Cárdenas
Don Gabriel Palomino
Don José María Morejón
Don Joaquín Moya
Don José Sánchez
Don Justo Albrecht
Don Nicolás Peralta
Don Enrique Cárdenas
Don Máximo Peralta
Don Juan Hernández

Don Antonio de la Luz
Don José Herrera
Don José de la Luz
Don Diego Salazar
Don Gabriel Alderete
Don Manuel Zambrana
Don Rafael Herrera
Don Juan Manuel Fernández
Don Emilio Romay
Don Ricardo Fernández
Don Miguel Morán
Don Eduardo Godwin
Don Nicolás Cárdenas
Don Manuel Quesada

Sección segunda
A cargo del mismo
Algo más adelantados que los de la anterior.
Don José R. Aguirre
Don Joaquín Piedra
Don Francisco J. Pedroso
Don José A. Galarraga
Don Domingo Corral
Don Jerónimo Pratti
Don Juan E. de Abreu
Don Martín Funes
Don Federico Diago

Sección tercera
A cargo del mismo
Traducen y leen en el Sequel to *Popular Lessons* del inglés al español, y viceversa, y escriben al dictado aplicando los principios gramaticales. Comienzan a sostener una conversación.
Don José Bruzón

Don Alejandro M. Serrano
Don Eduardo Lastres
Don Rodrigo Ponce de León
Don Miguel Morán
Don José María Gálvez
Don Federico de la Cueva
Don Antonio Muñoz Izaguirre
Don José Olano
Don Nicolás Domínguez
Don Enrique Piñeyro
Don Pablo Hernández
Don Miguel Pedroso
Don Miguel Gómez
Don Martín Pedroso
Don Bernabé del Portillo

Sección cuarta
A cargo del mismo
Trabajan en el American First Class Book, y están más fuertes que la clase anterior en los mismos ejercicios.
Don Domingo Guiral
Don Jacinto Alfonso
Don Antonio Guiral
Don Jesús B. Chávez
Don Pedro P. Diago
Don Antonio Angulo
Don Santiago de la Huerta
Don Tomás G. Echeverría
Don Juan Manuel Alfonso
Don Juan Urioste

Alemán
A cargo del Director

[José de la Luz y Caballero][35]

Todo género de ejercicios en una colección de trozos escogidos y en otra de diálogos.

Don Antonio Angulo
Don José María Gálvez
Don José Mas

Teneduría de libros y aritmética mercantil

A cargo de don Manuel T. Nathan

Presentarán sus libros y operarán contestando sobre puntos fundamentales de comercio.

Don Miguel Pedroso
Don Francisco J. Pedroso
Don Justo Albrecht
Don José Sánchez
Don Miguel Gómez
Don Pedro Morán
Don Juan Hernández.

Geografía

A cargo de don José Mas

Geografía moderna. Mapas y composiciones. Nociones de esfera y resolución de algunos problemas en el globo.

Don Enrique Piñeyro
Don Jesús B. Gálvez
Don José María Morejón
Don Federico de la Cueva
Don Felipe Alfonso
Don Domingo del Corral
Don Nicolás Lluy
Don Francisco Pedroso
Don José Bruzón
Don Juan Manuel Fernández

---

35   Roberto Agramonte.

Don Miguel Gómez
Don Martín Pedroso
Don Joaquín Arrangoiz
Don Eduardo Lastres
Don Antonio de la Luz
Don José Urioste
Don Enrique Junco
Don Antonio Costales
Don Antonio Martínez Serrano
Don José Olano
Don Juan Rodríguez
Don Francisco Cruz Muñoz

Matemáticas

Sección primera
A cargo de don José María Villegas
Álgebra. Hasta ecuaciones de primer grado inclusive.
Don Felipe Alfonso
Don Juan M. Fernández
Don Jacinto Alfonso
Don Francisco Cruz Muñoz
Don Nicolás Alfonso
Don Juan Rodríguez
Don Federico de la Cueva
Don Juan Hernández
Don Enrique Piñeyro
Don Antonio Costales
Don Jesús B. Gálvez
Don José Urioste
Don Joaquín Arrangoiz
Don Domingo del Corral
Don Enrique Junco
Don Eduardo Lastres

Don Antonio Martínez Serrano
Don Antonio Guiral
Don Francisco J. Pedroso
Don José María Morejón
Don Miguel Gómez
Don Nicolás Lluy

Sección segunda
A cargo del mismo
Geometría. Medición de las rectas y arcos. Ángulos. Perpendiculares y oblicuas. Paralelas.
Don Felipe Alfonso
Don Jacinto Alfonso
Don Nicolás Alfonso
Don Nicolás Lluy
Don Federico de la Cueva
Don Juan M. Fernández
Don Enrique Piñeyro
Don Juan Rodríguez
Don Jesús B. Gálvez
Don Antonio Costales
Don Joaquín Arrangoiz
Don Eduardo Lastres
Don Enrique Junco
Don José María Morejón
Don Antonio Martínez Serrano
Don Francisco Cruz Muñoz
Don Francisco J. Pedroso

Sección tercera
A cargo del mismo
Trigonometría plana. Hasta la resolución de triángulos rectángulos.
Don Bernabé del Portillo
Don José Beato

Don Pablo Hernández
Don José Herrera
Don Fernando Malpica
Don José Vinageras
Don Rodrigo Ponce de León
Don Isidro Fernández

Dibujo natural
A cargo de don Francisco Brusa
Presentarán elementos y varias cabezas sombreadas
Don Pablo Hernández
Don José Beato
Don Enrique Junco
Don Nicolás Cárdenas
Don Pedro Diago
Don Nicolás Alfonso
Don Jesús B. Gálvez
Don José Olano

MÚSICA
A cargo de don Enrique González
Explicarán los principios elementales. Solfeo general y particular.
Don Enrique Junco
Don Miguel Pedroso
Don José María Pedroso
Don Miguel Morán
Don Juan Manuel Alfonso
Don Juan Hernández
Don Nicolás Domínguez
Don José Herrera

Clase de piano
Don Miguel Pedroso ... Fantasía sobre temas de la Lucia de Lammermoor, por Gomion.

Don Enrique Junco ... Cavatina de María de Rohan por Desvernine.

Don Juan Manuel Alfonso ... Pequeño dúo de la Norma de Bellini. Don Miguel Morán ... Marcha de la Norma

Clases universitarias historia

A cargo de don Ramón Zambrana

Primer curso. Cronología, principios generales. División de la Historia. Historia antigua hasta Licurgo. Composiciones.

Don Enrique Junco

Don José María Morejón

Don Felipe Alfonso

Don Enrique Piñeyro

Don Joaquín Arrangoiz

Don Nicolás Lluy

Don Juan Rodríguez

Don Antonio Costales

Don Federico de la Cueva

Don Jesús B. Gálvez

Don Jacinto Alfonso

Don Francisco Cruz Muñoz

Don Eduardo Lastres

Don Juan Manuel Fernández

Don Antonio María Serrano

Segundo curso. Historia de la Edad Media hasta Las Cruzadas. Composiciones.

Don José Beato

Don Pablo Hernández

Don Rodrigo Ponce de León

Don Isidro Fernández

Don Fernando Malpica

Don José Vinageras

Don Bernabé Portillo

Don José Herrera

Tercer curso. Historia de España. Dominación cartaginesa, romana y goda, hasta la invasión de los árabes. Disertaciones.
Don Juan E. de Abreu
Don Antonio Angulo
Don Juan Manuel Alfonso
Don Santiago de la Huerta
Don Rafael Arango
Don Domingo Guiral
Don Manuel Costales
Don Tomás G. Echeverría

Literatura
A cargo de don Manuel Mestre

Tercer curso. Preliminares. Principios especulativos de la Literatura. Retórica. Ejercicios de análisis y de composición.
Don Juan E. de Abreu
Don Manuel Costales
Don Juan M. Alfonso
Don Tomás G. Echeverría
Don Antonio Angulo
Don Domingo Guiral
Don Rafael Arango
Don Santiago de la Huerta

Cuarto curso. Consideraciones generales sobre desarrollo de la lengua y literatura castellanas. Historia de la poesía castellana. Épocas en que puede dividirse y fundamentos de la división. Poetas más notables de las dos primeras épocas. Breve examen crítico de sus obras.

Griego
A cargo de don Antonio Mestre

Alfabeto. Pronunciación de las letras según el sistema de los griegos modernos. Reglas principales de eufonía y de acentuación. Declinaciones regulares. Temas fáciles.

Don Juan E. de Abreu

Don Rafael Arango

Don Tomás G. Echeverría

Física

A cargo de don Ramón Zambrana

Primer curso. Propiedades generales de los cuerpos. Movimiento y sus leyes. Teoría de las fuerzas. Máquinas simples. Atracción. Tubos capilares. Principios de Hidrostática. Peso específico. Aparatos para demostrar las propiedades del aire. Nociones sobre el calórico.

Don Enrique Junco

Don Enrique Piñeyro

Don Jacinto Alfonso

Don José María Morejón

Don Felipe Alfonso

Don Nicolás Lluy

Don Eduardo Lastres

Don Francisco Cruz Muñoz

Don Joaquín Arrangoiz

Don Antonio Costales

Don Antonio M. Serrano

Don Jesús B. Gálvez

Don Juan Rodríguez

Don Juan Manuel Fernández

Don Federico Cueva

Segundo curso. Acústica. Electricidad. Galvanismo. Magnetismo. Electromagnetismo. Nociones de óptica.

Don José Beato

Don Fernando Malpica

Don Isidro Fernández
Don Rodrigo Ponce de León
Don Pablo Hernández
Don José Vinageras
Don Bernabé Portillo
Don José Herrera

Química

A cargo de don Antonio Caro Parte orgánica Historia. Teoría corpuscular. Tipos Moleculares. Polimorfismo y causas influyentes. Cuerpos isoméricos. Análisis. Combinación. Proporciones. Acciones químicas. Teorías. Clasificación de los elementos. Nomenclatura. Aplicaciones. Metaloides y algunos de sus compuestos.

Don José Beato
Don Pablo Hernández
Don Isidro Fernández
Don Bernabé Portillo
Don Fernando Malpica
Don José Vinageras
Don Rodrigo Ponce de León
Don José Herrera

Parte orgánica Preliminares. Uso de los reactivos en el análisis orgánico inmediato. Modo de distinguir las materias orgánicas de las minerales; las vegetales de las animales. Análisis elemental de las diversas materias orgánicas por los métodos más acreditados. Modo de formular químicamente una materia orgánica. Principios inmediatos de las plantas. Ácidos orgánicos y alcaloides naturales y artificiales.

Don Antonio Angulo
Don Tomás G. Echeverría
Don Santiago de la Huerta
Don Juan M. Alfonso
Don Domingo Guiral
Don Rafael Arango

Don Juan E. de Abreu
Don Manuel Costales

Mineralogía
A cargo del mismo
Diferencia entre lo inorgánico y lo organizado. Consideraciones sobre su estudio. Formas primarias y secundarias. Dismorfismo. Isomorfismo. Causas de los cambios de forma. Análisis por la vía seca y húmeda. Clasificaciones.
Don Enrique Junco
Don Federico de la Cueva
Don Jacinto Alfonso
Don Enrique Piñeyro
Don Felipe Alfonso
Don José María Morejón
Don Eduardo Lastres
Don Nicolás Lluy
Don Joaquín Arrangoiz
Don Antonio Costales
Don Juan Rodríguez
Don Jesús B. Gálvez
Don Antonio M. Serrano
Don Juan M. Fernández
Don Francisco Cruz Muñoz
Don Francisco J. Pedroso

Botánica
A cargo del mismo
Principios de Anatomía y Fisiología vegetal. Diversas teorías para explicar el crecimiento en diámetro de los árboles dicotiledones. Procedimiento para la multiplicación artificial de las plantas. De su nutrición. Principios elementales. Origen y asimilación del carbono, ázoe, azufre, hidrógeno y principios inorgánicos. Influencia del humus. Cultivo de los vegetales. Papel del ácido nítrico y del ázoe atmosférico en la vegetación. Funciones de las plantas.
Don Pablo Hernández

Don Bernabé del Portillo
Don José Beato
Don Fernando Malpica
Don Isidro Fernández
Don José Herrera
Don José Vinageras
Don Rodrigo Ponce de León

Historia natural en general
A cargo de don José Ignacio Rodríguez
Primer curso. Generalidades. Anatomía y fisiología de la digestión y circulación.
Don Enrique Junco
Don José María Morejón
Don Jacinto Alfonso
Don Antonio Costales
Don Felipe Alfonso
Don Juan M. Fernández
Don Joaquín Arrangoiz
Don Federico de la Cueva
Don Antonio M. Serrano
Don Nicolás Lluy
Don Juan Rodríguez
Don Francisco Cruz Muñoz
Don Eduardo Lastres
Don Jesús B. Gálvez
Don Enrique Piñeyro

Zoología
Tercer curso. Generalidades. Mamíferos y aves. Don Antonio Angulo
Don Rafael Arango
Don Juan E. de Abreu
Don Tomás G. Echeverría
Don Santiago de la Fe

Don Domingo Guiral
Don Santiago de la Huerta
Don Juan Manuel Alfonso
Don Manuel Costales

Filosofía[36]
A cargo del Director
[José de la Luz y Caballero][37]
Alumnos del tercer y cuarto curso Leerán algunas disertaciones.
Don Antonio Angulo
Don Santiago de la Huerta
Don Juan E. de Abreu
Don Rafael Arango
Don Tomás G. Echeverría
Don José María Gálvez
Don Juan M. Alfonso
Don Manuel Costales
Don Domingo Guiral
Don José Mas

---

36   Repetimos aquí exactamente el contenido de nuestra nota puesta en el Elenco anterior.
     Las proposiciones filosóficas siguen siendo las mismas de los Elencos de 1850 y 1851.
     Por eso no las reproducimos (Roberto Agramonte).
37   Roberto Agramonte.

XIII. Exámenes del Colegio del Salvador

Dirigido por don José de la Luz

Empezarán el 4 de diciembre

HABANA IMPRENTA DEL GOBIERNO Y CAPITANÍA GENERAL POR S. M.

1853

Educación primaria

Religión

Sección primera

A cargo de don José de la L. Jaquez

Doctrina cristiana por Ripalda. Historia sagrada por Fleury. Don José Antonio Galarraga

Don Joaquín González

Don Emilio Santos

Don Antonio Gómez

Don Miguel André

Don Nicolás Gómez

Don Salvador I. Téllez

Don Francisco Xenes

Don Rafael Jorrín

Don Federico Alderete

Don Emilio Romay

Don Enrique Tajonera

Don Ángel Romero

Don Nicolás Peralta

Don Andrés Calas

Don Ramón Aguirre

Don Máximo Peralta

Don Enrique de Cárdenas

Don José M. Valdés

Los cinco últimos darán las oraciones

A cargo del Director
[José de la Luz y Caballero][38]

Desde el Génesis hasta el libro primero de los reyes inclusive.
Composiciones
Don Manuel Zambrana
Don Tomás Cottilla
Don Nicolás de Cárdenas
Don Emilio Viondi
Don Martín Funes
Don Diego Salazar
Don Gabriel Palomino
Don Gabriel Alderete
Don José de J. Morán
Don Miguel Morán
Don Jerónimo Pratti
Don José M. Morejón
Don Eduardo Godwin
Don Martín Pedroso

Lectura
Método Explicativo

Sección primera
A cargo de don Gabriel Ramírez O'Brien
Leen en varios textos adecuados.
Don Antonio Gómez
Don Francisco Xenes
Don Nicolás Gómez
Don Ignacio Zequeira
Don Federico Alderete
Don Enrique Tajonera

---

38   Roberto Agramonte.

Don José María Pedroso

Sección segunda
A cargo de don Gabino Barnet
En cualquier libro.
Don José A. Galarraga
Don Salvador I. Téllez
Don Ramón Aguirre
Don Ramón Sotomayor
Don Andrés A. Calas
Don José M. Valdés
Don Gabriel Alderete
Don Ángel Romero
Don Nicolás Peralta
Don Emilio Romay
Don Nicolás de Cárdenas
Don Leopoldo Rizo
Don Emilio Viondi
Don Emilio Santos
Don Ricardo Fernández
Don Miguel André
Don Magín Sagarra
Don Rafael Jorrín
Don Rafael Herrera
Don Diego Salazar
Don Máximo Peralta

Escritura
A cargo de don Manuel Nathan
Presentarán sus trabajos y escribirán en presencia de los concurrentes.

Gramática castellana

Sección primera

A cargo de don José de J. Neyra
Se han ejercitado en los rudimentos.
Don Francisco Xenes
Don Federico Alderete
Don Ignacio Zequeira
Don Enrique Tajonera
Don Antonio Gómez

A cargo de don Gabino Barnet Partes de la oración. Accidentes. Escritura al dictado. Composiciones. Don José A. Galarraga
Don Ramón Sotomayor
Don Salvador I. Téllez
Don Ricardo Fernández
Don Leopoldo Rizo
Don Miguel André
Don Nicolás Peralta
Don Ramón Aguirre
Don Andrés A. Calas
Don Ramón Sotomayor
Don Emilio Santos
Don José M. Valdés
Don Nicolás Gómez
Don Rafael Jorrín
Don Gabriel Alderete
Don Emilio Romay
Don Nicolás Peralta

Sección tercera
A cargo de don José Manuel Mestre
Análisis. Prosodia. Ortografía.
Don Máximo Peralta
Don Emilio Viondi
Don Esteban Torres
Don Nicolás de Cárdenas

Don Diego Salazar
Don Enrique de Cárdenas
Don Magín Sagarra

Sección cuarta
A cargo del mismo
Análisis. Sintaxis. Prosodia. Ortografía. Sinonimia. Ejercicios de composi-
sición.
Don José de la Luz
Don Eduardo Godwin
Don Martín Funes
Don Domingo del Corral
Don Tomás Cottilla
Don Joaquín González
Don Francisco Díaz de Villegas
Don Eduardo Montejo
Don Miguel Morán
Don Pedro Rizo
Don José M. Morejón
Don José de J. Morán
Don Enrique del Junco
Don Francisco Cruz Muñoz
Don Antonio Guiral
Don Eduardo Lastres
Don Ricardo Brito
Don Gabriel Palomino
Don Manuel de Cárdenas
Don Antonio Muñoz Izaguirre
Don Manuel Zambrana
Don José Bruzón
Don Jerónimo Pratti
Don Martín Pedroso

Aritmética

Sección primera
A cargo de don José de la Luz Jaquez
Hasta multiplicar inclusive.
Don Francisco Xenes
Don Antonio Gómez
Don Federico Alderete
Don Ignacio Zequeira
Hasta dividir inclusive.
Don Enrique Tajonera
Don Nicolás Gómez

Sección segunda
A cargo de don José de J. Neyra
Hasta dividir quebrados inclusive.
Don Magín Sagarra
Don Rafael Herrera
Don Ramón Sotomayor
Don Emilio Viondi
Don Gabriel Alderete
Don Miguel André
Don Emilio Romay
Don Nicolás Peralta
Don Andrés A. Calas
Don Emilio Santos
Don José M. Pedroso
Don Ricardo Fernández
Don Máximo Peralta

Sección tercera
A cargo de José de la Luz Jaquez
Hasta decimales inclusive.
Don Nicolás de Cárdenas
Don Eduardo Lastres

Don Enrique de Cárdenas
Don Gabriel Palomino
Don Diego Salazar
Don Leopoldo Rizo
Don José A. Galarraga
Don Ramón Aguirre
Don Ángel Romero
Don Salvador I. Téllez
Don Antonio Muñoz Izaguirre
Don Guillermo Azoy
Hasta denominados inclusive.
Don Jerónimo Pratti
Don Tomás Cottilla
Don José de J. Morán
Don Eduardo Godwin
Don Estraton Torres
Don Martín Pedroso
Don Manuel Zambrana
Don Rafael Jorrín
Don José M. Valdés
Don José Olano

Sección cuarta
A cargo de don José M. Díaz de Villegas
Toda la Aritmética.
Don Manuel de Cárdenas
Don Miguel Gómez
Don José Bruzón
Don Domingo del Corral
Don Nicolás Lluy
Don Antonio Guiral
Don Justo Albrecht
Don Antonio Martínez
Don Miguel Morán

Don Higinio Betancourt
Don José María Morejón
Don Alberto Fernández
Don Joaquín González
Don Pedro Rizo
Don Alejandro Martínez
Don Francisco Díaz de Villegas
Don Martín Funes

Dibujo lineal

Sección primera
A cargo de don José de la Luz Jaquez
Han dado por el texto de Dueñas hasta cuadriláteros inclusive.
Don Magín Sagarra
Don Diego Salazar
Don Leopoldo Rizo
Don José M. Pedroso
Don Máximo Peralta
Don Rafael Jorrín
Don Nicolás Peralta
Don Nicolás de Cárdenas
Hasta superficies.
Don Miguel André
Don José A. Galarraga
Don Ramón Aguirre
Don Estraton Torres
Don José de Jesús Morán
Don Joaquín González
Don Tomás Cottilla

Sección segunda
A cargo de don José M. Díaz de Villegas

Superficies y volúmenes. Resolverán problemas. Presentarán algunos trabajos.

Don Alberto Fernández
Don Antonio Guiral
Don Manuel Zambrana
Don Eduardo Godwin
Don Martín Pedroso
Don Miguel Morán
Don José Bruzón
Don Enrique de Cárdenas
Don Jerónimo Pratti

Geografía

Sección primera
A cargo de don José de la Luz Jaquez
De la Isla por Poey
Don José María Pedroso
Don Ángel Romero
Don Rafael Jorrín
Hasta las poblaciones del departamento occidental inclusive.
Don Nicolás Gómez
Don Ramón Sotomayor
Don Ignacio Zequeira
Don Francisco Xenes
Don Antonio Gómez
Don Enrique Tajonera
El último solo dará la introducción

Sección segunda
A cargo del mismo
Han dado toda la Geografía Física de Europa por el texto de González.
Don Magín Sagarra
Don Estraton Torres

Don Gabriel Alderete
Don Diego Salazar
Don Nicolás de Cárdenas
Hasta la España inclusive
Don Ricardo Fernández
Don Miguel André
Don Nicolás Peralta
Don Máximo Peralta
Don Emilio Santos
Don José A. Galarraga
Don Salvador I. Téllez
Don Andrés Calas
Don Emilio Romay
Don Leopoldo Rizo
Don Ramón Aguirre
A cargo de don José de J. Q. García
Descripción fisicotopográfica de 1.ª América Meridional por cuencas y vertientes. Presentarán varios planos de su composición.
Don José de J. Morán
Don Martín Pedroso
Don Miguel A. Morán
Don Emilio G. Viondi
Don José Sánchez
Don Martín Funes
Don Pedro Rizo
Don Manuel de Cárdenas
Don Antonio Guiral
Don Ricardo Brito
Don Jerónimo Pratti
Don Domingo del Corral
Don Eduardo Godwin

Educación secundaria Religión
A cargo del Director

[José de la Luz y Caballero][39]

Exposición del Pentateuco y otros libros del Antiguo Testamento. Estudio del Evangelio. Composiciones.

Don Enrique Piñeyro
Don Antonio Martínez Serrano
Don Alejandro Martínez Serrano
Don Eduardo Lastres
Don Domingo del Corral
Don Miguel Pedroso D José Bruzón
Don Francisco
Don de Villegas
Don Nicolás Lluy
Don Antonio Martínez Izaguirre
Don Felipe Alfonso
Don Jesús B. Gálvez

Latín

Sección primera
A cargo de don Antonio Angulo
Declinan solamente.
Don Andrés Calas
Don José M. Valdés
Don Tomás Cottilla
Don Leopoldo Rizo
Declinan y conjugan.
Don Nicolás de Cárdenas
Don Enrique de Cárdenas
Don José María Pedroso
Don Antonio M. Izaguirre
Además empiezan a traducir las Selectas Sagradas. Temas fáciles. Don Gabriel Palomino
Don José de la Luz

---

39   Roberto Agramonte.

Don Manuel Zambrana
Don Magín Sagarra
Don Alberto Fernández
Don Francisco Díaz de Villegas
Don Higinio Betancourt
Don Emilio Santos
Don Joaquín González

Sección segunda
A cargo de don José Ignacio Rodríguez
Toda clase de ejercicios sobre varias fábulas de *Fedro*. (Método de Boulet.) Traducción de cartas de Cicerón y vidas de Cornelio Nepote. Traducen el arte poético de Horacio. Trozos de memoria.
Don Jesús B. Gálvez
Don Enrique del Junco
Don Antonio Martínez Serrano
Don José Bruzón
Don Felipe Alfonso
Don Nicolás Lluy
Don José M. Morejón
Don Guillermo Azoy
Don Eduardo Lastres
A cargo del mismo

Don Antonio Angulo
Don Juan E. de Abreu
Don José M. Herrera
Don Santiago de la Huerta
Don Domingo Guiral
Don Tomás González Echeverría
Don Enrique Piñeyro

Francés

Sección primera

A cargo de don M. T. Nathan

Ejercicios de traducción, lectura y construcción de oraciones fáciles. Son principiantes.

Don Salvador I. Téllez

Don José Antonio Galarraga

Don Estraton Torres

Don Emilio Romay

Don Alejandro Martínez Serrano

Don Miguel Gómez

Sección segunda

A cargo del mismo

Más adelantados que los anteriores.

Don José Sánchez

Don Alberto Fernández

Don Juan E. de Abreu

Don Eduardo Montejo

Don Ricardo Brito

Don Rodrigo Ponce de León

Don Antonio de la Luz

Don Bernabé del Portillo

Don José Olano

Don Eduardo Godwin

Don Antonio Guiral

Don Jerónimo Pratti

Sección tercera

A cargo del mismo

Leen y traducen en cualquier libro. Han corregido algunos capítulos de los ejercicios de Noel y Chapsal. Sostienen una conversación.

Don Justo Albrecht

Don Francisco Pedroso

Don Isidro Fernández

Don Domingo del Corral
Don José Ma. Herrera
Don Pedro Rizo

Sección cuarta
A cargo del mismo
Más adelantados que los de la anterior. Composiciones.
Don Felipe Alfonso
Don Tomás G. Echeverría
Don Enrique Piñeyro
Don Miguel Pedroso
Don Santiago de la Huerta

Inglés

Sección primera
A cargo de don Gabriel Ramírez O'Brien
Leen y traducen en el Spelling Book de Mavor.
Don José de Jesús Morán
Don Nicolás Gómez
Don Antonio Gómez
Don Federico Alderete
Don Andrés Calas
Don José Manuel Valdés
Don Miguel André
Don Ricardo Fernández
Don Ramón Sotomayor
Don Enrique de Cárdenas
Don Rafael Herrera
Don José María Pedroso
Don Magín Sagarra
Don Rafael Jorrín
Don Ángel Romero
Don Nicolás Peralta

Más adelantados que los anteriores. Traducen la Introduction to popular lessons. De gramática hasta la sintaxis.

Don Emilio Viondi
Don Fernando Malpica
Don Pedro Rizo
Don Joaquín González
Don Gabriel Alderete
Don Máximo Peralta
Don Leopoldo Rizo
Don Nicolás Lluy
Don Tomás Cottilla
Don Nicolás de Cárdenas
Don Ramón Aguirre
Don Isidro Fernández
Don Salvador Téllez
Don Estraton Torres

Sección tercera
A cargo de don Marcos Díaz
Lo mismo que los de la anterior. Traducen en el Spelling Book de Mavor.
Don Justo Albrecht
Don Miguel Gómez
Don Felipe Alfonso
Don Jerónimo Pratti
Don Eduardo Godwin
Don Gabriel Palomino
Don José Antonio Galarraga
Don Domingo del Corral
Don Antonio M. Izaguirre
Don José de la Luz
Don Manuel de Cárdenas
Don Martín Funes
Don Guillermo Azoy
Don Miguel Moran

Don Antonio de la Luz
Don Eduardo Lastres
Don Manuel Zambrana
Don Martín Pedroso
Don José Sánchez

Sección cuarta
A cargo del mismo
Se han ejercitado en la traducción del inglés al español y viceversa en el First Class Book y en la comedia School for scandal. Sostienen una conversación.
Don José Bruzón
Don Domingo Guiral
Don Alberto Fernández
Don Jesús B. Gálvez
Don Antonio Guiral
Don Alejandro Martínez Serrano
Don Santiago de la Huerta
Don José Olano
Don Eduardo Montejo
Don Rodrigo Ponce de León
Don Miguel Pedroso
Don Tomás G. De Echeverría
Don Luis Sánchez
Don Higinio Betancourt

Alemán
A cargo del Director
[José de la Luz y Caballero][40]
Se ha ejercitado en la traducción de algunas tragedias de Schiller y en varias obras en prosa, así como del español al alemán en una novela.
Don Antonio Angulo

---

40   Roberto Agramonte.

Teneduría de libros y aritmética mercantil

A cargo de don Manuel T. Nathan

Pasarán los artículos que les propongan y verificarán las operaciones que ocurran.

Don Domingo del Corral

Don Miguel Pedroso

Don Antonio Guiral

Don Miguel Gómez

Don Eduardo Godwin

Don Alejandro Martínez

Don Eduardo Montejo

Don José Olano

Don Jerónimo Pratti

Don José Sánchez

A cargo de don José de J. Q. García

La esfera, sus puntos y círculos. El sistema solar. Monografía de los planetas principales y sus satélites.

Don José Bruzón

Don Higinio Betancourt

Don Tomás Cottilla

Don Francisco Díaz de Villegas

Don Nicolás de Cárdenas

Don Alberto Fernández

Don Enrique de Cárdenas

Don Manuel Zambrana

Don José de la Luz

Don Gabriel de C. Palomino

Don Joaquín González

Don Antonio Martínez Izaguirre

Don Ricardo Brito

Matemáticas

Sección primera

.

A cargo de don José M. Díaz de Villegas

Álgebra. Hasta la división de un polinomio por un monomio inclusive. Texto: Vallejo.

Don Francisco Díaz de Villegas

Don Manuel Zambrana

Don Enrique de Cárdenas

Don Antonio M. Izaguirre

Don José de la Luz

Don Tomás Cottilla

Don Guillermo Azoy

Don Gabriel Palomino

Han dado toda la división. Resolverán ecuaciones de primer grado con una incógnita.

Don Higinio Betancourt

Don José Bruzón

Don Alberto Fernández

Don Joaquín González

Sección segunda

A cargo de don J. Juan Jova

Geometría. Hasta paralelas inclusive. Texto: Vallejo.

Don Alberto Fernández

Don Francisco Díaz de Villega

Don Joaquín González

Don Gabriel Palomino

Don Manuel Zambrana

Don Guillermo Azoy

Don Antonio M. Izaguirre

Don Enrique de Cárdenas

Don Tomás Cottilla

Don José de la Luz

Don José Bruzón

Don Higinio Betancourt

Sección tercera

A cargo de don José María Díaz de Villegas

Álgebra. Cálculo de los radicales. Elevación a potencias y extracción de raíces de polinomios y cantidades numéricas. Ecuaciones de segundo grado. Progresiones. Logaritmos. Permutaciones y combinaciones. Binomio de Newton.

Don Eduardo Lastres

Don Antonio Martínez Serrano

Don Antonio Costales

Don Francisco Cruz Muñoz

Más adelantados.

Don Jesús B. Gálvez

Don Nicolás Lluy

Don Felipe Alfonso

Don Enrique Piñeyro

Don Luis Sánchez

Don Enrique del Junco

Don José M. Morejón

Sección cuarta

A cargo del mismo

Geometría. Trazado de líneas. Superficies y volúmenes. Texto: Lista.

Don Eduardo Lastres

Don Antonio Martínez Serrano

Don Antonio Costales

Don Francisco Cruz Muñoz

Más adelantados.

Don Jesús B. Gálvez

Don Nicolás Lluy

Don Felipe Alfonso

Don Enrique Piñeyro

Don Luis Sánchez

Don Enrique del Junco

Don José Luis Morejón

Sección quinta

A cargo del mismo

Trigonometría plana. Fórmulas generales y resolución de triángulos rectilíneos.

Don Eduardo Lastres

Don Antonio Martínez Serrano

Don Antonio Costales

Don Francisco Cruz Muñoz

Más adelantados.

Don Jesús Morejón

Don Nicolás Lluy

Don Jesús B. Gálvez

Don Enrique Piñeyro

Don Felipe Alfonso

Don Enrique del Junco

Don Luis Sánchez

Dibujo natural

A cargo de don Francisco Brusa

Don Emilio Santos ... Don Nicolás de Cárdenas ... Principios

Don José Olano ... Don Jesús B. Gálvez ... Don Nicolás Lluy ... Don Pablo Hernández ... Cabezas, medios cuerpos y cuerpos enteros

Música

A cargo de don Enrique González

Explicarán los principios elementales. Solfeo general.

Don Miguel Pedroso

Don José M. Herrera

Don José M. Pedroso

Don Emilio Romay

Don Miguel Morán

Don Martín Pedroso

Don Enrique del Junco

Don Estraton Torres
Don José Bruzón
Don José A. Galarraga

Clase de piano
Don Manuel Morán ... Allegretto sentimental de Corticelli
Don José Bruzón ... La Valse de Cotivelli y la Fleur del mismo
Don Enrique del Junco ... Fantasías sobre temas de la Zelmira por Carpentier
Don Miguel Pedroso ... Bagatelle sobre temas de *Guillermo Tell* por Carpentier

Clases universitarias historia
A cargo de don Camilo G. Salazar
Primer curso. Historia antigua hasta Licurgo. Generalidades sobre Cronología. Composiciones.
Don Higinio Betancourt
Don Alberto Fernández
Don Manuel Zambrana
Don Gabriel Palomino
Don José de la Luz
Don Joaquín González
Don Tomás Cottilla
Don Enrique de Cárdenas
Don José Bruzón
Don Antonio M. Izaguirre
Don Francisco Díaz de Villegas
Don Nicolás de Cárdenas

Segundo curso. Historia de la Edad Media hasta las Cruzadas exclusive. Composiciones.
Don Antonio Martínez Serrano
Don Enrique del Junco
Don Jesús B. Gálvez

Don Nicolás Lluy
Don Enrique Piñeyro
Don José M. Morejón
Don Luis Sánchez
Don Francisco Cruz Muñoz
Don Felipe Alfonso
Don Eduardo Lastres
Don Antonio Costales
Don Guillermo Azoy

Tercer curso. Historia de España desde los primeros tiempos hasta la invasión de los árabes. Composiciones.
Don Fernando Malpica
Don José M. Herrera
Don Pablo Hernández
Don Isidro Fernández
Don Leopoldo Díaz de Villegas
Don Rodrigo Ponce de León
Don José Vinageras
Don Francisco Pedroso
Don Bernabé del Portillo

Literatura
A cargo de don José Manuel Mestre
Tercer curso. Principios especulativos de la Literatura. Retórica. Don Leopoldo Díaz de Villegas
Don José M. Herrera
Don Pablo Hernández
Don Bernabé del Portillo
Don José G. Vinageras
Don Isidro Fernández
Don Fernando Malpica
Don Francisco J. Pedroso
Don Rodrigo Ponce de León

Cuarto curso. Consideraciones generales sobre el desarrollo de la lengua y literatura castellana. Épocas en que puede dividirse la historia de la poesía castellana y fundamentos de la división. Poetas más notables de las dos primeras épocas. Historia de la literatura latina.

Don Antonio Angulo

Don Santiago de la Huerta

Don Domingo Guiral

Don Manuel Costales

Don Juan E. de Abreu

Griego

A cargo de don Antonio Mestre

Primer curso. Alfabeto. Pronunciación de las letras según el sistema de Erasmo y el de los griegos modernos. Reglas de eufonía y de acentuación. Declinación de los sustantivos regulares inclusos los contractos. Temas fáciles.

Don Isidro Fernández

Don Fernando Malpica

Don Manuel Costales

Don Leopoldo Díaz de Villegas

Don José María Herrera

Don Bernabé del Portillo

Segundo curso. Conjugación. Sintaxis general. Ídem especial de las preposiciones. Traducción de algunas fábulas de Esopo y de todo el capítulo segundo de la Ciropedia.

Don Juan E. de Abreu

Don Tomás G. Echeverría

Física

A cargo de don Ramón Zambrana

Primer curso. Importancia y relaciones de la física. Propiedades generales de los cuerpos. Movimiento y sus leyes. Teoría de las fuerzas. Máquinas simples. Teoría y aplicaciones del péndulo. Atracción. Tubos capilares. Principios de hidrostática.

Don Higinio Betancourt
Don José Bruzón
Don Manuel Zambrana
Don Joaquín González
Don Antonio M. Izaguirre
Don Enrique de Cárdenas
Don Francisco Díaz de Villegas
Don Tomás Cottilla
Don José de la Luz
Don Alberto Fernández
Don Nicolás de Cárdenas
Don Gabriel Palomino

Segundo curso. Teoría de los imponderables. Diversas opiniones. Electricidad. Galvanismo. Magnetismo. Electromagnetismo. Telégrafos eléctricos. Galvanoplastia. Teoría sobre la naturaleza de la luz. Catóptrica. Dióptrica.

Don Jesús B. Gálvez
Don Antonio Martínez Serrano
Don Enrique del Junco
Don Enrique Piñeyro
Don Nicolás Lluy
Don Luis Sánchez
Don José María Morejón
Don Eduardo Lastres
Don Francisco Cruz Muñoz
Don Guillermo Azoy
Don Antonio Costales
Don Miguel Pedroso

Química
A cargo de don Antonio Caro

Parte Mineral Historia. Teoría corpuscular. Tipos moleculares. Polimorfismo y causas influyentes. Cuerpos isoméricos. Análisis. Combinaciones. Proporciones. Acciones químicas. Teorías. Clasificación de los elementos. Nomenclatura. Aplicaciones. Metaloides y algunos de sus compuestos.

Don Antonio Costales
Don Nicolás Lluy
Don Enrique del Junco
Don Felipe Alfonso
Don Luis Sánchez
Don Eduardo Lastres
Don Jesús B. Gálvez
Don Antonio Martínez Serrano
Don Enrique Piñeyro
Don Francisco Cruz Muñoz
Don José María Morejón
Don Guillermo Azoy

Parte Orgánica Preliminares. Uso de los reactivos en el análisis orgánico inmediato. Modo de distinguir las materias orgánicas de las minerales; las vegetales de las animales. Análisis elemental de las diversas materias orgánicas por los métodos más acreditados. Modo de formular químicamente una materia orgánica. Principios inmediatos de las plantas. Ácidos orgánicos y alcaloides naturales y artificiales. Azúcares.

Don Isidro Fernández
Don Fernando Malpica
Don Rodrigo Ponce de León
Don Pablo Hernández
Don Bernabé Portillo
Don José Vinageras
Don José M. Herrera
Don Leopoldo Díaz de Villegas
Don Francisco Pedroso

Mineralogía
A cargo del mismo

Diferencia entre lo inorgánico y lo organizado. Consideraciones sobre su estudio. Formas primarias y secundarias. Dimorfismo. Isomorfismo. Causas de los cambios de formas. Análisis por la vía seca y húmeda. Clasificaciones.

Don Higinio Betancourt
Don Antonio M. Izaguirre
Don Joaquín González
Don Francisco Díaz de Villegas
Don Enrique de Cárdenas
Don José de la Luz
Don Tomás Cottilla
Don Alberto Fernández
Don Gabriel Palomino
Don Manuel Zambrana

Botánica
A cargo del mismo
Principios de Anatomía y Fisiología vegetal. Diversas teorías para explicar el crecimiento en diámetro de los árboles dicotiledones. Procedimientos para la multiplicación artificial de las plantas. De su nutrición. Principios elementales. Origen y asimilación del carbono, ázoe, azufre, hidrógeno y principios inorgánicos. Influencia del humus. Cultivo de los vegetales. Papel del ácido nítrico y del ázoe atmosférico en la vegetación. Funciones de las plantas.

Don Enrique del Junco
Don Francisco Cruz Muñoz
Don Nicolás Lluy
Don Felipe Alfonso
Don Luis Sánchez
Don Enrique Piñeyro
Don Jesús B. Gálvez
Don Antonio Costales
Don Antonio Martínez Serrano
Don José M. Morejón
Don Guillermo Azoy

Historia natural en general

A cargo de don José Ignacio Rodríguez

Primer curso. Generalidades. Anatomía y Fisiología de la digestión y circulación.

Don Gabriel Palomino

Don Nicolás de Cárdenas

Don Higinio Betancourt

Don Francisco Díaz de Villegas

Don Tomás Cottilla

Don Manuel Zambrana

Don Alberto Fernández

Don Antonio M. Izaguirre

Don José Bruzón

Don Joaquín González

Don José de la Luz

Don Enrique de Cárdenas

Zoología

Tercer año. Generalidades. Mamíferos y aves.

Don Leopoldo Díaz de Villegas

Don Rodrigo Ponce de León

Don Isidro Fernández

Don José Vinageras

Don Francisco Pedroso

Don José M. Herrera

Don Pablo Hernández

Don Benjamín del Portillo

Don Fernando Malpica

Filosofía

Alumnos del tercero y cuarto curso. Leerán algunas disertaciones. Don Leopoldo Díaz de Villegas

Don Manuel Costales

Don Fernando Malpica
Don Rodrigo Ponce de León
Don Francisco J. Pedroso
Don Isidro Fernández
Don José M. Herrera
Don Bernabé del Portillo
Don José Vinageras
Don Domingo Guiral
Don Pablo Hernández
Don Santiago de la Huerta
Don Antonio Angulo
Don Tomás G. Echeverría
Don Juan E. de Abreu La filosofía es el bautismo de la razón.
[Luz][41]

---

41   Las proposiciones filosóficas siguen siendo las mismas de los Elencos de 1850, 1851 y
      1852. Por eso no las reproducimos (Roberto Agramonte).

XIV. Exámenes del Colegio del Salvador

Dirigido por don José de la Luz

Empezarán el 8 de diciembre a las 5 de la tarde

HABANA IMPRENTA DEL GOBIERNO Y CAPITANÍA GENERAL POR S. M.

1856

Educación primaria

Religión

Sección primera

A cargo de don José María Romay

Oraciones por el texto de Ripalda.

Don Alejandro Estrada

Don Miguel Alva

Don Joaquín Manjón

Don Manuel Alva

Don Joaquín Alcázar

Don Francisco Díaz

Don Francisco Coimbra

Don Santiago Rodríguez

Don Ramón Crucet

Oraciones y primera parte del Fleury.

Don José A. Cintra

Don Perfecto Rojas

Don José Larralde

Don Francisco Sem

Don Luis Estrada

Don Luis de la Luz

Don Antonio Nenninger

Don Diego Rojas

Don Miguel Rodríguez

Todo el Fleury

Don Eustasio Cabrera
Don Manuel Cabrera
Don Manuel Sanguily
Don Antonio Bassave
Don Leopoldo Fernández
Don Francisco Lastres
Don Cristóbal Viera
Don Enrique Guiral
Don Augusto Rodríguez
Don Francisco Guiral
Don Emilio Hevia
Don Felipe Estrada
Don Alejandro del Río
Don Félix Campuzano
Historia sagrada por Fleury. Vidas de algunos personajes bíblicos. Composiciones.
Don César Pintó
Don Juan M. Ferrer
Don Pedro usted Vila
Don Francisco Pintado
Don Francisco Gutiérrez
Don Pedro Campuzano
Don José F. Arcaya
Don Manuel Ayala
Don Antonio Comoglio
Don Cornelio Castellanos
Don José Segundo
Don Francisco Alva

Lectura
Método Explicativo

Sección primera
A cargo de don José María Romay

Leen en el libro de Mandevil.
Don Miguel Alva
Don Alejandro Estrada
Don Joaquín Alcázar
Don Joaquín Manjón
Leen en las Virtudes Teologales por Sagarra.
Don Ramón Crucet
Don Manuel Alva
Don Francisco Coimera
Don Antonio Nenninger
Don Santiago Rodríguez
Don Diego Rojas
Don Perfecto Rojas
Don Pedro Calvo
Don José A. Cintra
Don Luis Estrada
Leen en el Nuevo Lector Español.
Don José Comoglio
Don Felipe Estrada
Don Luis de la Luz
Don Emilio Hevia
Don Francisco Lastres
Don José Larralde
Don Francisco Díaz
Leen en cualquier libro.
Don Manuel Sanguily
Don Manuel Cabrera
Don Francisco Guiral
Don Pedro Campuzano
Don Ignacio Sem
Don Félix Campuzano
Don Francisco V. Herrera
Don Manuel Ayala
Don Tomás Gómez

Don Enrique Guiral
Don Leopoldo Fernández
Don José M. Triana
Don Francisco Gutiérrez
Don Secundino Castro
Don César Pintó
Don Ricardo Piñeyro
Don José Castellanos
Don Cornelio Castellanos
Don Mariano Mendive
Don Rudesindo Rueda
Don Alejandro del Río
Don Miguel Rodríguez
Don Fernando Carrillo
Don Ramón Salazar
Don Carlos Junco
Don Francisco Costales
Don Juan M. Ferrer
Don Pelayo Vigil
Don Francisco Arcaya
Don Francisco Pintado

Sección tercera
A cargo de don Juan Cisneros
Más adelantada que la anterior.
Don Joaquín Espinosa
Don Rafael Soria
Don Justo Pérez
Don Francisco Xenes
Don José Martínez
Don Antonio Comoglio
Don Antonio Ceballos
Don Francisco Alva
Don Cristóbal Ceballos

Don Federico Adán
Don Augusto Rodríguez
Don Ricardo López
Leen en cualquier libro en prosa o verso.
Don José Segundo
Don Alejandro Atteridge
Don Nicolás Gómez
Don José Guillén
Don Federico Castellanos
Don Antonio Gómez
Don Emilio Navarrete
Don Porfirio Tamayo
Don Pedro usted Vila

Escritura
A cargo de don José J. Romero y don Juan B. Hevia
Presentarán sus trabajos y escribirán en presencia de los concurrentes.

Gramática

Sección primera
A cargo de don Juan Cisneros
Sustantivos y verbos regulares. Empiezan a analizar.
Don Manuel Ayala
Don Justo Pérez
Don Antonio Nenninger
Don Francisco Larralde
Don Perfecto Tojas
Don Diego Rojas
Don Francisco Lastres
Don Augusto Rodríguez
Don José A. Cintra
Don Luis de la Luz
Don Emilio Hevia

Partes de la oración. Conjugaciones.
Don Manuel Sanguily
Don Ignacio Sem
Don Leopoldo Fernández
Don Félix Campuzano
Don Luis Estrada
Don José Martínez
Don Manuel Cabrera
Don Pedro Campuzano
Don Ramón Salazar
Don Pedro Calvo
Don Antonio Bassave
Don Felipe Estrada
Don Ricardo López
Don Manuel Pomares
Don Alejandro del Río

Sección tercera
A cargo de don Ramón Ramos
Partes de la oración. Accidentes. Escritura al dictado. Composiciones.
Don Francisco Costales
Don Carlos Junco
Don Francisco Gutiérrez
Don Francisco Xenes
Don Antonio Comoglio
Don Ramón Pintó D, Joaquín Espinosa
Don Felipe Carrillo
Don Francisco S. Chamorro
Don Pedro Campuzano
Don José Castellanos
Don Alfredo Adán
Don Cornelio Castellanos
Don Pelayo Vigil
Don Federico Adán

Don Pedro usted Vila
Don Mariano Mendive
Don Enrique Guiral
Don Francisco Guiral
Don Emilio Navarrete
A cargo de don Luis F. Mantilla
Análisis. Sintaxis. Prosodia. Ortografía. Etimologías y sinónimos. Composiciones.
Don César Pintó
Don Ricardo Piñeyro
Don Secundino Castro
Don José Segundo
Don Eustasio Cabrera
Don Rafael Aragón
Don Federico Castellanos
Don José Guillén
Don Miguel Arango
Don José M. Triana
Don Porfirio Tamayo
Don Rafael Soria
Don Francisco V. Herrera
Don Francisco Pintado

Aritmética

Sección primera
A cargo de don Francisco Blandino
Leen y escriben cantidades.
Don Miguel Alva
Don Alejandro Estrada
Don José Francisco Díaz
Don Joaquín Alcázar
Don Diego Rojas
Don Antonio Nenninger

Hasta sumar.
Don Joaquín Manjón
Don Francisco Coimbra
Don Manuel Alva
Hasta restar.
Don Justo Pérez
Don Santiago Rodríguez
Hasta multiplicar.
Don Francisco Lastres
Don Emilio Hevia
Don Alejandro del Río
Don Luis de la Luz
Quebrados hasta multiplicar inclusive.
Don Manuel Ayala
Don Rafael Soria
Don Pelayo Vigil
Don Federico Adán
Don Juan M. Ferrer
Don Fernando Carrillo
Don Leopoldo Fernández
Don Dionisio Mantilla
Don Cornelio Castellanos
Don Antonio Bassave
Don José R. Martínez
Don Manuel Cabrera
Don Cristóbal Viera
Don Ignacio Sem
Don Felipe Estrada
Don Francisco Gutiérrez
Don Ricardo López
Don Alfredo Adán
Don Antonio Comoglio
Don Rudesindo Rueda
Don Pedro Campuzano

Don Manuel Pomares
Don Secundino Castro
Don Mariano Mendive
Don Carlos Junco

Sección tercera
A cargo de don Jesús B. Gálvez
Nociones generales. Quebrados. Denominados. Elevación a potencias
y extracción de raíces. Razones y proporciones. Regla de tres. Regla de
compañía. Regla de aligación.
Don José M. Triana
Don Leopoldo Hernández
Don Enrique Guiral
Don Luis Vila
Don César Pintó
Don Ricardo Piñeyro
Don Eustasio Cabrera
Don Tomás Gómez
Don Francisco Guiral
Don José Segundo
Don Antonio Gómez
Don Leopoldo González
Don Nicolás Gómez
Don José Guillén
Don Pedro usted Vila
Don Juan Crucet
Don Gaspar Ceballos
Don Augusto Rodríguez
Don Francisco H. Alva

Sección cuarta
A cargo de don Ramón de la Cruz
Más adelantada que la anterior.
Don Juan Neira

Don Juan T. Ramos
Don Federico Castellanos
Don Francisco S. Chamorro
Don Vicente Nenninger
Don Juan Castellanos
Don Alejandro Atteridge
Don Eduardo Carbonell
Don Manuel Vandrell
Don Emilio Navarrete
Don Miguel Arango
Don Manuel Morales
Don Rafael Pintó
Don Rafael López
Don Rafael Aragón
Don Joaquín Espinosa
Don Francisco V. Herrera

Sección quinta
A cargo de don Francisco Brusa
Aritmética razonada hasta progresiones inclusive. Problemas de todas clases.
Don Eduardo Alderete
Don Joaquín Barnet
Don Juan B. Hernández
Don Juan Neira
Don Alejandro Atteridge
Don Manuel Castellanos
Don Juan Castellanos
Don Carlos Guerrero
Don Manuel V. Castellanos

Dibujo lineal

Sección primera

A cargo de don Jesús B. Gálvez

Cuerpos. Superficie. Líneas. Círculos. Ángulos. Triángulos. Cuadriláteros. Polígonos regulares. Curvas geométricas. Curvas mecánicas.

Don Pedro Hernández

Don Juan M. Ferrer

Don Leopoldo Hernández

Don Mariano Mendive

Don Pedro Campuzano

Don Cornelio Castellanos

Don Antonio Comoglio

Don José Comoglio

Don Pelayo Vigil

Don José Guillén

Don Pedro usted Vila

Sección segunda

A cargo de don Ramón de la Cruz

Lo mismo que la anterior y además los planos, poliedros regulares, prismas y pirámides.

Don Miguel Arango

Don Juan Neira

Don Carlos Guerrero

Don Joaquín Barnet

Don Alejandro Atteridge

Don Mariano Mendive

Don Manuel V. Castellanos

Don Manuel Vandrell

Don José Francisco Arcaya

Don Federico Castellanos

Don José Castellanos

Don Juan Castellanos

Geografía

Sección primera

A cargo de don José María Romay

De la Isla. Texto: La Torre.

Don Félix Campuzano

Don Perfecto Rojas

Don José A. Cintra

Don Tomás Gómez

Don Luis Estrada

Don José Martínez

Don Luis de la Luz

Don José Comoglio

Don Miguel Rodríguez

Don Francisco Larralde

Don Antonio Ceballos

Don Diego de Rojas

Don Antonio Nenninger

Don Francisco Coimbra

Don Julián Rodríguez

Don Miguel Alva

Don Manuel Alva

Don Joaquín Alcázar

Don José T. Díaz

Don Cristóbal Viera

Don Alejandro del Río

Don Antonio Comoglio

Don Enrique Guiral

Don Francisco Guiral

Don Francisco Lastres

Don Augusto Rodríguez

Don Justo Pérez

Don Pelayo Vigil

Don Emilio Hevia

Don Joaquín Manjón

Don Eusebio V. Domínguez

Sección segunda
A cargo de don Juan B. Hevia
Europa. Texto: González. Mapas.
Don César Pintó
Don Cornelio Castellanos
Don Antonio Bassave
Don Manuel Cabrera
Don Pedro Campuzano
Don Ignacio Sem
Don Francisco Alva
Don Rafael Soria
Don Leopoldo Fernández
Don Manuel Sanguily
Don Gaspar Ceballos
Don Felipe Estrada
Don Federico Adán
Don Manuel Ayala
Don Francisco Pintado
Don Pedro usted Vila

Sección tercera
A cargo de don Enrique Piñeyro
Europa, Asia y África. Por texto, los Elementos de Geografía de González
— Mapas.
Don Segundo Castro
Don Juan M. Ferrer
Don Ricardo Piñeyro
Don José F. Arcaya
Don José Guillén
Don José M. Triana
Don Francisco Gutiérrez
Don Francisco S. Chamorro
Don Ramón Pintó

Don Mariano Mendive
Don Juan Crucet
Don Carlos del Junco
Don Eustasio Cabrera
Don Porfirio Tamayo

Sección cuarta
A cargo del mismo
Europa, Asia, África, América y Oceanía. Mapas.
Don Rafael Aragón
Don Nicolás Gómez
Don Alejandro Atteridge
Don Joaquín Barnett
Don Juan Neira
Don Antonio Gómez
Don Eduardo Carbonell
Don Bernabé Piña
Don Manuel Castellanos
Don Leopoldo González
Don Juan Castellanos
Don José Castellanos
Don Manuel Morales
Don José Castellanos
Don Francisco V. Herrera
Don Miguel Arango
Don Leopoldo Hernández
Don Vicente Nenninger
Don Pedro Hernández
Don Manuel V. Castellanos

Geografía. En inglés
A cargo de don José Podbielski
Conversaciones en aquel idioma según el texto de Cornelli.
Don Juan M. Ferrer

Don Miguel Arango
Don Alejandro Atteridge
Don Juan Crucet Más adelantados.
Don Nicolás Gómez
Don Antonio Gómez
Don Carlos Guerrero

Educación secundaria Religión
A cargo de don Luis F. Mantilla
Inmortalidad del alma. Necesidad de una religión natural. Revelación. Tradición.
Don Emilio Navarrete
Don José Guillén
Don Mariano Mendive
Don José M. Triana
Don Ricardo Piñeyro
Don Federico V. Herrera
Don Leopoldo González

Latín

Sección primera
A cargo de don José Bruzón
Declinaciones. Conjugaciones. Fábulas de *Fedro*, Cartas de Cicerón y algo de Cornelio Nepote. Análisis.
Don Antonio Comoglio
Don Rafael Soria
Don Alejandro Río
Don Manuel Cabrera
Don José M. Triana
Don Secundino Castro
Más atrasados.
Don Luis Estrada
Don Juan M. Ferrer

Don Manuel Pomares
Don Augusto Rodríguez
Don Perfecto Rojas
Don José Comoglio
Don Pedro usted Vila
Don Manuel Ayala
Don Antonio Bassave
Don Pelayo Vigil

Sección segunda
A cargo de don Luis F. Mantilla
Traducen el Telémaco. Diálogos y frases. Trozos de memoria de Racine.
Don José Segundo
Don José T. Arcaya
Don Leopoldo González
Don Nicolás Navarrete
Don Ricardo Piñeyro
Don Eusebio V. Domínguez

Sección tercera
A cargo de don Francisco Brusa
Han estudiado por el método de Ollendorff. Leen prosa y verso. Traducen a viva voz y escriben al dictado.
Don Carlos Guerrero
Don José R Armona
Don Domingo Madan
Don Florencio Navia

Sección cuarta
A cargo del mismo
Leen y traducen en cualquier libro. Escriben al dictado y dan razón de las reglas gramaticales. Pueden sostener una conversación.
Don Antonio Bruzón
Don Francisco Navarro

Don Emilio Navarrete
Don Dionisio Mantilla
Don Juan B. Fernández
Don Eduardo Alderete

Inglés

Sección primera
A cargo de don Ramón Ramos
Leen y traducen en el Introduction to popular lessons. Escriben al dictado.
Don Antonio Comoglio
Don Rafael Soria
Don Manuel Cabrera
Don Ricardo Piñeyro
Don Antonio Bassave
Don Félix Campuzano
Don Francisco Pintado
Don Francisco Gutiérrez
Don Francisco Costales
Don Luis Estrada
Don Joaquín Espinosa
Don José Comoglio

Sección segunda
A cargo del mismo
Más adelantada que la anterior.
Don Pedro Campuzano
Don Dionisio Mantilla
Don Mateo Pedroso
Don Rafael Aragón
Don José Guillén
Don José Segundo
Don José Castellanos

Don Mariano Mendive
Don José F. Arcaya
Don Francisco Chamorro
Don Cornelio Castellanos
Don Cornelio Souchay

Sección tercera

A cargo de don Ambrosio Aparicio

Leen y traducen en el Sequel to popular lessons. Escriben al dictado explicando las reglas gramáticales. Comienzan a ejercitarse en conversaciones familiares.

Don Ramón Pintó
Don César Pintó
Don Juan Neira
Don Eduardo Alderete
Don Alejandro Atteridge
Don Juan M. Ferrer
Don Eduardo Carbonell
Don Rafael López
Don Miguel Arango
Don Manuel Castellanos
Don Antonio Ceballos
Don Juan T. Ramos
Don Rudesindo Rueda
Don Porfirio Tamayo
Don Alejandro Río
Don Vicente Nenninger

Sección cuarta

A cargo del mismo

Leen y traducen en el First Class Book. Explican el contenido de cualquier trozo. Escriben al dictado, traducen de un idioma a otro y aplican los principios gramaticales.

Don Antonio Gómez

Don Nicolás Navarrete

Don Carlos Guerrero

Don Nicolás Gómez

Don Bernabé Pina

Don Juan Crucet

Don Antonio Ceballos

Don Leopoldo Hernández

Don Pedro Hernández

Leen y traducen en toda clase de obras. Composiciones sobre cualquier tema.

Don Francisco Navarro

Don Gaspar Ceballos

Don José F. Rueda

Don Manuel Morales

Don José A. Galarraga

Italiano

A cargo de don Luis F. Mantilla

Traducen la Gierusalemme Liberata del Tasso. Trozos de memoria. Don Nicolás Navarrete

Don Eduardo Alderete Traducirá el primer canto de la Divina Comedia del Dante, explicándolo.

Don Juan Bautista Hernández

Aritmética mercantil

A cargo de don Ramón de la Cruz

Cálculos relativos a la compra y venta de frutos del comercio de esta Isla y de varios países extranjeros con las monedas respectivas. Descuentos de letras y pagarés. Cuentas de seguros y avería y algunos problemas sobre el cambio directo entre La Habana y varias plazas.

Don Miguel Arango

Don Vicente Nenninger

Don Federico Castellanos

Don Juan Castellanos

Don Alejandro Atteridge
Don Mateo Pedroso
Don Francisco V. Herrera
Don Manuel Vandrell
Don Nicolás Navarrete
Don Eduardo Alderete
Don Juan Neira
Don Joaquín Barnet

Teneduría de libros
A cargo del mismo
Resolverán algunos ejemplos prácticos y explicarán las reglas y definicio-
nes teóricas de toda la partida doble.
Don Nicolás Navarrete
Don Eduardo Alderete
Don Federico Castellanos
Don Joaquín Barnet
Don Juan Neira
Don Miguel Arango
Don Mateo Pedroso
Don Francisco V. Herrera
Don Porfirio Tamayo

Cosmografía
A cargo de don José R. Reyes
Definición. División principal. Astronomía. Cuerpos celestes. Estrellas.
Planetas. Cometas. Movimiento diurno. Sistema solar. Esfera celeste. La
Tierra. Prueba de su redondez, sus dimensiones. Polos. Círculos. Longitud.
Zonas. Climas. Estaciones. Posiciones de la esfera, antípodas, entecos y
periecos.
Don Ramón Pintó
Don Francisco S. Chamorro
Don Carlos Junco
Don Rafael López

Don Fernando Carrillo
Don José Castellanos
Don Dionisio Mantilla
Don Alfredo Adán
Don Federico Adán
Don Nicolás Gómez
Don Juan Crucet
Don Francisco Rueda
Don Emilio Navarrete
Don Guillermo Wilson
Don Joaquín Espinosa

Geografía física
A cargo del mismo
Definición. Parte sólida. Nomenclatura. Geografía. Orografía. Parte fluida. Atmósfera. Nubes. Vientos. Parte líquida. El mar. Sus accidentes. Fuentes. Ríos. Lagos. Climas físicos.
Don Francisco S. Chamorro
Don Joaquín Espinosa
Don Carlos Junco
Don Guillermo Wilson
Don Emilio Navarrete
Don Francisco Rueda
Don Rafael López
Don Juan Crucet
Don Nicolás Gómez
Don Federico Adán
Don Alfredo Adán
Don Dionisio Mantilla
Don Ramón Pintó
Don Fernando Carrillo
Don José Castellanos

Matemáticas

A cargo de don Joaquín G. Lebredo

Sección primera
Álgebra elemental. Suma. Resta. Multiplicación. División. Elevación a potencias y extracción de raíces de los monomios. Ecuaciones de primer grado con una y varias incógnitas. Geometría elemental hasta paralelas exclusive. Texto, Vallejo.
Don Francisco Rueda
Don Emilio Navarrete
Don Ramón Pintó
Don Nicolás Gómez
Don Felipe Carrillo
Don Rafael López
Don Carlos Junco
Don Dionisio Mantilla
Don Francisco Chamorro
Don José Castellanos
Don Guillermo Wilson
Don Juan Crucet
Don Federico Adán
Don Alfredo Adán
Don Joaquín Espinosa
Don José M. Triana
Don Federico Castellanos
Don Alejandro Atteridge

Sección segunda
Álgebra elemental. Geometría elemental
El primer alumno la ha dado en toda su extensión y hasta el tratado de superficies los demás.
Don Nicolás Navarrete
Don Cornelio Souchay
Don Juan Castellanos
Don José T. Arcaya

Sección tercera

Geometría analítica. Definición y métodos usados en esta parte de las Matemáticas. Construcción de ecuaciones. Resolución de varios problemas.

Trigonometría rectilínea hasta la determinación de las fórmulas relativas a la multiplicación o división de los arcos.

Don Manuel Castellanos

Don Juan Rivas

Don Manuel V. Castellanos

Don Vicente Nenninger

Don Juan B. Hernández

Don Joaquín Barnet

Don Manuel Morales

Don Bernabé Pina

Don Lorenzo Jiménez

Don Eduardo Carbonell

Don Luis Vila

Este último alumno se presentará en Principios de Geometría Analítica.

Sección cuarta

Geometría Analítica al nivel de los anteriores y además determinación de los puntos y rectas en un plano. Problemas relativos a la determinación de las ecuaciones de las rectas en posiciones determinadas. Trigonometría esférica con toda extensión. Principios de secciones cónicas.

Don Carlos Guerrero

Dibujo natural

A cargo de don Tomás Codezo

Presentarán principios.

Don Manuel Sanguily

Don Emilio Hevia

Don Francisco Lastres

Don Juan M. Ferrer

Don Pedro Hernández
Don Leopoldo Fernández
Don Pelayo Vigil
Caras y medios cuerpos.
Don Miguel Arango
Don Cornelio Castellanos
Don José F. Arcaya
Don Mateo Pedroso
Paisajes a dos creyones.
Don Cornelio Souchay
Don Mariano Mendive

Pintura
A cargo del mismo
Paisajes a la sepia y caras al pastel.
Don Domingo Madan
Don Miguel Arango
Don José Armona
Don Nicolás Navarrete

Música
A cargo de don Enrique González
Explicarán los principios elementales. Solfeo general y particular.
Don Juan Claret
Don Ramón Pintó
Don Leopoldo Hernández
Don César Pintó
Don Carlos Guerrero
Don Pedro Hernández
Don Antonio Gómez
Don Nicolás Gómez
Don Dionisio Mantilla
Don Manuel Vandrell A cargo del mismo

Don Ramón Pintó ... Fantasía sobre temas de la Lucrecia Borgia de Donizzetti
Don Dionisio Mantilla ... Sobre temas de la Traviata de Verdi

Clase gimnástica
A cargo de don Ramón Cisneros
Está dividida en dos secciones y han practicado los ejercicios correspondientes.

Clases universitarias historia
A cargo de don José R. Reyes
Primer curso
Historia antigua. Definición de la historia. Sus divisiones principales. Edades del mundo según Bossuet. Divisiones. Tiempo primitivo, mitológico e histórico. Principales historiadores. Historia sagrada. Creación del mundo. Los Patriarcas. Diluvio Universal. Noé y su descendencia. Sucesión de los pueblos. Cuadros y composiciones.
Don Fernando Carrillo
Don Nicolás Gómez
Don Juan Crucet
Don Rafael López
Don Francisco Rueda
Don Emilio Navarrete
Don Guillermo Wilson
Don Carlos Junco
Don Joaquín Espinosa
Don Francisco S. Chamorro
Don José Castellanos
Don Ramón Pintó
Don Dionisio Mantilla
Don Alfredo Adán
Don Federico Adán

Segundo curso

Historia de la edad media. Estado de la Europa. Su carácter. La Iglesia. Feudalismo. Monarquía. Sucesión de los pueblos. Épocas. Cuadros y composiciones.

Don Bernabé Pina
Don Manuel Morales
Don Manuel Castellanos
Don Manuel V. Castellanos
Don Lorenzo Jiménez
Don Eduardo Carbonell
Don Juan Rivas
Don Joaquín Barnet
Don Juan B. Hernández
Don Vicente Nenninger

Literatura

Tercer curso
A cargo de don José I. Rodríguez
Principios generales de retórica y poética. Reglas comunes a toda clase de escrito. Reglas particulares de los escritos en verso.

Don Antonio Bruzón
Don Magín Sagarra
Don José Armona
Don Domingo Madan
Don Florencio Navia
Don José Caballero
Don Juan Nenninger
Don José A. Calarraga
Don Juan T. Ramos
Don Luis del Junco

Cuarto curso
A cargo de don José M. Mestre

Consideraciones generales sobre el desarrollo de la lengua y literatura castellana. Épocas en que puede dividirse la historia de la poesía castellana. Poetas más notables de las primeras épocas. Historia de la poesía griega.

Don Francisco Navarro

Don Manuel del Pozo

Griego

A cargo de don Clandio J. Vermay

Primer curso

Alfabeto según la pronunciación de los griegos modernos. Reglas de eufonía y acentuación. Declinación de los nombres sustantivos y sus contractos. Declinación de los adjetivos y participios. Comparativos y superlativos. Numeración griega. Pronombres. Escriben al dictado.

Don Antonio Bruzón

Don Florencio Navia

Don José Armona

Don Domingo Madan

Don Manuel del Pozo

Don Magín Sagarra

Segundo curso

Conjugación de los verbos regulares y sus contractos. Traducción del curso de versiones de Bedel y odas de Anacreonte.

Don Francisco Navarro

Física

A cargo de don Francisco Ruz

Primer año

Objeto, importancia y relaciones de la Física. Materia. Cuerpos. Espacio. Fuerzas. Movimiento y sus leyes. Máquinas simples. Gravedad. Densidad. Pesos. Centro de gravedad y equilibrio. Caída de los cuerpos. Péndulo.

Fuerza molecular. Cohesión, afinidad y adhesión. Capilaridad. Principios de Hidrostática. Peso específico.

Don Francisco S. Chamorro
Don Joaquín Espinosa
Don Guillermo Wilson
Don Carlos Junco
Don Francisco Rueda
Don Emilio Navarrete J. Juan Crucet
Don Rafael López
Don Alfredo Adán
Don Nicolás Gómez
Don Dionisio Mantilla
Don Federico Adán
Don José Castellanos
Don Ramón Pintó
Don Fernando Carrillo
Don Antonio Gómez
Don Federico Castellanos

Segundo curso

Acústica. Sonido y ruido. Propagación, intensidad y velocidad del sonido. Tono y timbre. Reflexión y refracción. Ecos y resonancia. Vibración de las cuerdas y sus leyes. Calórico. Hipótesis sobre su naturaleza. Sus efectos. Termómetros. Dilatación de los sólidos. Pirómetros. Dilatación de los liquidos. Vapores. Estado esferoidal. Conductibilidad. Radiación. Máquinas de vapor. Fuentes del calórico. Electricidad e hipótesis sobre su naturaleza. Electricidad estática y dinámica. Teoría de Symmer y de Franklin. Máquinas. Electricidad por influencia. Teoría de Faraday. Aparatos eléctricos. Rayo. Choque en retorno. Pararrayos. Teoría de Volta sobre el granizo. Galvanismo. Su historia. Pila de Volta. Diversas clases de pilas. Sus efectos. Magnetismo. Hipótesis sobre su naturaleza. Imanes naturales y artificiales. Imitación por influencia y por contacto. Fuerza coercitiva. Brújula. Atracciones magnéticas. Nociones de Meteorología.

Don Eduardo Carbonell

Don Joaquín Barnet
Don Lorenzo Jiménez
Don Manuel V. Castellanos
Don Manuel Morales
Don Juan Rivas
Don Manuel Castellanos
Don Bernabé Pina
Don Juan S. Hernández
Don Vicente Nenninger
Don Carlos Guerrero
Don Nicolás Navarrete
Don Eduardo Alderete

Química
A cargo de don Joaquín F. Aenlle

Primer curso
Objeto y división. Fuerzas que tienden a reunir o separar las moléculas de los cuerpos. Resultados de equilibrio de las fuerzas de agregación con la expansiva del calórico. La combinación como causa de unión y separación de los átomos de diferente naturaleza. Teoría electroquímica. Isometría, alotropía y polimería. Dimorfismo y polimorfismo. Diversas nomenclaturas, todas deficientes en el estado actual de la ciencia. Clasificación de los cuerpos simples. Metaloides y sus compuestos.
Don Manuel Morales
Don Bernabé Pina
Don Manuel Castellanos
Don Juan Rivas
Don Lorenzo Jiménez
Don Manuel V. Castellanos
Don Juan B. Hernández
Don Eduardo Carbonell
Don Joaquín Barnet·
Don Vicente Nenninger

Don Carlos Guerrero

Segundo curso

Diferencias entre la química orgánica y la mineral. En la primera se procede por análisis y en la otra por síntesis. Análisis elemental e inmediato. Sustancias organizadas y orgánicas. Agentes que intervienen. Diversas fases del análisis elemental. Modo de determinar la fórmula de una materia orgánica. Principios inmediatos de los vegetales. Productos nitrogenados. Acción que ejercen sobre ellos los ácidos minerales. Alcaloides, ácidos y sustancias neutras. Combinaciones de éstos entre sí. Nomenclatura especial para designarlas. Fermentación y sus productos.

Don Domingo Madan
Don José Caballero
Don Luis del Junco
Don Florencio Navia
Don José A. Galarraga
Don Magín Sagarra
Don Juan T. Ramos
Don José Armona
Don Juan Nenninger
Don Antonio Bruzón

Botánica
A cargo del mismo

Objeto y división. Estructura de los vegetales. Funciones de nutrición. Órganos encargados de desempeñarlas. Funciones de reproducción y sus órganos. Estudios de los vegetales desde el punto de vista anatómico y división en monocotiledones y dicotiledones. Clasificaciones. Sistema sexual de Linneo. Método de Fournefort. Método de Jussieux.

Don Manuel Morales
Don Bernabé Pina
Don Manuel Castellanos
Don Lorenzo Jiménez
Don Manuel V. Castellanos

Don Juan Rivas
Don Eduardo Carbonell
Don Joaquín Barnet
Don Juan B. Hernández
Don Vicente Nenninger
Don Carlos Guerrero

Historia natural en general
A cargo de don José I. Rodríguez
Introducción y generalidades. Acciones sobre la anatomía y fisiología de la digestión, circulación y respiración.
Don Dionisio Mantilla
Don Alfredo Adán
Don Federico Adán
Don Fernando Carrillo
Don José Castellanos
Don Ramón Pintó
Don Nicolás Gómez
Don Juan Crucet
Don Rafael López
Don Francisco Rueda
Don Emilio Navarrete
Don Guillermo Wilson
Don Carlos Junco
Don Joaquín Espinosa
Don Francisco S. Chamorro

Zoología
A cargo del mismo
Nociones preliminares. Estudio, clasificación y descripción de los mamíferos, aves y reptiles.
Don José Armona
Don Juan Nenninger
Don Antonio Bruzón

Don Juan T. Ramos
Don Magín Sagarra
Don José A. Galarraga
Don Florencio Navia
Don Luis del Junco
Don Domingo Madan
Don José Caballero

Filosofía[42]

Alumnos de tercer y cuarto año. Leerán algunas disertaciones. Don Juan Nenninger

Don José Armona
Don Magín Sagarra
Don Juan T. Ramos
Don Florencio Navia
Don José A. Galarraga
Don José Caballero
Don Luis del Junco
Don Manuel del Pozo
Don Domingo Madan
Don Antonio Bruzón
Don Francisco Navarro.

42　Repetimos aquí que el Elenco de filosofía de 1856 es exactamente igual al de 1850 y siguientes años, por lo cual no lo reproducimos (Roberto Agramonte)

XV. Exámenes del Colegio del Salvador

Dirigido por don José de la Luz

Empezarán el 8 de diciembre, a las 5 de la tarde

HABANA IMPRENTA DEL GOBIERNO Y CAPITANÍA GENERAL POR S. M.

1858

Educación primaria

Religión

Sección primera
A cargo de don José María Romay
Oraciones por Ripalda y parte del Fleury.
Don Alejandro Estrada
Don Pedro Bombalier
Don Tomás Waterland
Don Santiago Lapeyre
Don Eduardo Lapeyre
Don Francisco Ferregut
Don Santiago Rodríguez
Don Ramón Crucet
Don Joaquín Manjón
Don Francisco Coimbra
Don José A. Cintra
Don Antonio Santo Domingo
Don Luis Estrada
Don Ramón Clavijo
Don Ricardo Villate
Don Carlos Caballero

Sección segunda
A cargo del mismo
Don Francisco de la Cuesta

Don Luis de la Luz
Don Francisco Larralde
Don julio Jiménez
Don Ciriaco Navarro
Don Ricardo Prentice
Don Emilio Hevia
Don Félix Campuzano
Don Francisco Carrillo
Don Joaquín Foxá
Don Joaquín Llibre
Don José F. Castro

Elencos y escritos académicos

Lectura
Método explicativo

Sección primera
A cargo de don Federico Cordero
Leen medianamente:
Don Pedro Bombalier
Don Joaquín Foxá
Don Alejandro Estrada
Don Eduardo Lapeyre
Don Francisco Coimbra
Don Ricardo Villate
Don Tomás Waterland
Don Francisco Ferregut
Don Antonio Santo Domingo

Sección segunda
A cargo de don Marcos Aurelio Morel
Leen en cualquier libro.
Don Francisco Carrillo

Don Diego de Rojas
Don Santiago Lapeyre
Don julio Jiménez
Don Francisco Larralde
Don Luis de la Luz
Don Emilio Hevia
Don Antonio Bassave
Don José F. Castro
Don Luis Estrada

Sección tercera
A cargo de don Juan B. Hevia
Más adelantada que la anterior. Composiciones.
Don Ricardo Piñeyro
Don Ciriaco Navarro
Don Félix Campuzano
Don Luis M. Vignier
Don Leopoldo Fernández
Don José A. Cintra
Don Joaquín Girette
Don Francisco Guiral
Don Ramón Clavijo
Don Francisco de la Cuesta
Don Ricardo Romay
Don Rafael Girette
Don Manuel Sanguily
Don Francisco Costales
Don Ricardo Prentice

Escritura
A cargo de don Juan B. Hevia
Presentarán sus trabajos y escribirán en presencia de los concurrentes.

Gramática

Sección primera
A cargo de don Manuel Agüero
Partes de la oración. Accidentes. Escritura al dictado. Composiciones.
Don Francisco Larralde
Don Justo Pérez
Don Miguel Jiménez
Don julio Jiménez
Don Ricardo Villate
Don Francisco Carrillo
Don Perfecto de Rojas
Don Diego de Rojas
Don Rafael Girette
Don Joaquín Girette
Don Joaquín Llibre
Don Emilio Hevia
Don Santiago Lapeyre
Don Ricardo Prentice
Don Francisco Coimbra
Don Joaquín Foxá
Don Luis de la Luz
Don Tomás Waterland
Don Ramón Crucet
Don Santiago Rodríguez
Don Antonio Santo Domingo
Don Joaquín Manjón
Don Francisco Ferregut
Don Eduardo Lapeyre

Sección segunda
A cargo de don Juan B. Hevia
Más adelantada que la anterior.
Don José A. Cintra
Don Manuel Sanguily

Don Ramón Clavijo
Don Luis M. Vignier
Don Joaquín Girette
Don Félix Campuzano
Don Leopoldo Fernández
Don José Martínez
Don Luis Estrada
Don Ciriaco Navarro
Don Luis de la Luz
Don Francisco de la Cuesta
Don Rafael Girette

Sección tercera
A cargo de don Ramón Ramos Análisis. Sintaxis. Prosodia. Escritura al dictado. Lectura explicada. Composiciones.
Don Pedro usted Vila
Don Francisco Xenes
Don Enrique Guiral
Don Francisco Guiral
Don Manuel Cabrera
Don Francisco Costales
Don Pedro Campuzano
Don Carlos Caballero
Don Francisco Gutiérrez
Don Pelayo Vigil
Don Ricardo Piñeyro
Don José M. Triana
Don José Castellanos
Don César Pintó
Don Francisco Alba
Don Rafael Soria

Sección cuarta
A cargo de don Antonio Angulo

Nociones de Gramática general. Etimología y sintaxis. Composiciones.
Don Joaquín Barnet
Don Juan Hernández
Don Agustín reyes
Don Bernabé Pina
Don Eduardo Alderete
Don Eduardo Carbonell
Don Juan Rivas
Don Antonio M. Janier

Aritmética

Sección primera
A cargo de don Marcos A. Morel
Leen y escriben cantidades.
Don Antonio Santo Domingo
Don Tomás Waterland
Don Francisco Ferregut
Hasta restar.
Don Joaquín Manjón
Don Joaquín Foxá
Hasta multiplicar.
Don Manuel Sanguily
Hasta dividir.
Don Ricardo Villate
Don Francisco Carrillo
Don Ramón Crucet
Don Santiago Rodríguez
Don Francisco Coimbra
Don Santiago Lapeyre

Sección segunda
A cargo de don Juan B. Hevia
Hasta la multiplicación de los quebrados, inclusive.

Don Luis M. Vignier
Don Ramón Clavijo
Don Francisco Xenes
Don Francisco Costales
Don Félix Campuzano
Don Luis de la Luz
Don José A. Cintra
Don Luis Estrada
Don Ciriaco Navarro
Hasta denominados.
Don Pelayo Vigil
Don Francisco de la Cuesta
Don Leopoldo Fernández
Don Antonio Bassave

Sección tercera
A cargo de don Manuel Agüero
Más adelantados que los anteriores.
Don Francisco Larralde
Don Justo Pérez
Don Pedro usted Vila
Don Joaquín Llibre
Don Cornelio Castellanos
Don Rafael Soria
Don Pelayo Vigil
Don Perfecto de Rojas
Don Rafael Girette
Don Joaquín Girette
Don Fernando Carrillo
Don José Martínez

Sección cuarta
A cargo de don Jesús B. Gálvez

Elevación a potencias y extracción de raíces. Razones y proporciones. Progresiones. Reglas de tres, de interés, de descuento, de compañía, de aligación y conjunta.

Don Francisco Alba
Don Antonio Gómez
Don Francisco Guiral
Don Carlos Caballero
Don Nicolás Gómez
Don Pedro usted Vila
Don Leopoldo Fernández
Don José Castellanos
Don César Pintó

Sección quinta
A cargo del mismo
Más adelantados. Progresiones, logaritmos, etc.
Don Ricardo Piñeyro
Don Joaquín Barnet
Don Gaspar Ceballos
Don Enrique Guiral
Don Pedro Hernández

Dibujo lineal
A cargo de don José María Romay
Generalidades. Líneas y ángulos.
Don Tomás Waterland
Don Francisco Ferregut
Don Santiago Rodríguez
Don Ramón Crucet
Don Joaquín Manjón
Don Francisco Coimbra
Don Antonio Santo Domingo
Don Ramón Clavijo
Don Rafael Girette

Don Joaquín Girette
Hasta las pirámides por el texto de Dueñas.
Don Luis de la Luz
Don Francisco Larralde
Don Ciriaco Navarro
Don Ricardo Prentice
Don Francisco Carrillo
Don Emilio Hevia
Don Francisco Cuesta

Sección segunda
A cargo de don Jesús B. Gálvez
Ángulos y triángulos. Cuadriláteros. Polígonos. Curvas geométricas y mecánicas.
Don Francisco Gutiérrez
Don Pedro usted Vila
Don Leopoldo Hernández
Don Eustasio Cabrera
Don Antonio Janier Martínez

Sección tercera
A cargo del mismo
Planos. Poliedros. Cuerpos redondos. Problemas.
Don Ricardo Piñeyro
Don Juan M. Ferrer
Don Pedro Hernández
Don Pedro Campuzano
Don Joaquín Barnet
Don Agustín reyes
Don Cornelio Castellanos

Geografía

Sección primera

A cargo de don José María Romay
Don Alejandro Estrada
Don Ricardo Villate
Don Tomás Waterland
Don Luis de la Luz
Don Eduardo Lapeyre
Don julio Jiménez
Don Santiago Rodríguez
Don Ricardo Prentice
Don Joaquín Manjón
Don Joaquín Foxá
Don Pedro Bombalier
Don Luis Estrada
Don Santiago Bombalier
Don Rafael Girette
Don Francisco Ferregut
Don Carlos Caballero
Don Ramón Crucet
Don Francisco de la Cuesta
Don Francisco Coimbra
Don Francisco Larralde
Don Antonio Santo Domingo
Don Ciriaco Navarro
Don Ramón Clavijo
Don Francisco Carrillo
Don Joaquín Girette
Don Joaquín Llibre

Sección segunda
A cargo de don Juan B. Hevia
Europa. Texto, González. Mapas.
Don José A. Cintra
Don Francisco Guiral
Don Emilio Hevia

Don Félix Campuzano
Don Enrique Guiral
Don Francisco Xenes Europa y Asia.
Don Antonio Ceballos
Don Justo Pérez
Don Antonio Janier M.
Don Agustín reyes
Don Pedro usted Vila
Don Manuel Sanguily
Don Luis M. Vignier
Don Francisco Alba

Sección tercera
A cargo de don Hildebrando Martí
Generalidades de Europa, Asia, África y Oceanía. Las dos Américas.
Mapas.
Don Juan M. Ferrer
Don Manuel Cabrera
Don Ricardo Piñeyro
Don José M. Triana
Don Pedro Campuzano
Don Francisco Costales
Don José Castellanos
Don Rafael Soria
Don Alejandro del Río
Don Francisco Gutiérrez
Don Antonio Gómez
Don Leopoldo Fernández

Sección cuarta
A cargo de don José Podbielski
Han estudiado por el texto de Cronell y responderán en inglés a las preguntas que se les hicieren.
Don Antonio Janier

Don Agustín reyes
Don Pedro Hernández
Don Rafael López
Don Francisco de la Cueva

Educación secundaria Religión
A cargo de don Ramón Ramos
Historia Sagrada. Antiguo y Nuevo Testamento.
Don Luis M. Vignier
Don Leopoldo Fernández
Don Francisco H. De Alba
Don Enrique Guiral
Don Manuel Cabrera
Don Eustasio Cabrera
Don Francisco Guiral
Don Agustín reyes
Don Justo Pérez
Don Manuel Sanguily
Don Pedro usted Vila
Don Pedro Campuzano

Latín

Sección primera
A cargo de don Enrique Piñeyro
Declinan y conjugan.
Don Carlos Caballero
Don Diego de Rojas
Don Pedro Campuzano
Don julio Jiménez
Don Manuel Castro
Don Federico Castro
Don Emilio Hevia
Don Luis Estrada

Don Juan Crucet

Sección segunda
A cargo del mismo
Traducen las Fábulas de *Fedro* y la Vida de T. Pomponio Atico en Cornelio Nepote. Temas fáciles.
Don José M. Triana
Don Alejandro del Río
Don Enrique Guiral
Don Carlos Navarro
Don Antonio Bassave
Don Francisco Guiral
Don Francisco Rodríguez
Don Eustasio Cabrera
Don Pelayo Vigil
Don Miguel Jiménez
Don Francisco Gutiérrez
Don Rafael Soria
Don Antonio Conzález
Don José A. Cintra
Don Perfecto de Rojas
Don José Castellanos
Don Manuel Cabrera

Sección tercera
A cargo del mismo
Traducen la Eneida de Virgilio y el primer libro de Odas de Horacio.
Don Bernabé Pina
Don Francisco Rodríguez
Don Manuel Castellanos

Francés

Sección primera

A cargo de don Enrique Piñeyro
Ejercicios fáciles. Empiezan a leer y traducir.
Don Francisco Alba
Don Rafael López
Don José Castellanos
Don Antonio Ceballos
Don Antonio Gómez
Don Antonio Góbez
Don Cornelio Castellanos
Don Manuel Sanguily
Don Rafael Girette
Don José Girette
Don Joaquín Espinosa
Don Vicente Nenninger
Don Cornelio Castellanos

Sección segunda
A cargo de don Adolfo G. Duplessis
Traducen y empiezan a leer y hablar. Conjugan los verbos regulares.
Don Ricardo Piñeyro
Don Eduardo Carbonell
Don Manuel Castellanos
Don Manuel Cepero
Don Fernando Carrillo
Don Luis M. Vignier
Don Leopoldo Hernández
Don Juan Neira
Don Francisco de la Cueva
Don Vicente Nenninger

Sección tercera
A cargo del mismo
Leen regularmente. Empiezan a sostener una conversación. Trozos de memoria. Entran en las dificultades de la gramática francesa.

Don Antonio Bruzón
Don Juan Hernández
Don Eduardo Alderete
Don Dionisio Mantilla
Don Nicolás Navarrete
Don Emilio Navarrete

Inglés

Sección primera
A cargo de don Ramón Ramos Leen y traducen en el Introduction to popular lessons. Escriben al dictado.
Don Carlos Caballero
Don Francisco Alba
Don Ricardo Piñeyro
Don Luis M. Vignier
Don Francisco Guiral
Don Félix Campuzano
Don Leopoldo Fernández
Don Francisco Xenes
Don Enrique Guiral
Don Ricardo Romay
Don Justo Pérez
Don julio Jiménez
Don Ramón Crucet

Sección segunda
A cargo del mismo
Leen y traducen en el *Popular Lessons*. Escriben al dictado explicando las reglas gramaticales.
Don Agustín reyes
Don Francisco Gutiérrez
Don Manuel Cabrera
Don Antonio Janier M.

Don Eustasio Cabrera
Don Tomás Waterland
Don Pedro Campuzano
Don José M. Triana
Don Cornelio Souchay
Don Alejandro del Río

Sección tercera
A cargo de don Hildebrando Martí
Han estudiado por la Gramática de Aparicio hasta los verbos irregulares, leen y traducen en el Sequel to popular lessons, hacen temas y escriben al dictado. Composiciones.
Don César Pintó
Don Eduardo Alderete
Don Carlos Guerrero
Don Dionisio Mantilla
Don Eduardo Carbonell
Don Ramón Pintó
Don Luis Junco
Don José Castellanos
Don Antonio Bruzón
Don Rafael López

Sección cuarta
A cargo de don Alonso Megarge
Leen y traducen en el First Class Book. Explican el contenido de cualquier trozo y aplican los principios gramaticales.
Don Nicolás Navarrete
Don Luis Junco
Don Antonio Gómez
Don Antonio Bruzón
Don Nicolás Gómez
Don Eduardo Alderete
Don Leopoldo Hernández

Don José Castellanos
Don Juan Neyra
Don Rafael López
Don Francisco de la Cueva

Sección cuarta
A cargo de don Alonso Megarge
Leen y traducen en el First Class Book. Explican el contenido de cualquier trozo y aplican los principios gramaticales.
Don Nicolás Navarrete
Don Gaspar Ceballos
Don Antonio Gómez
Don Antonio Ceballos
Don Nicolás Gómez
Don Pedro Hernández
Don Leopoldo Hernández
Don Juan Crucet
Don Juan Neira
Don Rudesindo Rueda
Don Francisco de la Cueva

Aritmética mercantil
A cargo de don Ramón de la Cruz
Historia del comercio en la antigüedad y en los pueblos modernos. Cálculos relativos a la compra y venta de frutos del comercio con las monedas respectivas. Cuentas de descuentos en pagarés y letras de seguro, de avería y problemas sobre el cambio directo, indirecto y circular.
Don Agustín reyes
Don Gaspar Ceballos
Don Juan Neyra
Don Francisco de la Cueva
Don Eduardo Alderete
Don Antonio Janier
Don Juan Castellanos

Don Eustasio Cabrera
Don Mateo Pedroso
Don César Pintó
Don Joaquín Llibre
Don Leopoldo Hernández

Teneduría de libros
A cargo del mismo
Resolverán algunos ejemplos prácticos y explicarán toda la partida doble.
Don Gaspar Ceballos
Don Agustín reyes
Don Francisco de la Cueva
Don Eustasio Cabrera
Don Eduardo Alderete
Don César Pintó
Don Antonio Janier
Don Leopoldo Hernández
Don Mateo Pedroso
Don Joaquín Llibre

Cosmografía
A cargo de don Enrique Piñeyro
Nociones elementales. Sistema solar. Fuerzas centrípeta y centrífuga. Leyes de Keplero. El Sol. Planetas inferiores. La tierra y todos sus accidentes. La Luna. Eclipses. Mareas. Los asteroides. Júpiter, Saturno, Urano y Neptuno, con sus satélites. Problemas en el globo terrestre.
Don Manuel de J. Cabrera
Don José M. Triana
Don Juan M. Ferrer
Don Perfecto de Rojas
Don Francisco Gutiérrez
Don Pelayo Vigil
Don Alejandro del Río
Don Juan Castellanos

Don Cornelio Castellanos
Don Manuel Ponce
Don Francisco Rodríguez
Don Antonio González
Don Eustasio Cabrera
Don Federico Castellanos
Don Miguel Jiménez
Don Francisco Costales
Don Antonio Bassave
Don Rafael Soria

Geografía física
A cargo del mismo
Nomenclatura. La atmósfera. Nubes. Vientos. Climas físicos. El mar. Su profundidad y temperatura. Mareas, corrientes. Nivel. Revoluciones de la tierra. Orografía. Volcanes.
Don José M. Triana
Don Manuel Cabrera
Don Cornelio Souchay
Don Juan M. Ferrer
Don Francisco Gutiérrez
Don Alejandro del Río
Don Perfecto de Rojas
Don Pelayo Vigil
Don Manuel Ponce
Don Francisco Rodríguez
Don Eustasio Cabrera
Don Antonio Rodríguez
Don Federico Castellanos
Don Rafael Soria
Don Miguel Jiménez
Don Francisco Costales
Don Antonio Bassave

Matemáticas

Sección primera
A cargo de don Carlos Guerrero
Álgebra elemental hasta la extracción de raíces de los monomios.
Don Agustín reyes
Don Antonio Janier
Don Gaspar Ceballos
Don Pedro Hernández
Don Leopoldo Hernández

Sección segunda
A cargo de don Joaquín G. Lebredo Álgebra Elemental. Suma, resta, multiplicación y división. Quebrados literales. Elevación a potencias y extracción de raíces de los monomios. Ecuaciones de primer grado con una incógnita.
Geometría Elemental. Hasta paralelas inclusive. Texto: Vallejo.
Don José M. Triana
Don Juan M. Ferrer
Don Antonio González
Don Manuel Cabrera
Don Eustasio Cabrera
Don Perfecto de Rojas
Don Rafael Soria
Don Pelayo Vigil
Don Antonio Bassave
Don Alejandro del Río
Don Francisco Gutiérrez
Don Miguel Jiménez
Don Francisco Rodríguez
Don Federico Castellanos

Sección tercera
A cargo del mismo

Álgebra elemental con toda su extensión. Geometría elemental hasta el tratado de superficies exclusive.

Don Cornelio Souchay
Don Juan Castellanos
Don Francisco de la Cueva

Sección cuarta
A cargo del mismo
Geometría Analítica. Definición y métodos. Construcción de ecuaciones. Resolución de varios problemas. Principios de Trigonometría rectilínea.

Don Joaquín Espinosa
Don Carlos del Junco
Don Fernando Carrillo
Don Ramón Pintó
Don Guillermo Wilson
Don José Castellanos
Don Juan Crucet
Don Emilio Navarrete
Don Nicolás Gómez
Don Dionisio Mantilla
Don Nicolás Navarrete
Este último ha estudiado con toda extensión la Trigonometría rectilínea.

Sección quinta
A cargo del mismo
Secciones cónicas en toda su extensión.
Don Carlos Guerrero
Don Aurelio Llanos

Alemán
A cargo de don José Podbielski
Ejercicios gramaticales. Traducen en el libro de G. J. Adler. Trozos de memoria.
Don Gaspar Ceballos

Don Juan Hernández

Dibujo natural
A cargo de don Tomás Codezo
Presentarán principios.
Don Manuel Sanguily
Don Antonio Gómez
Don Leopoldo Fernández
Caras y medios cuerpos.
Don Cornelio Castellanos
Don Manuel Sanguily
Don Antonio Ceballos
Don Pedro Hernández
Don Cornelio Souchay
Don Mateo Pedroso

Música
A cargo de don Enrique González
Don Joaquín Llibre
Don Antonio Janier
Don Nicolás Gómez
Don Pedro Hernández
Don Antonio Gómez
Don Leopoldo Hernández
Don Carlos Guerrero
Don Dionisio Mantilla
Don Juan M. Ferrer
Don Ramón Pintó
Don Oscar Pintó
Don Juan M. Ferrer ... Vals de duque de Reichsdat
Don César Pintó ... Cuatro manos
Don Carlos Guerrero ... Rondó de la ópera La Favorita
Don Ramón Pintó ... Dúo de tiple y barítono de La Traviata
Don Dionisio Mantilla... Dúo de tiple y tenor de la Linda de Chamounix

Clase de gimnástica

A cargo de don Carlos Villar Está dividida en dos secciones y han practicado los ejercicios correspondientes.

Clases universitarias historia
A cargo de don Enrique Piñeyro

Primer curso

Historia antigua. Definiciones y divisiones. Principales historiadores. Resumen de la historia sagrada. China. Egipto. Asiria. Fenicia. Los Pelasgos. Fundación de Atenas y demás ciudades de Grecía. Sesostris. Minos y sus leyes. Viaje de los Argonautas. Guerra de Troya. Homero. Colonias griegas. Licurgo. Fundación de Roma. Filosofía griega. Monarquía romana. Composiciones.

Don Manuel de Cabrera
Don José M. Triana
Don Francisco Gutiérrez
Don Alejandro del Río
Don Perfecto de Rojas
Don Pelayo Vigil
Don Juan Castellanos
Don Manuel Ponce
Don Cornelio Castellanos
Don Antonio Bassave
Don Juan M. Ferrer
Don Francisco Rodríguez
Don Eustasio Cabrera
Don Antonio González
Don Federico Castellanos
Don Rafael Soria
Don Miguel Jiménez
Don Francisco Costales

Segundo curso

Historia de la Edad Media. Divisiones. Clodoveo. Justiniano. Teodorico. Invasión de los visigodos en España. Mahoma. Conquistas de los árabes. Carlomagno. La Iglesia. El feudalismo. Árabes de Oriente. Hugo Capeto. Las Cruzadas. Renacimiento del derecho público en Europa. Composiciones.

Don Carlos del Junco
Don Emilio Navarrete
Don Joaquín Espinosa
Don Guillermo Wilson
Don Dionisio Mantilla
Don Juan Crucet
Don Nicolás Gómez
Don José Castellanos
Don Fernando Carrillo
Don Ramón Pintó

Literatura

Tercer curso

A cargo de don José Ignacio Rodríguez Principios generales de Retórica y Poética. Reglas comunes a los escritos en verso. Reglas particulares a toda clase de escritos.

Don Bernabé Pina
Don Joaquín Barnet
Don Juan Hernández
Don Manuel V. Castellanos
Don Aurelio Llanos
Don Juan Rivas
Don Manuel Castellanos
Don Vicente Nenninger
Don Lorenzo Jiménez
Don Carlos Guerrero
Don Eduardo Carbonell

Cuarto curso
A cargo de don José Manuel Mestre
Don Luis del Junco
Don Juan Nenninger
Don Manuel Cepero
Don José Caballero
Don Magín Sagarra
Don Antonio Bruzón
Don Florencio Navia

Griego
A cargo de don Claudio J. Vermay

Primer curso
Alfabeto según los griegos modernos. Reglas de eufonía y acentuación. Declinación de los nombres sustantivos y sus contractos, adjetivos y participios. Comparativos y superlativos. Numeración griega. Pronombres. Escriben al dictado.
Don Juan Hernández
Don Lorenzo Jiménez
Don Manuel Castellanos
Don Joaquín Barnet
Don Manuel V. Castellanos

Segundo curso
Conjugación de los verbos irregulares y sus contractos. Traducción del curso de versiones de Bedel y «Odas» de Anacreonte.
Don Antonio Bruzón
Don Magín Sagarra
Don Florencio Navia
Don Manuel Cepero

Física
A cargo de don Manuel Carrera

Primer año

Objeto e importancia de la ciencia. Materia. Cuerpos. Masa. Propiedades generales. Fuerzas: su composición y descomposición. Movimiento y sus leyes. Atracción universal. Gravedad. Densidad. Peso. Centro de gravedad y equilibrio. Balanzas. Péndulo y sus leyes. Fuerzas moleculares. Cohesión. Afinidad. Adhesión. Propiedades particulares de los sólidos. Hidrostática. Comprensibilidad de los líquidos. Principio de Pascal. Presiones. Principio de Arquímedes. Peso específico. Aerómetros. Capilaridad.

Don José M. Triana
Don Antonio Bassave
Don Francisco Costales
Don Manuel Cabrera
Don Alejandro del Río
Don Antonio González
Don Federico Castellanos
Don Gaspar Ceballos
Don Juan M. Ferrer
Don Manuel Ponce
Don Perfecto de Rojas
Don Agustín reyes
Don Juan Castellanos
Don Cornelio Castellanos
Don Rafael Soria
Don Francisco Rodríguez
Don Pedro Hernández
Don Eustasio Cabrera
Don Leopoldo Hernández
Don Pelayo Vigil
Don Miguel Jiménez
Don Francisco de la Cueva
Don Antonio Ceballos
Don Francisco Gutiérrez

Segundo curso

Magnetismo. Hipótesis sobre su naturaleza. Imágenes. Su acción mutua. Imantación por influencia. Fuerza coerciva. Cuerpos magnéticos. Acción de la tierra sobre los imanes. Brújula. Declinación e inclinación. Ley de las atracciones y repulsiones magnéticas. Cuerpos conductores. Teoría de Simer y Franklin. Leyes de las atracciones y repulsiones eléctricas. Poder de las puntas. Electrización por influencia. Teoría de Faraday. Electroscopios. Máquinas. Condensador. Botella de Leyden y batería eléctrica. Electricidad estática. Electricidad atmosférica. Modo de apreciarla. Relámpago. Trueno. Rayo. Choque de retorno. Pararrayos. Aurora boreal. Electricidad dinámica. Teorías de Galvani y de Volta. Pilas y sus efectos.

Don Emilio Navarrete

Don Joaquín Espinosa

Don Ramón Pintó

Don José Castellanos

Don Nicolás Gómez

Don Fernando Carrillo

Don Dionisio Mantilla

Don Guillermo Wilson

Don Juan Crucet

Don Carlos del Junco

Don Antonio Gómez

Química

A cargo de don Joaquín F. Aenlle

Primer año

Objeto y división. Fuerzas que tienden a reunir o separar las moléculas de los cuerpos. Resultados del equilibrio de las fuerzas de agregación con la expansiva del calórico. La combinación como causas de unión y separación de los átomos de diferente naturaleza. Teoría electroquímica. Isomería, alotropía y polimería. Dimorfismo y polimorfismo. Diversas nomenclaturas. Clasificación de los cuerpos simples. Metaloides y sus compuestos.

Don Joaquín Espinosa

Don Gilberto Wilson
Don José Castellanos
Don Ramón Pintó
Don Juan Crucet
Don Fernando Carrillo
Don Carlos del Junco
Don Emilio Navarrete
Don Dionisio Mantilla
Don Nicolás Gómez

Segundo curso

Diferencias entre la química orgánica y la mineral. En la primera se procede por análisis y en la otra por síntesis. Análisis elemental e inmediato. Sustancias organizadas y orgánicas. Agentes que intervienen. Diversas fases del análisis elemental. Modo de determinar la fórmula de una materia orgánica. Principios inmediatos de los vegetales. Productos nitrogenados. Acción que ejercen sobre ellos los ácidos minerales. Alcaloides, ácidos y sustancias neutras. Combinaciones de éstos entre sí. Nomenclatura especial para designarlas. Fermentación y sus productos.

Don Joaquín Barnet
Don Manuel Castellanos
Don Juan Hernández
Don Eduardo Carbonell
Don Vicente Nenninger
Don Manuel V. Castellanos
Don Juan Rivas
Don Bernabé Pina
Don Carlos Guerrero
Don Aurelio Llanos
Don Lorenzo Jiménez

Botánica
A cargo del mismo

Objeto y división. Estructura de los vegetales. Funciones de nutrición. Órganos encargados de desempeñarlas. Funciones de reproducción y sus órganos. Estudios de los vegetales desde el punto de vista anatómico y división en monocotiledones y dicotiledones. Clasificaciones. Sistema sexual de Linneo. Método de Tournefort.

Don Joaquín Espinosa
Don Guillermo Wilson
Don José Castellanos
Don Ramón Pintó
Don Juan Crucet
Don Fernando Carrillo
Don Carlos del Junco
Don Emilio Navarrete
Don Dionisio Mantilla
Don Nicolás Gómez

Historia natural en general
A cargo de don José I. Rodríguez
Introducción y generalidades. Nociones sobre la anatomía y fisiología de la digestión, circulación y respiración.

Don Manuel Cabrera
Don José M. Triana
Don Antonio Bassave
Don Francisco Costales
Don Alejandro del Río
Don Antonio González
Don Federico Castellanos
Don Juan M. Ferrer
Don Manuel Ponce
Don Francisco Rodríguez
Don Pelayo Vigil
Don Perfecto de Rojas
Don Rafael Soria
Don Eustasio Cabrera

Don Miguel Jiménez
Don Francisco Gutiérrez

Zoología
A cargo del mismo
Introducción y generalidades. Estudio, clasificación y descripción de los mamíferos y las aves.
Don Joaquín Barnet
Don Manuel V. Castellanos
Don Juan Hernández
Don Carlos Guerrero
Don Juan Rivas
Don Bernabé Pina
Don Lorenzo Jiménez
Don Vicente Nenninger
Don Manuel Castellanos
Don Aurelio Llanos
Don Eduardo Carbonell

Filosofía[43]
Alumnos de tercer y cuarto año. Leerán algunas disertaciones. Don Joaquín Barnet
Don Manuel V. Castellanos
Don Juan Hernández
Don Eduardo Carbonell
Don Manuel Castellanos
Don Vicente Nenninger
Don Carlos Guerrero
Don Bernabé Pina
Don Juan Rivas
Don Aurelio Llanos
Don Lorenzo Jiménez

---

43 El Elenco de 1858, que en el original se transcribe, es exactamente igual al Elenco de 1850 y años siguientes, por lo cual no lo repetimos a continuación (Roberto Agramonte).

Don Luis del Junco
Don Juan Nenninger
Don Manuel Cepero
Don José Caballero
Don Magín Sagarra
Don Florencio Navia
Don Antonio Bruzón

XVI. Discurso en los exámenes generales del Colegio del Salvador, pronunciado el 16 de diciembre de 1858

Hablo, señores, para decir que no puedo hablar. Es el caso que, sobre mis habituales achaques, he tenido uno que me ha atacado el órgano de la palabra. En tales circunstancias, deseando hablar —porque ¿quién no ha de desearlo cuando están tantos pendientes de su palabra?— y convencido de que no podría hacerlo con la extensión que deseaba sin grave perjuicio de mi salud, y no queriendo por otra parte defraudar al público de esta deuda anual de la palabra que por costumbre tengo contraída, llamé a uno de mis discípulos, comuniquele mis ideas, vacié en el suyo los sentimientos de mi pecho, y lo encargué de desenvolverlos en un discurso destinado a leerse en este acto. Redactolo en efecto, y habiéndose transfundido mi espíritu en el suyo, debo decir en justicia que es mía la materia, suya la forma y el espíritu de los dos.

Confieso, señores, que después de escrito, me pareció en el primer momento demasiado severo; que nunca la palabra hablada, fugaz y pasajera, aparece tan dura como la misma palabra, consignada y perpetuada por la escritura. Littera scripta manet, dijeron los antiguos. Sin embargo, considerando que así como se arrepentía el salmista de hablar palabras inútiles, podría arrepentirme después de no decir las útiles y provechosas, aunque severas, y me decidí a que se leyera tal cual se concibió y escribió, pensando que si los jóvenes se mueven por el amor de la gloria, y el bello sexo por el sentimiento, a los viejos no debe impulsarnos otro móvil que el amor santo del deber. Ahora solo resta que el discípulo por mí escogido, desempeñe la parte que le toca en la tarea que con él he dividido.[44]

Luz Caballero[45]

---

44 Entonces se adelantó el joven don Antonio Angulo y Heredia, y antes de comenzar a leer el discurso, pronunció como exordio estas breves palabras, procediendo inmediatamente a su lectura: «No tengo la vana pretensión, señores, de presentaros un discurso digno por sus formas del ilustrado auditorio a que se dirige: no hago más que cumplir un deber sagrado del discípulo agradecido para con el amado maestro. Si encontráis en mis palabras defectos e incorrecciones de estilo, atribuidos a mi ignorancia e insuficiencia: si halláis en ellas por el contrario provechosas verdades, ideas y sentimientos apreciables, sabed que son los del venerable maestro de la juventud cubana, que por mi boca os habla en los términos siguientes: Estamos en punto a educación como las vírgenes fatuas del Evangelio: con lámparas, pero sin aceite.

45 Roberto Agramonte.

Señores:[46] No vengo a quejarme de los males de nuestra educación, que suelen convertirse las quejas en vanas declamaciones: vengo a presentar tan solo un breve aunque verídico cuadro de los inconvenientes con que luchamos los amantes fervorosos del sólido progreso moral e intelectual de la juventud cubana; no vengo, repito, a lamentarme, aunque harto derecho tendría para ello, porque ¿acaso no son míos como lo han sido siempre los males de la patria? Vengo solamente a hacer los escasos esfuerzos que mi debilidad me permite, para que esos males que me duelen en lo profundo del alma, alcancen completo remedio en el porvenir. Sí, señores, en el porvenir, pues, aunque por mis años soy hombre de lo pasado, por mis esfuerzos y mis aspiraciones vivo en lo futuro y para lo futuro: futuram civitatem inquirimus; busco la ciudad futura, cual la buscaba el Apóstol de las gentes, y quisiera que mis compatriotas, que los jóvenes, sobre todo, nunca olvidasen que la eterna aspiración del espíritu, por un grado superior de perfección, es la indispensable condición de toda vida moral: el «que no aspira, no respira», vengo repitiendo hace años en mis elencos y no me cansaré de repetirlo.

Pues bien, señores, si aspiramos, y aspirar debemos mientras en nosotros aliente un soplo de vida, por un venturoso porvenir para la patria, ¿cuál es el único medio seguro de que algún día se vean coronados nuestros deseos, realizados nuestros ideales? ¡La educación y solo la educación! La educación de los niños, preciosas y delicadas flores que necesitan de esmerado cultivo para producir sazonado fruto; la educación de los jóvenes, gallardos y lozanos arbustos que han de menester el alimento de nutritiva y fecundante savia para convertirse en frondosos y robustos árboles.

Y esa educación, única esperanza de un porvenir risueño para nuestra Cuba, como para todos los pueblos, ¿reúne acaso todas las condiciones que llenar debiera para realizar por lo menos en parte nuestras nobles y legítimas aspiraciones? No, señores, desgraciadamente no, y voy a cumplir el doloroso deber de demostrárselo.

---

46 Según nuestro criterio estos discursos fueron dictados literalmente por Luz. El estilo y los conceptos así lo prueban (Roberto Agramonte.)

La obra de la educación exige por lo menos tres principales obreros: el padre, el alumno, el maestro; y entiéndase, señores, que cuando digo el padre, comprendo a la madre, porque ¿cómo olvidarla yo a esa primera de las maestras que ha recibido sus diplomas de la naturaleza y de la Divinidad? Los padres deben preparar desde los primeros albores de la vida de su hijo la obra de su educación futura, con la diligencia y empeño que debe inspirarles la profunda convicción de que de ella ha de depender su felicidad real, su dignidad verdadera como hombre y como ciudadano, y cuando más tarde confíen la educación del niño a un colegio, no deben olvidar que su activa y eficaz cooperación es todavía indispensable para el logro de los altos fines que se proponen. El maestro debe estar lleno de fe, de amor, de devoción en espíritu y verdad para cumplir su sagrado ministerio; y el alumno por su parte debe hallarse animado del más vivo deseo de saber, y debe respetar y amar con todas veras a la ciencia y al encargado de comunicarle tan rico tesoro. Cuando padre, maestro y alumno cooperen a la educación contribuyendo cada uno con la parte señalada en este brevísimo bosquejo, cuando los tres miembros de esta trinidad, ligados por vínculos de cariño y respeto, trabajen de consuno y animados por un mismo espíritu para salvar a los hombres y a los pueblos del pecado original de la ignorancia, entonces y solo entonces puede llegar a ser la educación el manantial fecundo de todos los bienes apetecibles, la inagotable fuente de todos los progresos imaginables.

¿Acaso padres, alumnos y maestros son entre nosotros todo lo que debieran ser para que nos acercáramos siquiera un tanto a ese bello ideal de la educación? Examinemos el asunto con interés, que es sin duda el más vital que puede presentarse a nuestra consideración y tengamos valor para confesar nuestros males, para reconocer nuestros defectos, que el primer paso para la curación de una enfermedad es el conocimiento del mal y de sus causas. Permitidme, señores, decir toda la verdad, y entiéndase que al presentarla imparcial y severa a vuestros ojos, no me impulsa otro motivo que el deseo del bien general, no me mueve otra pasión que el amor a mis hermanos y a mis hijos, que tales son para mí mis compatriotas y mis discípulos; mi voz, en una palabra, no es más que el débil eco de un doloroso lamento de la patria que constantemente resuena en el fondo de mi pecho! Los padres entre nosotros, señores, no están íntima y profundamente penetrados de la importancia inmensa de la educación, y he aquí el principal de nuestros defectos, he aquí la raíz de donde brotan casi todos los males que a la educación afligen en nuestro privilegiado suelo. No, no están penetrados los padres de nuestra juventud de que hay una necesidad que satisfacer más urgente que todas las necesidades, necesidad imperiosa de templar, de fortalecer las almas de sus hijos para que desempeñen dignamente sus deberes en sus carreras industriales, científicas o artísticas, para que vivan, lo diré en una palabra, la vida eminentemente religiosa del trabajo; religiosa sí, porque todo trabajo es el resultado de una aspiración al mejoramiento, y toda aspiración al mejoramiento es una aspiración hacia Dios. No, no se hallan íntimamente convencidos de que aún está por resolver satisfactoriamente entre nosotros el más interesante de todos los problemas, el de la educación, que es el problema no ya de la ventura y de la gloria, sino de la vida misma de nuestra patria en el porvenir, porque la vida de los pueblos no educados es la lánguida vegetación de débiles y enfermizas plantas, no la vida activa, poderosa, fecunda de seres racionales y libres favorecidos con los más preciosos dones del Omnipotente.

¿Queréis las pruebas de lo que vengo diciendo? Tan abundantes me las ha ofrecido mi largo ejercicio de la enseñanza, que no concluiría esta noble admonición si os las enumerara todas. Os presentaré, sin embargo, las suficientes para demostrar la verdad de mis asertos aún más allá de lo que yo quisiera.

¡Cuántas veces he visto con dolor, que la mayor o menor proximidad a su domicilio es la primera circunstancia que guía a muchos padres en la elección del establecimiento a que han de confiar la educación de sus hijos! Cuántas veces no he tenido que lamentar la falta de cooperación por parte de los padres y de las familias a la importante obra de la educación! Muy lejos están aún de comprender que la casa y el colegio deben contribuir con igual empeño a la realización de los mismos fines, fines cuya alta importancia no se aprecia debidamente y que ni aún a medias podrán conseguirse mientras las casas sean, como lo son, por desgracia con harta frecuencia, una eterna protesta contra los colegios. Es preciso que los padres, penetrados de la necesidad imprescindible de una buena educación, inculquen a los hijos con esmero y constancia, el amor al saber y el respeto afectuoso para sus maestros: es necesario que exista la más íntima unidad de miras entre el padre y el educador, y que el educando jamás mire perturbada en lo más mínimo esa indispensable armonía, porque su perturbación más ligera destruye la confianza, que una vez perdida se lleva en pos de sí el respeto y el cariño, y sin fe y amor en el alumno y el maestro es imposible, de todo punto imposible, la buena, la verdadera educación.

Doloroso es, señores, que la indiferencia llegue en este punto al extremo de enviar un niño a un colegio, como pudiera enviársele a una sastrería para que le hicieran un vestido de vistosos géneros y elegante corte al precio más barato posible. Doloroso, es, muy doloroso, para los amantes de la juventud, que sea tan frecuente buscar en la educación el barniz exterior que disfrace los defectos y flaquezas de pobres y débiles espíritus y no la savia fecundante y regeneradora que purifique los corazones y fortalezca e ilustre las inteligencias. Triste es que se someta a mezquino cálculo aritmético el asunto más vital que puede ocupar la consideración de un padre de familia: triste es que los cortos precios de algún establecimiento del extranjero, sea una de las circunstancias que más influyan a veces en la determinación de enviar antes de tiempo a los niños o a los jóvenes a estudiar fuera del país, con la ligereza e indiscreción más incalificables, para que después vuelvan a su patria sin hablar siquiera a medias la lengua de la extraña tierra en que han perdido miserablemente algunos de los más preciosos años de su vida. Capítulo es éste de la educación en el extranjero, en que habría mucho que examinar y mucho que lamentar, pero demasiado largo para que podamos desenvolverlo ahora en toda su extensión.[47] Hace más de veinticuatro años que, siendo director del colegio de Carraguao, escribí un papel sobre este importante asunto, papel que nunca publiqué por consideraciones de delicadeza que me inspiraba mi posición. Semejante a aquella es la que hoy ocupo, y digo, sin embargo, lo que entonces callaba, porque con la edad he ido sintiendo crecer en mí la deuda de verdad que todos debemos a los demás, y llega una época en la vida en que el hombre, ya casi desprendido de la tierra, debe sacrificar todas las condiciones a la realización del bien.

---

47   Vid. Aforismo, no 587.

Os daré otra prueba aún más patente de esa indiferencia, de esa falta de cooperación por parte de los padres y de las familias. Preguntad a alguno de los pocos que han asistido con constancia a estos exámenes, si han concurrido muchos de los padres a presenciarlos, y os responderán que solo dos noches ha habido una concurrencia algo numerosa, atraída por la novedad de los experimentos físicos y químicos, o por los placeres de la música o por el interés de la distribución de premios. ¿Qué quiere decir este hecho, señores, que año tras año viene tristemente repitiéndose? Quiere decir que no se comprende la alta importancia de la educación, que se ignora o se olvida la gran influencia que en ella ejerce el acto solemne de los exámenes, única solemnidad del colegio, que lo sería también para cada familia si no se tuviera sobre la educación con harta frecuencia el errado concepto a que he aludido hace poco ¿Qué ocasión mejor que la que los exámenes ofrecen para que los padres manifestaran el vivo empeño que debe animarlos por los adelantos de sus hijos? ¿Qué ocasión mejor para que el público ilustrado en general diera una patente muestra de su interés por la educación y de su amor a la patria? ¡Porque el que pretende amar a su país y no se interesa vivamente por la educación de la juventud, miente o se engaña, señores, y profana miserablemente el nombre sagrado de la patria! El colegio abre sus puertas a los padres y al público al fin de cada año para cumplir su deber de presentarles el fruto recogido durante los últimos doce meses en esa importante tarea de cultivar los corazones y las inteligencias, que se llama educación; y los padres y el público se muestran indiferentes al llamamiento del colegio, porque para los hombres de negocios es asunto insignificante que un niño deletree o lea perfectamente y explique lo que lee, o que un niño sepa bien la geografía de su país, o sepa la de todo el globo. Nada, señores, nada debería ser insignificante para los padres cuando se trata del mejoramiento y desarrollo intelectual de sus hijos, mejoramiento y desarrollo que perentoriamente exigen, no solo que el colegio cumpla sus deberes, sino también que los padres ejerciten sus derechos, y no debe olvidarse nunca que hay derechos cuyo no ejercicio envuelve la omisión de respetables y sagrados deberes. No, no están bien penetrados todavía los padres de toda la importancia de los exámenes, y casi me complazco en reconocerlo así, porque me sería mucho más doloroso imaginar que abundaran entre nosotros hombres, que conociendo un medio eficaz de promover al adelanto, el mejoramiento de sus hijos, dejaran de ponerlo inmediatamente en ejercicio, porque semejante abandono sería del todo incompatible con el verdadero amor paternal, con el precioso tesoro de abnegación y amor que ha puesto Dios en el corazón de las madres. Por eso, señores, me permitiréis que consagre todavía algunas palabras a tan interesante asunto.

Antes he dicho que a la santa obra de la educación deben concurrir como indispensables elementos el padre, el maestro, el alumno, y he indicado ligeramente las relaciones que entre ellos deben existir. Pues bien, los exámenes son el acto solemne que más vivamente puede imprimir en el corazón de padres, alumnos y maestros los sentimientos de amor y respeto mutuo, de gratitud y satisfacción moral, dulces y restauradores sentimientos, que enlazándoles estrechamente unos a otros por los suaves vínculos del corazón fomenten en gran manera la igualdad de miras y la unidad de propósitos que entre ellos debe reinar para lograr los fines de la educación verdadera.

Los exámenes, por otra parte, son el campo en que se presentan al público los frutos de las tareas de todo el año; frutos a cuya producción han contribuido principalmente con sus esfuerzos, así el profesor como el alumno. Uno y otro tienen por tanto el deber de manifestar a los padres y al público los resultados de sus trabajos y el derecho de exigir de ellos que fijen por lo menos un momento su consideración sobre el aprovechamiento alcanzado por sus afanes y fatigas. En los exámenes someten profesor y alumno su obra al juicio del público, para recibir la grata recompensa de la general aprobación o una lección saludable que proporcione su enmienda en lo futuro. El profesor, pues, o cobra nuevo aliento para emprender fervoroso las tareas del nuevo año, o aprende a modificar sus métodos para obtener mejores resultados.

Y el niño, el niño que es el principal objeto de todos los esfuerzos, el niño, flor preciosa de la humanidad, halagüeña esperanza de riquísimos frutos, ¡cuánto no mejora y se eleva y se fortalece en el acto solemne de los exámenes! Al levantarse del modesto banco escolar recibe en el pláceme afectuoso de sus compañeros y de su maestro, en la sonrisa aprobadora de su padre, en la lágrima de dulzura que tal vez brilla en los ojos de su amorosa madre, recibe en todas estas cosas, repito, una justa recompensa de sus esfuerzos, un noble estímulo para lo futuro, y una impresión indefinible y profunda de verdadera satisfacción moral, germen fecundo de pureza para su corazón, de fortalecimiento y elevación para su inteligencia! ¡padres y madres de mi cara Cuba: si de veras tenéis a pecho la educación de vuestros hijos, cooperad constantes a esa obra sagrada en todos tiempos, y sobre todo en los solemnes días de los exámenes; y cuando las enfermedades y la muerte hayan apagado mi voz para siempre, no echéis en olvido los desinteresados consejos del que ama a vuestros hijos como un padre, del que mira en cada uno de ellos una preciosa esperanza de un venturoso porvenir para la patria! Perdonad, señores, mi emoción; no extrañéis que rebose mi pecho en sentimientos, porque no puedo considerar con indiferencia que tal vez hemos perdido en vez de ganar terreno en punto a educación; hemos perdido, porque se ha disminuido el fervor, el entusiasmo que en otro tiempo existía; hemos perdido, porque a pesar de que debemos al actual Gobierno, protector ilustrado de la educación, la creación de numerosas escuelas e importantes institutos, no arde vivo en el pecho de nuestros compatriotas el fuego sagrado del amor a las ciencias y a las letras, ni el fervoroso celo por la sólida instrucción de la juventud. Por eso he dicho, señores, al frente de mi elenco, que tenemos lámparas, pero que nos falta aceite, y sin él no hay llama, y sin llama no hay calor, y sin calor no hay vida! La había, señores, la había en más alto grado por lo menos que en la actualidad, a pesar de nuestras lámparas espléndidas, cuando una numerosa concurrencia de señoras y caballeros, de lo más granado de la sociedad habanera, asistía constantemente a los exámenes del colegio de Carraguao, en cuyos salones resonaba el dulce acento de Delmonte y retumbaba la mágica y poderosa voz de Escobedo, hijos predilectos de la patria, que lloramos aún y lloraremos siempre desconsolados! Comparad, señores, el entusiasmo de entonces con la tibieza de hoy, tibieza tanto más culpable cuanto que se han hecho laudables esfuerzos en pro de la educación tanto por el Gobierno como por la primera institución científica y literaria del país; penetraos, digo, penetraos de que el calor y el fervoroso empeño de los individuos es lo que da vida a las mejores instituciones y no ahorréis ninguno de los medios que la creciente prosperidad material de nuestra tierra os ofrece, para revivir la amortiguada llama del verdadero amor a las ciencias y a las letras, del ferviente entusiasmo por la educación sólida y provechosa, porque solo al calor de tan pura llama podrá fecundarse el suelo de nuestra virgen Cuba para producir otros Delmontes y otros Escobedos que le den lustre y gloria, dignidad y ventura! Ese celo entusiasta por la educación, ese profundo amor del saber, gérmenes fecundos de los más preciosos frutos, no se encuentran, señores, generalizados entre nosotros. Decidme si no ¿por qué no ha de tener La Habana ningún establecimiento de educación que se encuentre en todo a la elevada altura que demandan su prosperidad material, sus abundantes riquezas? ¿Por qué no cuenta la rica capital de nuestra rica Cuba, no diré con uno, sino con varios institutos de educación que se acerquen por lo menos a los de los pueblos que marchan al frente de la civilización? Porque no quieren los habaneros, sí señores, porque no quieren, que querer de veras no es decir, sino hacer. Porque aunque tenemos mucha dorada lámpara y mucho oro, nos falta aceite para encender aquéllas, nos falta decisión y fe para emplear éste en elevar un monumento a la educación de la juventud del país, digno de su material riqueza y de sus altas pretensiones de ilustración. Matanzas sola, señores, triste es decirlo, Matanzas sola, entre los pueblos de Cuba, puede levantar la cabeza para decirnos que al espíritu público de algunos de sus hijos, reunidos en patriótica empresa, se debió, hace diecinueve o veinte años, la fundación de un buen colegio, que ha ido mejorando de día en día, y es hoy tal vez el primero de toda la Isla. ¿Por qué los otros pueblos no han de imitar este ejemplo del patriotismo matancero? ¿Por qué La Habana sobre todo no ha de sobrepujar en tal vital asunto a su hermana de los dos ríos, cuando para ello cuenta por su mayor población y riqueza con elementos mucho más abundantes, así en lo material como en lo intelectual? ¿Por qué no ha de desplegar de nuevo en mayor escala y con decidido empeño, para coronarlos de brillante éxito, los esfuerzos hechos en 1842 por algunos buenos patricios que me hicieron el honor de buscar mi cooperación para revivir el colegio de San Fernando, a cuyo frente se puso un hombre modelo? Esfuerzos después repetidos por algunos que en 1848 me ayudaron a la fundación de este colegio, amigos y patriotas verdaderos cuyos nombres recuerdo siempre con emoción y gratitud.

Recuerdo, señores, haber visto en una ciudad del extranjero, distinguida por la ilustración de sus hijos, reunirse algunos de ellos para proporcionar por suscripción la suma necesaria, a fin de establecer un Ateneo con una buena biblioteca. Bastó la primera junta para que quedara concertado el proyecto y reunida una gruesa suma; pero resultando que si se invertía parte de ella en la adquisición del edificio que había de servir para el Ateneo, no se podrían dar sino muy escasas proporciones a la biblioteca, hubo uno que generosamente regaló una casa de su propiedad que valía de veinte a treinta mil pesos, para que pudiera destinarse a la librería toda la cantidad recogida. Esto es, señores, lo que se ve donde además de lámparas hay aceite con que hacerles producir ardiente y fecunda llama. Esto es lo que pudo verse y no se vio con mengua del país en los días no muy remotos en que de tal modo rebosábamos de dinero, que ya nos embarazaba y no sabíamos en qué emplearlo; esto y aún mucho más pudiera verse hoy para honra de nuestra tierra, si en nuestra tierra hubiera menos afición a vanidades y ostentaciones y más amor al verdadero bien, más vivo y religioso sentimiento del deber.

Gran paso se daría para la mejora de la educación entre nosotros, si reanimados estos sentimientos en nuestros corazones, y haciendo algo de lo mucho que hacer pudiéramos, fundáramos un instituto de educación que, asentado sobre sólidas bases materiales, ofreciese todas las condiciones apetecibles de estabilidad y duración, de eternidad si posible fuera, que la importantísima obra de la educación bien merece un eterno monumento, y que pudiese atraer a su sagrado recinto las buenas capacidades, las pocas especialidades que cuenta el país, premiando generosamente sus provechosas tareas. Entonces, señores, habría tradiciones, que tan importantes son para las eternas obras de la humanidad, que tienen por obreros a las sucesivas generaciones; entonces se habría puesto la primera y más sólida piedra del mágico alcázar de nuestro porvenir, que entre confusas nubes apenas divisamos ahora; entonces se daría un gran impulso al mejoramiento del profesorado, y se cooperaría del modo más eficaz a la realización de las elevadas miras que han presidido a la reciente fundación por el Gobierno de una escuela normal, por que ya clamaba hacía tiempo la causa de la educación en nuestro suelo.

Me atrevo, señores, a hablaros de esta manera, porque por mi edad y por la inutilidad a que me tienen reducido mis males, ya que no por otras circunstancias, estoy libre de que se atribuyan a mis palabras miras interesadas que nunca ha abrigado mi pecho. Os hablo de esta manera porque yo deseo con toda mi alma antes de terminar mis días, ver consolidada en una institución digna del país la obra sagrada de la educación de sus hijos; entonces yo moriría tranquilo, después de haber atravesado el agitado mar de la vida, aunque no dejara otra huella de mi paso que la que imprime la ligera estela de un buque sobre las ondas del Océano.

¡Cuánto no mejoraría entonces, no solo la condición del profesorado, sino también el estado de la juventud y de las ciencias, que están aún muy lejos de ser todo lo que debieran entre nosotros! En efecto, el profesorado no es en Cuba una profesión, y si no es una profesión ¿cómo podrá ser un sacerdocio? Suelen ser nuestros profesores, y no son aún los peores, unos simples tomadores de lecciones ¡y cuán lejos está semejante mecánica tarea del alto ministerio de un maestro! Y digo que no son los peores, porque desgraciadamente hay algunos cuyos hábitos deletéreos de tibieza e impuntualidad matan la clase más llena de vida.

Un buen maestro no debe contentarse con asistir puntualmente a sus clases y tomar las lecciones a sus alumnos; es necesario que sepa a tal punto la materia que enseña, que sea capaz de explicar a toda hora, cualquier capítulo de ella con la debida extensión y con exactitud filosófica; es necesario además que ame a sus discípulos con el amor de los padres que desean siempre ver alcanzada por sus hijos la perfección que ellos no lograron, si fuera posible con ese santo y entusiasta amor de las madres que ansían para sus hijos la gloria de los héroes y los laureles del genio; porque la misión sagrada del profesor consiste en elevar, en fortalecer el alma de sus alumnos para que puedan pronto marchar solos y sobresalir aún más que él mismo en el vasto campo de las ciencias; en purificar sus corazones con los nobles y religiosos sentimientos que el estudio de las ciencias y de las letras inspira; en una palabra, en ser maestro y sacerdote a la vez, pero maestro y sacerdote que imite a Jesucristo en su puro amor a los niños y en tener siempre en el corazón la más preciosa de sus máximas sublimes: «Sed perfectos como lo es vuestro padre celestial». Tal es, señores, el ideal de la buena enseñanza, de la verdadera educación; porque educar no es solo enseñar gramática y geografía y física e historia; educar es templar el alma para la vida, es elevar como lo ha entendido muy bien la lengua francesa; es fortalecer, regenerar el alma; es como lo comprendió el bello idioma del Lacio, sacar del tierno niño, el hombre fuerte, el varón heroico, el genio sublime! Pasemos al punto para mí más doloroso. ¿Cuál es el estado de nuestra juventud, preciosa y única sólida esperanza del país? No es el más halagüeño, señores; pero permitidme que la disculpe en parte, porque si los padres no cooperan con todo el empeño apetecible a la obra de la educación, si los maestros suelen ser muy inferiores a la altura de su noble misión, ¿qué mucho que la juventud desconozca también sus verdaderos intereses, sus religiosos deberes? Mi imparcialidad severa me impide, sin embargo, disculparla completamente. En nuestra juventud, señores, no hay un verdadero amor al estudio, no hay la sed ardiente de ciencia, la necesidad imperiosa de esplendente luz tan propias de un alma joven, que cual entreabre sus pétalos preciosa flor, despliegue sus facultades para penetrar los profundos misterios del espíritu y las encantadoras y sublimes armonías de la naturaleza, indiferente a estas armonías, indiferente a aquellos misterios, indiferente a las positivas ventajas de los conocimientos de más inmediata aplicación, conténtense generalmente nuestros jóvenes con el superficial barniz suficiente para hacer gala en la sociedad de la tecnología científica, o para salir medianamente del paso de los exámenes de sus clases. ¿Qué estudia la juventud con fervor, con constancia, con entusiasmo? Nada, señores, nada, ni el idioma patrio: es verdad que no aspira a escribir bien, y esto es lo peor, que no tenga aspiraciones, y se contenta con ensartar catorce versos con pretensiones de soneto, o con zurcir algún articulejo plagado de galicismos para adornar las columnas de algunas de las efímeras publicaciones que nacen y mueren todos los días, y ciertamente que para esto no es necesario hacer un largo y detenido estudio de la magnífica habla de Castilla. Hermosa lengua de Cervantes, entre todas rica, majestuosa y sonora, ¿qué has hecho para que así se desconozcan los tesoros de belleza y gracia, de vigor y fuerza, de dulzura y armonía que en tu seno encierras con sin igual abundancia, con variedad incomparable? Este abandono del cultivo de la lengua y su literatura, es para mí signo tristísimo, porque si las bellezas del idioma, si los halagadores encantos del arte no mueven a la juventud de su indiferencia, ¿cómo habían de atraerla las severas verdades de las ciencias? Si no estudia la lengua y la literatura patria, ¿cómo ha de estudiar las lenguas y literaturas clásicas, semillero de tantas ventajas para el que de veras desea adquirir una sólida educación? ¿Y cómo se estudiarán tampoco con el debido empeño las lenguas extranjeras? Se estudian algo, es verdad, porque están de moda, porque se considera que es el colmo del saber, hablar malamente cuatro palabras de dos o tres idiomas extraños, sin advertir que su principal importancia consiste en servirnos de instrumentos para adquirir nuevas ideas y aprender verdades ignoradas, en abrirnos la senda para subir a desconocidas alturas desde las cuales puedan desplegarse a nuestra vista escudriñadora panoramas encantadores y espléndidos horizontes.

¡No, nuestra juventud no ama el estudio, y creed señores, que tan triste verdad tiene para mí una profunda amargura, porque yo he consagrado mi vida toda a inspirar a los jóvenes el amor al saber, a hacerles sentir que el estudio es una religión, a hacerles comprender que las ciencias son ríos caudalosos que nos llevan al mar insondable de la divinidad! ¡Cómo no he de sentir vivamente estos males de nuestra juventud, yo que amo como padre a mis discípulos todos, y que si pronuncio amargas verdades, no es porque tenga hiel en el corazón, sino porque teniendo amor y dolor dentro del pecho, conservo aún energía y calor en el alma, a pesar de los achaques que afligen mi cuerpo; a pesar de esta cárcel y estos hierros en que el alma está metida, como decía esa mujer hombre, la inspirada Santa Teresa de Jesús! ¡Ah! yo no puedo ver con indiferencia que nuestra juventud tenga todos los amores, el amor de las diversiones, el de los lujosos atavíos; el de las vanas superfluidades, el de las necias ostentaciones, todos los amores en una palabra, menos el amor al estudio, menos el amor del deber que es el amor de Dios! Pero basta, señores, basta; permitidme compensar estos sentimientos de amargura con otros de dulce placer. Purísimos los experimento y me complazco en proclamarlo públicamente al hallar algunas honrosas excepciones de la regla general; al ver que hay algunos padres que en medio de la común apatía se interesan vivamente por la educación de sus hijos, dando un ejemplo digno de universal imitación; al encontrar algunos niños, que llenos del amable candor de la infancia, y derramando en torno suyo el puro aroma de la inocencia, se esfuerzan constantes por cultivar sus tiernas inteligencias y logran recoger preciosos frutos de sus trabajos; al encontrar asimismo algunos jóvenes que profundamente penetrados de la alta importancia de las ciencias, y conservando pura en su pecho la llama santa del entusiasmo, trabajan con ardor y constancia por ensanchar más cada día el círculo de sus conocimientos. Ellos son el suave rocío que refriega mi alma perturbada por los achaques del cuerpo, trabajada por las desgracias de la vida; ellos son los que más contribuyen a mantener vivos en mi corazón los dulces y puros sentimientos de la paternidad, de que parecía haberme privado para siempre un terrible e inescrutable decreto del Eterno! Sí, yo amo a los jóvenes con paternal amor: me lleno de placer con sus adelantos, me regocijo al ver que producen algún fruto o que prometen producirlo las buenas semillas plantadas en su alma. Porque los tengo siempre en el corazón, no pierdo ocasión de inculcar el amor al saber a los que no lo aman todavía y de fomentar tan puro sentimiento en los que sienten encendido ya su pecho por tan pura llama. Por eso me permitiréis, antes de concluir, algunas breves palabras para indicar cuánto nos falta que hacer en punto a ciencias y para desvanecer algunas perjudiciales preocupaciones.

Las ciencias están en su infancia entre nosotros. ¿Cuántos son, dónde están los hombres verdaderamente profundos en la ciencia de que puede gloriarse nuestra tierra? Poquísimos son, y no podrá menos de ser así mientras no se corten de raíz los males de la educación, mientras no se estudie por verdadero amor al saber, mientras no se desvanezcan ciertas preocupaciones funestas para el progreso en el estudio de las ciencias. Suele hacerse gala entre nosotros, y aún por personas entendidas, de despreciar las naturales para encomiar otras, y para concluir al cabo por no tener siquiera idea de las despreciadas, sin profundizar por eso las favorecidas y ensalzadas. El simple hecho de que se desprecie un solo ramo de la ciencia, es triste prueba de lamentable atraso, porque todas son importantes, pues ya nos enseñará a conocer mejor el espíritu humano bajo alguna de sus infinitas fases, ya a penetrar mejor la magnífica armonía del universo. Todas pueden hacernos describir las leyes admirables de una providencia sabia y bondadosa, y todas pueden por tanto arrancar de nuestro pecho un himno a la divinidad.

Un hombre que vale más que toda una academia, Raspail, ha dicho con razón que en el universo nada hay pequeño y despreciable sino los espíritus mezquinos. ¿Por qué, pues, hemos de despreciar las ciencias naturales? ¿No son acaso tan espirituales como las otras, si no por el objeto estudiado, al menos por el instrumento empleado para el estudio? Toda ciencia es espiritual, porque el que estudia es siempre nuestro espíritu, ya contemple los atributos de Dios, ya investigue las leyes que ese mismo Dios ha prescrito a su creación maravillosa. Así es, que las ciencias naturales presentan al espíritu ancho campo para desarrollar, hasta un grado de refinamiento sorprendente, ciertas facultades, que sin ellas quedarían completamente oscurecidas o alcanzarían muy escaso desenvolvimiento, dándole por otra parte ocasión para levantarse a las más altas consideraciones y hasta para inspirarse con los más puros sentimientos religiosos. ¿Acaso no se ha inmortalizado Ehrenberg con el estudio de los infusorios elevándose a las más profundas especulaciones filosóficas sobre la formación de la materia? ¿Y no ha visto el mundo moderno, asombrado del prodigio, al inmortal Cuvier reanimar al soplo de la ciencia unos pocos huesos exhumados para hacer resucitar las gigantescas razas del mundo antediluviano, y para levantar sobre ellos el magnífico edificio de la geología, nueva y grandiosa ciencia? ¿Acaso no han hecho una importantísima revolución en el mundo científico los Copérnicos y los Galileos, los Newton y los Oken, los St. Hilaire y los Owen, émulos del ilustre Cuvier? ¿Y no son por ventura sus nombres ilustres y respetables, dignos de ponerse al lado de los por todos justamente admirados de los Platones, Aristóteles y Leibnitzes? Aprendamos, señores, a respetar más y a despreciar menos. Aprendamos, que así como nada hay despreciable en el orden maravilloso del universo, a cuya armonía concurre hasta el más leve tallo de yerba, así nada hay tampoco despreciable en el conjunto magnífico de ciencias que se propone explicar ese universo. Aprendamos, que así como es una especie de profanación despreciar la más ínfima de las obras del Todopoderoso, así también se comete una especie de profanación semejante al despreciar el más pequeño esfuerzo hecho por la última de las ciencias para acercarse por el estudio de las obras al conocimiento sublime del Creador Omnipotente.

¡Elevémonos, señores, al alto punto de vista de la verdadera filosofía para dar a cada ciencia su lugar, para no despreciar a ninguna, para reconocer que todas contribuyen a la dignidad del hombre y a la gloria de Dios! Solo elevándonos a la altura de esa verdadera filosofía para contemplar desde ella imparciales y como a vista de pájaro a todas las ciencias, podremos comprender estas importantes verdades y libertarnos de las flaquezas de la parcialidad y de la pasión, porque esa alta filosofía nos habla en nombre de la «razón», y la razón es la facultad más sublime de nuestro espíritu, hija de Dios, eterno y espléndido sello del Creador sobre su criatura predilecta; signatum est super nos lumen vultus tui, Domine, dicen las Escrituras; revelación del Eterno en nuestra alma, que nos fue por él dada para que le conociéramos y le amáramos, porque si por los ojos del cuerpo vemos y conocemos el mundo, por la razón y solo por la razón conocemos y vemos a Dios! En nombre de esa razón, luz divina en nuestra alma, voz de Dios en nuestra conciencia, en nombre de Dios que por ella nos habla y nos ilumina, os exhorto a todos, padres y maestros, jóvenes y niños, a que cooperéis con fe y con entusiasmo a la santa obra de la educación, a que respetéis todas las ciencias y no despreciéis ninguna, porque las ciencias todas son otros tantos himnos de adoración y amor, entonados por el hombre a la sabiduría infinita y a la eterna gloria del Hacedor Supremo! He concluido, señores; yo no sé si serán o no inútiles mis constantes esfuerzos en la desigual lucha que hace tiempo sostengo como única fuerza centrípeta contra tan diversas fuerzas centrífugas y tantos elementos discordantes y perturbadores; pero quédame al menos la satisfacción de poder decir con San Pablo: Bonum certamen certavi, cursum consumavi, fidem servavi: he peleado el buen combate, he concluido mi carrera y conservado mi fe. ¡Yo no seré como el Sol que derrama en todo el mundo torrentes de calor y luz, que con su poderosa atracción hace girar en torno suyo a los planetas encadenados en regulares y armónicos movimientos, pero sí seré, como debe serlo todo educador, una antorcha que se extinga y se consuma por alumbrar y calentar!

XVII. Exámenes del Colegio del Salvador

Dirigido por don José de la Luz

CALZADA DEL CERRO NUM. 793

Empezarán el 12 de diciembre

HABANA ESTABLECIMIENTO TIPOGRÁFICO LA ANTILLA

CALLE DE CUBA NÚM. 28½

1859

Instruir puede cualquiera; educar, solo quien sea un evangelio vivo

COLEGIO DEL SALVADOR

Este instituto comenzó sus tareas el día 3 de octubre

Advertencias

Para la mejor inteligencia de este elenco conviene tener presente:

1. Que todos los alumnos del Colegio se dividen en cinco clases; las cuatro primeras arregladas de la manera que en él se verá, y la quinta constituida por los alumnos de los cursos universitarios y por los que, perfectamente instruidos en todos los ramos de la cuarta sección, deseen perfeccionar y concluir sus estudios dedicándose a las lenguas, aritmética mercantil, teneduría de libros, o a los ramos superiores como historia, matemáticas, física, etc.

2. Los alumnos de la primera sección no deben asistir más que a las clases que a ella corresponde. Desde la segunda ya puede comenzarse el estudio de las lenguas vivas y del latín para los que quieran seguir carrera literaria, no olvidando que siempre debe evitarse el dividir demasiado la atención del niño.

3. La circunstancia de no estar convenientemente preparados muchos de los alumnos que en la actualidad cursan Filosofía, ha sido causa de que se haya establecido transitoriamente la regla de que los estudiantes de primero y segundo curso pertenezcan a la tercera sección y a la cuarta los del tercero en cuanto lo necesiten.

4. La duración que aproximadamente se calcula para concluir los estudios de la primera sección es de 2 años y de 1 para los de la segunda, tercera y cuarta.

5. El año escolar se contará de diciembre a diciembre.

6. Al comenzar cada nuevo año y considerando los resultados obtenidos en los últimos exámenes generales serán ascendidos los alumnos que hayan acreditado poseer todas las materias de su sección. Esto no obsta para que en todo tiempo sean ascendidos con tal que justifiquen hallarse aptos para el efecto, y los profesores darán aviso a la Dirección siempre que alguno de sus alumnos esté en disposición de pasar a la sección superior respectiva.

7. El alumno que ascienda antes del término calculado para el estudio de los ramos de su sección, recibirá un premio por su aplicación y aprovechamiento; y el que lo haga en la época en que deba ser, tendrá mención honorífica.

8. Cuando un alumno se demore en una sección más tiempo del señalado, la Dirección del establecimiento tomará las medidas que juzgue convenientes para estimular su aplicación.

Sección primera Religión Profesor: don Francisco don de Villegas Principales oraciones con su explicación y principios de historia sagrada.
Textos: Ripalda y Fleury.
Lectura Profesor:
Don A. M. Varela Libros de Mandevil y primero de
Don Eusebio Guiteras.

Gramática
Profesor:
Don José María Romay Conocimiento de las partes de la oración. Texto: Zayas.
Aritmética Profesores:
Don Pedro del Monte y
Don Pedro Aragón Leen cantidades, suman y restan. Textos: Del Monte y Navea.

Escritura Profesor:
Don Juan B. Hevia Las clases de Lectura y Aritmética se repiten diaria-
mente.
Don Francisco Aguirre
Don Joaquín López
Don Federico Anguera
Don Luis R. Betancourt
Don Francisco de la Luz
Don Alberto Mora
Don Domingo Mora
Don José María Mora
Don Francisco Ferregut
Don Francisco Coimbra
Don Emilio del Pino
Don Pedro Castellanos
Don Joaquín Morales
Don Pedro Valdés Lanz
Don Francisco Ruiz
Don Carlos Belot
Don Diego de Rojas
Don Santiago Martínez

Sección segunda Religión E HISTORIA SAGRADA
Profesor:
Don Francisco
Don de Villegas Explicaciones sobre el Catecismo de Ripalda. Principales
sucesos contenidos en el antiguo Testamento.

Lectura
Profesor: El mismo Segundo y tercer libro de Guiteras.

Gramática
Profesor:
Don Ramón Ramos Análisis. Escritura al dictado. Texto: Zayas.

Aritmética
Profesor:
Don Pedro Delmonte Operaciones de las cuatro reglas de enteros.
Textos: Del Monte y Navea.

Geografía DE LA ISLA
Profesor:
Don José María Romay Texto: González.

Dibujo lineal
Profesor: El mismo Líneas, ángulos y triángulos. Texto: Lequerica.

Escritura
Profesor:
Don Juan B. Hevia
Don José Manuel Martínez
Don Manuel Pérez
Don Ricardo López
Don Ricardo Villate
Don Francisco Lastres
Don Luis de la Luz
Don Horacio Sánchez
Don Francisco Carrillo
Don julio Sanguily
Don José Martínez
Don Ramón Clavijo
Don José Antonio Cintra
Don Tomás González
Don Joaquín Manjón
Don Rafael Orozco
Don Tomás Waterland

Sección tercera Religión E HISTORIA SAGRADA

Profesor:

Don Ramón Ramos Catecismo histórico. Estudio del Antiguo Testamento.

Lectura Profesor: El mismo En cualquier libro. Colección de Artículos de A. Suárez y Romero. Método explicativo.

Gramática

Profesor:

Don Ricardo del Monte Análisis, prosodia y ortografía.

Texto: La Gramática de la Real Academia.

Aritmética Profesor:

Don Jesús B. Gálvez Nociones generales. Quebrados y decimales. Razones y proporciones.

Geografía Profesor:

Don Juan B. Hevia Repaso de la de la Isla, y Geografía general. Texto: González.

Dibujo lineal Profesor:

Don Ricardo del Monte Extensión. Cuerpos geométricos. Superficies. Texto: Dueñas.

Escritura Profesor:

Don Juan B. Hevia

Don Tomás Béquer

Don José Xiqués

Don Carlos Gutiérrez

Don Luis Martínez Vignier

Don Martín León

Don Manuel Sanguily

Don Federico Laredo

Don Juan Vizcay

Don Justo Pérez

Don Cornelio Castellanos

Don Francisco Xenes

Don Rafael Girette

Don Francisco Xiqués

Don Joaquín Girette

Sección cuarta

Religión E HISTORIA SAGRADA

Profesor:

Don Luis Felipe Mantilla Deberes morales. Sociedad. Opiniones de Rousseau y Hobbes. Moral cristiana.

Gramática

Profesor:

Don Ricardo del Monte Conocimiento de sus cuatro partes.

Texto: La Gramática de la Real Academia.

Aritmética Profesor:

Don Jesús del Monte, ViceDirector Repaso de la aritmética inferior y estudio completo de la superior. Texto: Del Monte.

Geografía Profesor:

Don José Podbielski Con toda extensión. Texto: González.

Dibujo lineal Y PERSPECTIVA

Nociones generales. Dibujo Geométrico. Curvas Geométricas y Mecánicas. Planos. Poliedros. Cuerpos de Revolución. Cuerpos Redondos. Problemas. Nociones de Perspectiva Lineal.

Escritura Profesor:

Don Juan B. Hevia

Don Manuel Coimera

Don César Pintó

Don José María Ferrer

Don Antonio Janier Martínez

Don Juan Castellanos

Don Rafael López

Don Antonio Ceballos

Don Pedro Francisco Hernández

Don Antonio Gómez

Don Leopoldo Hernández

Don José Manuel Mora

Don Ricardo Piñeyro Los alumnos de filosofía no están comprendidos en las nóminas que preceden, pero debe entenderse que los del primero y segundo curso asisten a las clases de la tercera sección en cuanto las necesiten, y los del tercero a las de la cuarta en el mismo concepto.

CLASES EXTRAORDINARIAS TENEDURÍA DE LIBROS
A cargo de don Jesús M. del Monte
Libros principales y auxiliares de una casa de comercio, formalidades con que deben llevarse y naturaleza y forma de cada uno de ellos. Las cinco cuentas generales y las particulares con todos sus pormenores. Asientos en la pizarra, modo de pasarlos al diario y libro mayor o de cuentas corrientes.
Don Juan de Dios Castellanos
Don Miguel Herrera
Don Antonio Janier Martínez
Don Leopoldo Hernández
Don Justo Eduardo Pérez
Don César Pintó
Don Antonio Ceballos
Don Rafael López Silvero

Geografía EN INGLÉS
A cargo de don José Podbielski Conversaciones en inglés sobre la Geografía.
Don Carlos Belot
Don Antonio Janier Martínez
Don Juan Castellanos
Don Rafael López
Don Francisco Gutiérrez
Don Pedro Francisco Hernández
Don José Martínez
Don José Manuel Ponce
Don Alberto Mora
Don Manuel Coimbra
Don Domingo Mora

Don José Manuel Mora
Don Juan Miguel Ferrer

ARQUITECTURA
A cargo de don Jesús B. Gálvez Consideraciones sobre la historia general de este arte. Los tres primeros órdenes estudiados detalladamente. Presentarán algunos trabajos.
Don Cornelio Castellanos
Don Ricardo Piñeyro
Don Juan Miguel Ferrer
Don Pedro F. Hernández
Don José María Ferrer
Don Antonio Janier Martínez

Matemáticas
A cargo de don Carlos Guerrero
Álgebra elemental. Principios de geometría y trigonometría.
Don Antonio Janier Martínez
Don Pedro Francisco Hernández
Don Juan Castellanos
Don Antonio Gómez

Latín

Clase primera
A cargo de don Enrique Piñeyro
Declinaciones y conjugaciones. Género de los nombres sustantivos. Primeras fábulas de *Fedro*.
Don Francisco Guiral
Don Pedro Castellanos
Don Leopoldo Fernández
Don José Antonio Cintra
Don Carlos Belot
Don Diego Rojas

Don Francisco Cuesta
Don Juan O'Farrill
Don Francisco Lastres
Don José Manuel Martínez
Don Miguel Viondi
Don Joaquín Girette

CLASE SEGUNDA
A cargo de don Luis F. Mantilla
Traducen las elegías de Ovidio.
Don Juan Miguel Ferrer
Don Carlos Gutiérrez
Don Enrique Guiral
Don Manuel Carrera
Don Manuel Pérez
Don Aurelio Almeida

FRANCÉS
A cargo de don Adolfo G. Duplessis

CLASE PRIMERA
Empiezan a leer. Artículo, adjetivo y pronombre. Verbos auxiliares.
Don Ramón Pintó
Don Juan Castellanos
Don José María Ferrer
Don Antonio Gómez
Don Manuel Sanguily
Don Juan Crucet
Don Alberto Mora
Don Juan Vizcay
Don Juan O'Farrill
Don Cornelio Castellanos
Don Nicolás Gómez
Don Domingo Mora

Don Joaquín Espinosa
Don Fernando Carrillo
Don César Pintó
Don Joaquín Girette
Don Leopoldo Hernández
Don Rafael Girette
Don José Martínez

CLASE SEGUNDA
Análisis. Sintaxis. Traducción y conversación. Trozos de memoria. Ejercicios gramaticales.
Don Joaquín Barnet
Don Eduardo Carbonell
Don Ricardo Piñeyro
Don Manuel Castellanos
Don Carlos Guerrero
Don Manuel Coimbra
Don Luis M. Vignier
Don José M. Ponce
Don Miguel Viondi

CLASE TERCERA
Conocimiento de la gramática. Conversación. Ejercicios de Noel y Chapsal. Trozos de memoria. Composiciones.
Don Aurelio Almeida
Don José Manuel Mora
Don Juan Rivas

INGLÉS

CLASE PRIMERA
A cargo de don Ramón Ramos
Lectura y traducción en el *Popular Lessons*.
Don Tomás Béquer

Don Leopoldo Fernández
Don Martín León
Don Tomás González
Don Justo Pérez
Don Francisco Lastres
Don Manuel Sanguily
Don Horacio Sánchez
Don julio Sanguily
Don José Martínez
Don Francisco Xenes
Don Carlos Belot
Don Francisco Xiqués
Don Tomás Waterland
Don Luis M Vignier

CLASE SEGUNDA
A cargo de don Carlos L. Plisserdo.
Lectura, traducción y análisis. Conjugación. Escritura al dictado
Antonio Janier Martínez
Don Juan M. Ferrer
Don Miguel Herrera
Don José María Ferrer
Don Francisco Gutiérrez
Don César Pintó
Don Ricardo Piñeyro
Don Rafael Soria
Don Francisco Guiral
Don Juan Castellanos
Don Cornelio Castellanos
Don Antonio Bassave
Don Juan O'Farrill

CLASE TERCERA
A cargo del mismo

Más adelantada que la anterior. El examen de esta clase se hará en inglés.

Don José Manuel Mora
Don Rafael López D Aurelio Almeida
Don Pedro Hernández
Don Juan Rivas
Don Antonio Ceballos
Don Nicolás Gómez
Don Manuel Castellanos
Don Antonio Gómez
Don Domingo Mora
Don José María Mora
Don Alberto Mora
Don Juan Crucet
Don José Manuel Ponce
Don Manuel Coimbra

ALEMÁN
A cargo de don José Podbielski
Traducción. Trozos de memoria. Ejercicios por el libro de Adler. Don Aurelio Almeida

Don Pedro F. Hernández
Don Joaquín Barnet
Don Leopoldo Hernández
Don Manuel Castellanos

Dibujo natural
A cargo de don Tomás Codezo
Principios y cabezas.
Don José A. Cintra
Don Pelayo Vigil
Don Carlos Belot
Don Francisco Gutiérrez
Don Francisco Lastres

Don José María Mora Grandes estudios de cabezas y medios cuerpos, a uno y dos creyones. Don Francisco Xiqués

Don Aurelio Almeida

Don Cornelio Castellanos

Don Manuel Sanguily

Don Pedro F. Castellanos

Don José María Ferrer

Don Antonio Ceballos Paisajes a uno y dos creyones.

Don Francisco Xiqués

Don Cornelio Castellanos

Don Antonio Ceballos

Don Aurelio Almeida

Don Pedro Francisco Hernández

Don José María Ferrer

Don Pelayo Vigil

MÚSICA

A cargo de don Enrique González

Definiciones elementales. Solfeo general y Particular. Don Ramón Pintó

Don Aurelio Almeida

Don César Pintó

Don Antonio Janier Martínez

Don Antonio Bassave

Don Pedro Francisco Hernández

Don Leopoldo Hernández

Don Tomás González

Don José Valdés Lanz

CLASE DE PIANO

Don Aurelio Almeida … Gran vals de Venzano arreglado

Don César Pintó … para cuatro manos por Rummel

Don Ramón Pintó … Aria final de la ópera Anna Bolena

Don Antonio J. Martínez … Duetto del Belisario

Don Leopoldo Hernández… Aria de tiple de la Lucía

Don José Valdés Lanz ... Marcha de la Norma

CLASES UNIVERSITARIAS

Primer curso
FÍSICA Profesor:
Don José Ignacio Rodríguez Nociones preliminares. Materia, propiedades generales. Fuerzas y movimiento. Atracción y sus diversas especies. Péndulo y sus leyes. Fuerzas moleculares. Propiedades particulares. Hidrostática. Estudio de las presiones. Equilibrio de los líquidos. Determinación de los pesos específicos. Aerómetros.

Texto: Canot.
INTRODUCCIÓN A LA HISTORIA NATURAL Profesor: El mismo Definición y divisiones. Seres organizados e inorganizados. Anatomía y fisiología. Generalidades sobre los tejidos que constituyen los seres organizados. Clasificación de las funciones. Digestión. Circulación.

HISTORIA ANTIGUA Y COSMOGRAFIA Profesor:
Don Enrique Piñeyro Preliminares. Historiadores hebreos, griegos y latinos. Primeras familias. Población del mundo después del diluvio. Origen de los chinos, egipcios, asirios, griegos y fenicios. Moisés. Los Pelasgos. Sesostris. Ciudades de Grecia. Los Argonautas.

Texto: Leví.
Definiciones. Cuerpos celestes. Sistema solar. Leyes de Keplero. Monografía de los planetas. La tierra y sus círculos. Longitudes y latitudes geográficas. Problemas en el globo terrestre.

Texto: Atlas de Smith.
MATEMÁTICAS Álgebra Profesor:
Don Joaquín G. De Lebredo Nociones preliminares. Suma, resta, multiplicación y división. Elevación a potencias y extracción de raíces de los monomios. Quebrados literales. Cantidades radicales. Expresiones imaginarias. Ecuaciones de primer grado con una sola y con varias incógnitas. Métodos de igualación, sustitución y de coeficientes idénticos.

Texto: Vallejo.
Don Francisco Cuesta

Don Miguel Herrera

Don Enrique Guiral

Don Juan O'Farrill

Don Leopoldo Fernández

Don Miguel Viondi

Don Francisco Guiral

Don Carlos Caballero Además de los alumnos matriculados en el primer curso y arriba expresados, concurren a la clase de matemáticas

Don Juan Vizcay, a la de cosmografía

Don Luis Martínez Vignier, y a la de física el último nombrado y

Don Manuel Sanguily.

Segundo curso FÍSICA. MAGNETISMO Profesor:

Don José Ignacio Rodríguez Imanes. Magnetismo terrestre. Imantación. Leyes de las acciones magnéticas. Electricidad. Generalidades e hipótesis. Electricidad estática y dinámica. Electrización. Medida de las fuerzas eléctricas. Electricidad disimulada. Efectos de la electricidad. Teorías de Galvani y Volta. Pilas. Materias galvánicas.

Texto: Canot.

HISTORIA DE LA EDAD MEDIA

Profesor:

Don Enrique Piñeyro

Estados modernos. Clodoveo. Teodorico. Los Visigodos. Justiniano. Mahoma, conquistas de los árabes. Dinastía carlovingia. Feudalismo. Alfredo el Grande. Los Normandos. El Papa y el Imperio. Hugo Capeto. Pelayo y sus sucesores. Cruzadas.

Texto: Leví.

MATEMÁTICAS

Geometría Analítica

Profesor:

Don Joaquín G. De Lebredo

Definición y métodos. Construcción de las ecuaciones de primero y segundo grado. Homogeneidad. Resolución de varios problemas por el método analítico. Trigonometría analítica. Definición. Diversos casos de resolución de triángulos. Líneas trigonométricas. Valores correlativos. Determinación de algunas fórmulas principales.

Texto: Vallejo.

BOTÁNICA
Profesor:
Don Emilio Auber
Definición y divisiones. Tejidos elementales y órganos similares. División de los órganos. Nutrición. Estructura de los vegetales. Reproducción. Clasificaciones. Sistema sexual de Linneo. Métodos de Jussieu y de De Candolle.

Texto: Galdo.

QUÍMICA MINERAL
Profesor:
Don Joaquín F. De Aenlle
Objeto de la química. Moléculas. Cuerpos. Nomenclaturas. Combinación. Afinidad. Mezclas. Saturación. Proporciones químicas. Teoría atómica. Isomorfismo. Diformismo. Isomería. Alotropía. Notación. Oxígeno, hidrógeno, ázoe y cloro.

Texto: Casares.
Don Antonio Bassave
Don Perfecto de Rojas
Don Manuel Carrera
Don Alejandro del Río
Don Juan Miguel Ferrer
Don Rafael Soria
Don Francisco Gutiérrez
Don Pelayo Vigil
Don José Manuel Ponce Asiste a la clase de física
Don Pedro Hernández; y a la de historia
Don José Manuel Mora.

Tercer curso QUÍMICA ORGÁNICA

Profesor:

Don Joaquín F. De Aenlle

Análisis elemental, cualitativo y cuantitativo. Análisis inmediato. Determinación de la fórmula de un cuerpo orgánico. Principios inmediatos, productos nitrogenados. Fermentación y sus diversos productos.

Texto: Casares.

ZOOLOGÍA

Profesor:

Don José Ignacio Rodríguez

Introducción y generalidades. Explicación de las clases. Mamíferos, su descripción, clasificación y determinación. Estudio completo de las aves.

Texto: Poey.

LITERATURA

Profesor:

Don Domingo de León y Mora

Etimología y definición. Importancia y utilidad de la ciencia. Partes que la constituyen y definiciones. Crítica literaria. Materia de la ciencia y de la crítica. Poderes que concurren a la producción de las obras literarias. Clasificaciones. Familia poética. Familia prosaica.

Texto: Gil de Zárate.

FILOSOFÍA

Lógica Profesor:

Don José Manuel Mestre

Su objeto y utilidad. Sus relaciones con la Psicología. División. Inducción y deducción. La observación y la comparación. Análisis. Abstracción. Síntesis. Inducción *a priori*. Intuición. Clasificación. El sentido común y la ciencia. Hipótesis. Definición. Reglas sobre el uso de los sentidos. Sobre el de las facultades del espíritu. El criterio.

Texto: Balmes.

Don José Castellanos

Don Nicolás Gómez
Don Fernando Carrillo
Don Alfredo Lamar
Don Juan Crucet
Don Ramón Pintó
Don Joaquín Espinosa

Cuarto curso LITERATURA
Profesor:
Don Domingo León y Mora
Capítulos de la parte práctica de la literatura. Origen, medios y fin de la poesía. Poética. Invención y disposición poéticas. Expresión poética y sus elementos. Del verso y de la rima. Retórica. Elocuencia. Clasificaciones de la elocuencia. División de la retórica. Disposición y elocución retórica.
Texto: Gil de Zárate.

FILOSOFÍA
Ética Profesor:
Don José Manuel Mestre
Definición y divisiones. Sus relaciones con la Psicología: Casuística. Ideas morales. Moralidad y utilidad. Justicia. Libertad. Móviles. Ciencia moral. Mérito y demérito. Premio. Pena. Culpa. Remordimiento. Arrepentimiento. Inmortalidad del alma. Moral individual. Suicidio. Moral social. De la ley. Propiedad. Moral religiosa.
Texto: Balmes.

Religión
Profesor:
Don Jesús B. Gálvez
Programa oficial de la Real Universidad.

GEOLOGÍA
Profesor:
Don Emilio Auber

Definición y división. Forma y densidad de la tierra. Trastornos de la corteza mineral del globo y sus causas. Agentes exteriores. Enfriamiento del globo. Íntima conexión de los fenómenos volcánicos con la formación y modificaciones de las rocas. División general de éstas. Clasificación de los terrenos que componen la corteza de nuestro planeta. Necesidad de la paleontogía en la determinación de la edad relativa de los terrenos a que pertenecen los fósiles.

Texto: Galdo.
Don Carlos Guerrero
Don Aurelio Almeida
Don Guillermo de la Fuente
Don Juan Rivas
Don Manuel Castellanos
Don Joaquín Barnet
Don Eduardo Carbonell

GRIEGO Primer curso
Profesor:
Don Claudio Vermay
Alfabeto según la pronunciación de los griegos modernos. Reglas de eufonía y de acentuación. Declinación de los sustantivos y sus contractos. Declinación de los adjetivos y participios. Comparativos y superlativos. Numeración griega. Pronombres. Escritura al dictado.

Don Carlos Guerrero
Don Nicolás Gómez
Don Guillermo de la Fuente
Don José Castellanos
Don Joaquín Espinosa
Don Juan Crucet
Don Ramón Pintó
Don Fernando Carrillo

Segundo curso
Profesor: El mismo

Conjunción de los verbos regulares y sus contractos. Conocimientos generales de la síntesis griega. Traducción del curso de versiones de Bedel y de algunas Odas de Anacreonte.

Don Manuel Castellanos

Don Joaquín Barnet

XVIII. Exámenes del Colegio del Salvador

Dirigido por DON José de la Luz Empezarán el 7 de diciembre HABANA ESTABLECIMIENTO TIPOGRÁFICO LA ANTILLA CALLE DE CUBA NÚM. 28½ 1860

Espinoso apostolado es la enseñanza; que no hay apóstol sin sentir la fuerza de la verdad y el impulso de propagarla.
[LUZ]

EDUCACIÓN PRIMARIA PRINCIPIANTES
A cargo de don Manuel Cabrera,
Don Carlos Guerrero y
Don Joaquín Barnet
Lectura. Aritmética. Religión. Gramática. Geografía. Dibujo Lineal.
Método Explicativo
Don Francisco de la Luz
Don Manuel Barreto
Don Domingo Lamadriz
Don Julián Salazar
Don Enrique Schimper
Don Enrique Morado
Don Pedro Sáez

Religión

Sección primera
A cargo de don José María Prellezo Ripalda y Fleury
Explicación
Don Antonio Río
Don José Alum
Don Luis R. Betancourt
Don Francisco Ferregut
Don Rafael Henriqué
Don Nicolás de Cárdenas

Don Germán García
Don José Valdés Lanz
Don Manuel A. Balmaseda
Don Pablo Barnet
Don Jorge Coppinger
Don Alberto Mora
Don Carlos Parets
Don Andrés Arango
Don Federico Anguera
Don Lino Cabrera
Don Domingo Mora
Don Miguel Darmany
Don Leopoldo Armand
Don Melitón Marquetti
Don Eduardo Susini
Don Francisco Armona

Sección segunda
A cargo de don Francisco D. De Villegas
Historia del Pueblo Hebreo. Evangelio de San Mateo
Don Joaquín López
Don Enrique Carrillo
Don Enrique Coppinger
Don Pablo Barnet
Don Pedro Castellanos
Don Alfredo Colás
Don Francisco Coimbra
Don Luis F. Lamar
Don Gabriel de Cárdenas
Don Joaquín Manjón
Don Francisco Ruiz
Don Ramón Torres
Don Vicente Laguardia
Don Juan Guzmán

Don Joaquín Morales

Sección tercera
A cargo del mismo
Más adelantados que los de la anterior.
Don Miguel Laca
Don Ignacio Blaín
Don Juan María Cabrera
Don Rafael Cabrera
Don Ricardo Villate
Don Tomás Waterland
Don Rafael Orozco
Don Emilio Previa
Don Horacio Sánchez
Don Francisco Carrillo
Don Gabriel Ruiz
Don Ambrosio Lamadriz
Don Patricio Laguardia
Don Miguel Dubrocq
Don Mateo García
Don Francisco Vázquez
Don Antonio Santo Domingo Lectura Método Explicativo

Sección primera
A cargo de don José María Prellezo
Colección de Artículos de A. Suárez y Romero
Don Antonio Río
Don Carlos Parets
Don Luis R. Betancourt
Don Rafael Henrique
Don Alberto Mora
Don Germán García
Don Manuel Antonio Balmaseda
Don Domingo Mora

Don Jorge Coppinger
Don Leopoldo Armand
Don José Alum
Don Eduardo Susini
Don Francisco Ferregut
Don Andrés Arango
Don Nicolás de Cárdenas
Don Lino Cabrera
Don José Valdés Lanz
Don Miguel Darmany
Don Pablo Barnet
Don Melitón Marquetti
Don Federico Anguera
Don Francisco Armona

Sección segunda
A cargo de don José María Romay
Libro Tercero de Guiteras. Fábulas de Balmaseda
Don Enrique Coppinger
Don Tomás Waterland
Don Francisco Coimbra
Don Gabriel de Cárdenas
Don Rafael Cabrera
Don Juan María Cabrera
Don Alfredo Colás
Don Pedro Castellanos
Don Juan Guzmán
Don Mateo García
Don Joaquín López
Don Luis F. Lamar
Don Antonio Lamadriz
Don Vicente Laguardia
Don Joaquín Manjón
Don Miguel Marín

Don Antonio Santo Domingo
Don Francisco Vázquez
Don Joaquín Morales
Don Ramón Torres
Don Francisco Ruiz

Sección tercera
A cargo de don Ramón Ramos
Leen en varios autores.
Don Emilio Hevia
Don Emilio Petit
Don Ignacio Blaín
Don Ricardo López
Don Miguel Dubrocq
Don Ricardo Villate
Don Francisco Carrillo
Don José Vélez
Don Rafael Orozco
Don Miguel Laca
Don Lorenzo Romay
Don Ramón Torres
Don Gabriel Ruiz
Don Manuel Pérez
Don Ramón Petit
Don Patricio Laguardia
Don Tomás Waterland Escritura
A cargo de don Manuel T. Nathan y de
Don J. B. Hevia
Presentarán sus trabajos y escribirán en presencia de los concurrentes.
Gramática castellana

Sección primera
A cargo de don José María Prellezo

Conocimiento de las partes de la oración. Conjugación. Escritura al dictado. Composiciones.

Don Luis R. Betancourt
Don Leopoldo de Armand
Don Jorge Coppinger
Don Germán García
Don Antonio Río
Don Eduardo Susini
Don Carlos Parets
Don Lino Cabrera
Don Nicolás de Cárdenas
Don José Alum
Don Francisco Ferregut
Don Manuel A. Balmaseda
Don Pablo Barnet
Don Rafael Henrique
Don Andrés Arango
Don Domingo Mora
Don Federico Anguera
Don Melitón Marquetti
Don José Valdés Lanz
Don Miguel Darmany
Don Alberto Mora
Don Francisco Armona

Sección segunda
A cargo de don José María Romay
Partes de la oración. Análisis y escritura al dictado.
Don Gabriel de Cárdenas
Don Mateo García
Don Francisco Coimbra
Don Francisco Ruiz
Don Rafael Cabrera
Don Antonio Santo Domingo

Don Enrique Coppinger
Don Joaquín Morales
Don Juan María Cabrera
Don Luis F. Lamar
Don Pedro Castellanos
Don Vicente Laguardia
Don Alfredo Colás
Don Juan Guzmán
Don Joaquín Manjón
Don Tomás Waterland
Don Joaquín López
Don Francisco Vázquez
Don Ambrosio Lamadriz
Don Ramón Torres

Sección tercera
A cargo de don Francisco Díaz de Villegas
Análisis. Concordancias. Oraciones. Escritura al dictado. Composiciones.
Don Emilio Hevia
Don Patricio Laguardia
Don Ramón Clavijo
Don Francisco Colas
Don Manuel Pérez
Don Luis de la Luz
Don Rafael Girette
Don Martín León
Don José M. Martínez
Don Rafael Orozco
Don Ricardo López
Don Horacio Sánchez
Don José Vélez
Don Francisco Carrillo
Don Enrique Carrillo
Don Alberto Torres

Don Miguel Laca
Don Ricardo Villate
Don Ignacio Blaín
Don Lorenzo Romay
Don Gabriel Ruiz
Don Joaquín Roldán Aritmética

Sección primera
A cargo de don José María Prellezo
Práctica de las cuatro reglas de enteros. Ejercicios de memoria. Don
Antonio Río
Don Francisco Ferregut
Don Luis R. Betancourt
Don Nicolás de Cárdenas
Don Alberto Mora
Don José Valdés Lanz
Don Carlos Parets
Don Pablo Barnet
Don Rafael Henrique
Don Federico Anguera
Don Germán García
Don Domingo Mora
Don Manuel A. Balmaseda
Don Leopoldo Armand
Don Jorge Coppinger
Don Eduardo Susini
Don José Alum
Don Andrés Arango
Don Lino Cabrera
Don Melitón Marquetti
Don Miguel Darmay
Don Francisco Armona

Sección segunda

A cargo de don José María Romay
Operaciones con quebrados.
Don Enrique Coppinger
Don Joaquín López
Don Gabriel de Cárdenas
Don Ambrosio Lamadriz
Don Francisco Coimbra
Don Juan Guzmán
Don Rafael Cabrera
Don Joaquín Morales
Don Alfredo Colás
Don Francisco Ruiz
Don Antonio Santo Domingo
Don Manuel Marín
Don Ramón Torres
Don Joaquín Manjón
Don Pedro Castellanos
Don Tomás Waterland
Don Luis F. Lamar
Don Francisco Vázquez
Don Vicente Laguardia
Don Joaquín Vigil
Don Mateo García

A cargo de don Carlos Guerrero
Quebrados comunes. Decimales. Denominados. Potencias y raíces.
Razones y proporciones.
Don José Antonio Cintra
Don Joaquín Roldán
Don Eduardo Lastres
Don Francisco Carrillo
Don Manuel Sanguily
Don Rafael Orozco
Don Luis de la Luz

Don Gabriel Ruiz
Don Miguel Laca
Don Miguel Dubrocq
Don Joaquín Girette
Don Enrique Carrillo
Don Horacio Sánchez
Don José M. Martínez
Don Ricardo Villate
Don Emilio Petit
Don Patricio Laguardia
Don José Vélez

Sección cuarta
A cargo de don Jesús B. Gálvez
Principios generales. Potencias y raíces. Razones y proporciones. Progresiones. Logaritmos. Regla de tres y sus aplicaciones. Sistema de pesos y medidas. Sistema métrico. Medidas provinciales y nacionales. Problemas.
Don Ricardo López
Don Francisco Guiral
Don Ignacio Blaín
Don Juan O'Farrill
Don Manuel Pérez
Don Domingo Ilzarbe
Don Jesús María del Castillo
Don José Romay
Don Justo Pérez
Don Tomás González
Don Francisco de la Cuesta
Don Martín León
Don Miguel de Cárdenas
Don Ramón Clavijo
Don Carlos Gutiérrez
Don Enrique Guiral

Don Rafael Girette
Don Gabriel Forcade Dibujo lineal

Sección primera
A cargo de don José María Romay
Principios. Trazado a ojo.
Don Leopoldo Armand
Don José Alum
Don Francisco Armona
Don Miguel Darmany
Don Rafael Henrique
Don Melitón Marquetti
Don Luis R. Betancourt

Sección segunda
A cargo de don Carlos Guerrero
Líneas. Ángulos. Triángulos. Cuadriláteros. Polígonos. Trazado a ojo.
Don Jorge Coppinger
Don Domingo Mora
Don Alberto Mora
Don Ramón Torres
Don Carlos Parets
Don Andrés Arango
Don Pablo Barnet
Don Francisco Ferregut
Don Miguel Dubrocq
Don Germán García
Don Gabriel de Cárdenas
Don Nicolás de Cárdenas
Don José Valdés Lanz
Don Eduardo Susini
Don Joaquín Manjón
Don José Vélez
Don Federico Anguera

Don Juan Guzmán
Don Pedro Castellanos

Sección tercera
A cargo de don Carlos Sánchez
Texto: Henry. Líneas. Ángulos. Círculos. Polígonos. Superficies. Sólidos.
Aplicaciones. Agrimensura. Albañilería. Carpintería.
Don Jesús María Castillo
Don Joaquín López
Don Joaquín Girette
Don Enrique Coppinger
Don Rafael Girette
Don Luis F. Lamar
Don Ricardo López
Don Horacio Sánchez
Don Ignacio Balín
Don Francisco Ruiz
Don Vicente Laguardia
Don Enrique Carrillo
Don Luis de la Luz
Don Tomás Waterland
Don Ramón Clavijo
Don Patricio Laguardia
Don Ricardo Villate Geografía

Sección primera
A cargo de don Joaquín Barnet
Geografía física, política y astronómica de la Isla de Cuba. Mapas.
Don José Alum
Don Lino Cabrera
Don Federico Anguera
Don Jorge Coppinger
Don Leopoldo Armand
Don Rafael Henrique

Don Miguel Darmany
Don Alberto Mora
Don Pablo Barnet
Don Melitón Marquetti
Don Enrique Coppinger
Don José Valdés Lanz
Don Germán García
Don Antonio Río
Don Andrés Arango
Don Domingo Mora
Don Francisco Armona
Don Carlos Parets
Don Luis R. Betancourt
Don Lorenzo Romay
Don Manuel A. Balmaseda
Don Eduardo Susini

Sección segunda
A cargo de don José María Romay
Geografía de la Isla
Don Francisco Ruiz
Don Joaquín López
Don Miguel Marín
Don Gabriel de Cárdenas
Don Juan Guzmán
Don Antonio Santo Domingo
Don Francisco Coimbra
Don Luis F. Lamar
Don Pedro Castellanos
Don Joaquín Vigil

Sección tercera
A cargo de don Juan B. Hevia

Texto: La Torre. Nociones. Nomenclatura. Sistemas astronómicos. Latitud. Longitud. Cartografía.

Don Francisco Vázquez
Don Ricardo Villate
Don Ignacio Blaín
Don Joaquín Morales
Don Rafael Cabrera
Don Ramón Torres
Don Miguel Laca
Don José Vélez Toda Europa
Don Miguel de Cárdenas
Don Nicolás de Cárdenas
Don Lorenzo Romay
Don Vicente Laguardia
Don Patricio Laguardia
Don Juan María Cabrera

Sección cuarta
A cargo de don Luis F. Mantilla
Elementos de geografía astronómica y física. Generalidades de Europa.
Don Luis de la Luz
Don Ricardo López
Don Rafael Girette
Don Tomás Waterland
Don Francisco Carrillo
Don Manuel Sanguily
Don Emilio Hevia
Don Rafael Orozco
Don José M. Martínez
Don Enrique Carrillo
Don Jesús María Castillo
Don Ramón Clavijo
Don Joaquín Girette
Don Ángel Hernández

Don Andrés Hernández

Sección quinta
A cargo de don José Podbielski
Texto: González. Las cinco partes del mundo. Nociones de Geografía física. Mapas.
Don Francisco Lastres
Don Justo Pérez
Don José Antonio Cintra
Don Manuel Pérez
Don José María Mora Educación secundaria

Religión
A cargo de don Francisco D. de Villegas
Naturaleza y origen de la moralidad. Moral, dogma y culto. Ideas inmanentes. Moral, dogma y culto. Composiciones.
Don Alberto Torres
Don Tomás González
Don Rafael Girette
Don Joaquín Girette
Don Ricardo López
Don Joaquín López
Don Francisco Colás
Don Francisco Lastres
Don José Antonio Cintra
Don Federico Laredo
Don Martín León
Don Joaquín Roldán

Gramática castellana
A cargo de don Enrique Piñeyro
Origen y caracteres generales de la lengua castellana. Teoría de las partes de la oración. Arcaísmos. Galicismos, etc. Sinonimia. Lectura explicada. Composición.

Don Enrique Guiral
Don Juan Vizcay
Don José Manuel Mora
Don César Pintó
Don Juan M. Ferrer
Don Fernando Carrillo
Don Fernando Vallín
Don Domingo Ilzarbe
Don Alberto Navarro
Don Francisco de la Cuesta
Don Juan O'Farrill
Don Jesús M. Del Castillo

Latín

Sección primera
A cargo de don José María Prellezo
Declinación de sustantivos y adjetivos. Grados. Verbo sum.
Don Joaquín Morales
Don Francisco Carrillo
Don Horacio Sánchez
Don Francisco Coimbra
Don Luis F. Lamar
Don Rafael Orozco
Don Enrique Coppinger
Don Gabriel Ruiz
Don Ambrosio Lamadriz
Don Ángel Hernández
Don José Vélez

Sección segunda
A cargo del mismo
Conjugación. Raíces y formación de tiempos. Traducción de las Fábulas
de *Fedro*.

432

Don Ricardo López
Don Pedro Castellanos
Don Juan Guzmán
Don Miguel Marín
Don Joaquín Manjón
Don Federico Anguera
Don José María Mora
Don Diego Rojas
Don Tomás González
Don Emilio Hevia
Don Rafael Cabrera

Sección tercera
A cargo de don Luis F. Mantilla
Traducen a Salustio. Versión del español al latín. Diálogos de Luis Vives.
Don Enrique Guiral
Don Juan O'Farrill
Don Alfredo Colás
Don Miguel Viondi
Don Francisco Lastres
Don Eulogio Martínez
Don Andrés Hernández
Don julio Barroso
Don Juan M. Ferrer
Don Francisco Guiral
Don Juan Vizcay
Don José Antonio Cintra
Don Francisco de la Cuesta
Don Martín León
Don Luis de la Luz
Don Joaquín Girette
Don Manuel Pérez
Don José Romay
Don José M. Mora

Don Miguel de Cárdenas

Francés
A cargo de don Adolfo G. Duplessis

Sección primera
Aprenden los verbos y empiezan a leer.
Don Faustino Caballero
Don Manuel Cabrera
Don Fernando Carrillo
Don Francisco Colás
Don Enrique Coppinger
Don Francisco de la Cuesta
Don Rafael Henrique
Don José Govín
Don Francisco Guiral
Don Francisco Gutiérrez
Don Ángel Hernández
Don Domingo Mora
Don Alberto Navarro
Don Joaquín Roldán
Don Alberto Torres
Don Fernando Vallín

Sección segunda
Gramática hasta el verbo inclusive. Leen. Traducen del francés al español y hablan algo.
Don Gabriel de Cárdenas
Don Domingo Ilzarbe
Don Alfredo Colás
Don Alberto Mora
Don Antonio Gómez
Don César Pintó
Don José Castellanos

Don José M. Martínez
Don Joaquín Girette
Don José María Mora
Don Leopoldo Hernández

Sección tercera
Leen. Hablan. Traducen del español al francés y empiezan a componer.
Han entrado en las dificultades de la sintaxis.
Don julio Barroso
Don Miguel de Cárdenas
Don Juan M. Ferrer
Don Gabriel Forcade
Don Rafael Girette
Don Nicolás Gómez
Don Enrique Guiral
Don Emilio Hevia
Don Alberto Ilzarbe
Don Antonio Janier
Don José Manuel Mora
Don Eulogio Martínez
Don Juan O'Farrill
Don José Manuel Ponce
Don Manuel Sanguily
Don Juan Vizcay

Inglés
A cargo de don Carlos Plisset

Sección primera Principiantes. Lecciones a Aparicio
Don Alberto Mora
Don Horacio Sánchez
Don Rafael Girette
Don Federico Laredo
Don Ramón Clavijo

Don Miguel Dubrocq
Don Rafael Orozco
Don Jesús María Castillo
Don José Romay
Don Francisco Castillo
Don Martín León
Don José M. Martínez
Don Enrique Carrillo
Don Juan M. Cabrera
Don Lorenzo Romay
Don Emilio Petit
Don Carlos Gutiérrez
Don Ignacio Balín
Don Tomás González
Don Joaquín Morales
Don José Vélez
Don Francisco Lastres

Sección segunda

Leen y traducen en el *American Popular Lessons*. Escriben al dictado y analizan.

Don Juan Castellanos
Don Alejandro Río
Don Enrique Guiral
Don Justo Pérez
Don Juan O'Farrill
Don Francisco Guiral
Don Joaquín Roldán
Don Manuel Sanguily
Don Tomás Waterland
Don Alberto Torres
Don Francisco Gutiérrez
Don Rafael Soria

Sección tercera

Leen y traducen en cualquier libro y a viva voz, del inglés al español y viceversa. Escritura al dictado. Análisis y composiciones. Conversación. En clase se habla solamente inglés.

Don Nicolás Gómez
Don Juan M. Ferrer
Don Eulogio Martínez
Don Antonio Gómez
Don José M. Ponce
Don César Pintó
Don Gabriel Forcade
Don Ángel Hernández
Don Faustino Caballero
Don José María Mora
Don Domingo Mora
Don Alberto Navarro

Geografía
A cargo de don José Podbielski
Conversaciones en inglés arregladas al texto de Cornell.
Don Alberto Mora
Don Domingo Mora
Don José María Mora
Don Antonio Janier
Don Ángel Hernández

Alemán
A cargo de don José Podbielski
Texto: Adler. Leen, traducen, escriben al dictado y recitan.
Don José Castellanos
Don Nicolás Gómez
Don Antonio Gómez
Don Leopoldo Hernández
Don José M. Ponce

Teneduría de libros. Aritmética mercantil
A cargo de don Carlos Plisset
Principiantes
Don Joaquín Roldán
Don Alberto Torres
Han concluido. Presentarán sus libros y trabajarán sobre lo que se les indique.
Don Juan Castellanos
Don Alberto Ilzarbe
Don Justo Pérez
Don Antonio Janier

Álgebra
A cargo de don Carlos Sánchez
Operaciones elementales. Quebrados literales. Ecuaciones de primer grado.
Don Rafael Girette
Don Ricardo López
Don Jesús María Castillo
Don Manuel Pérez
Don Ramón Clavijo
Don Manuel Sanguily

Arquitectura y perspectiva
A cargo de don Jesús B. Gálvez
Principios generales. Aspectos bajo que puede considerarse la arquitectura. Relaciones con las otras artes. Divisiones. Órdenes. Principios de perspectiva lineal. Presentarán sus trabajos.
Don Pedro F. Hernández
Don Ricardo López
Don Jesús María Castillo
Don Manuel Sanguily
Don Ramón Clavijo

Don Rafael Girette

Dibujo natural
A cargo de don Tomás Codezo
Principios y cabezas.
Don Federico Anguera
Don Miguel Darmany
Don Rafael Girette
Don Francisco Ruiz
Don Francisco Carrillo
Don Jorge Coppinger
Grandes estudios de cabezas, medios cuerpos y cuerpos enteros a uno y dos creyones.
Don Pedro F. Hernández
Don Enrique Carrillo
Don Jesús María Castillo
Don José María Mora
Don Federico Anguera
Don Tomás González Paisajes a uno y dos creyones.
Don José María Mora
Don Enrique Carrillo
Don Pedro F. Hernández
Don Federico Anguera
Don Jesús María Castillo
Don Rafael Girette
Don Tomás González

Música
A cargo de don Enrique González
Principios elementales de la música. Solfeo general y particular.
Don Antonio Río
Don José Valdés Lanz
Don Enrique Schimper
Don Leopoldo Armand

Don José María Mora
Don Federico Anguera
Don Miguel de Cárdenas
Don Ángel Hernández
Don Juan M. Ferrer

Clase de piano
Don Antonio Río ... Obertura de la Norma, a cua
Don Juan M. Ferrer... tro manos
Don José Valdés Lanz... Marcha de la Norma
Don José María Mora ... Marcha de Washington
Don Ángel Hernández... Aria de soprano del primer acto del Trovador
Don Enrique Schimper... Romana de soprano en el tercer acto de la
Traviata
Don Antonio Río ... El Tremolo. Réverie de Rosellend
Don Juan M. Ferrer... Duetto de soprano y tenor en el tercer acto de la
Traviata

Gimnástica
A cargo de don Antonio Figueroa
Asisten a esta clase todos los alumnos del Colegio.

Clases universitarias

Primer curso

Don Carlos Gutiérrez
Don julio Barroso
Don José Romay
Don Juan Vizcay
Don Eulogio Martínez
Don Tomás González
Don Ramón Crucet
Don Martín Aróstegui

Don Miguel de Cárdenas
Don Miguel Marín
Don Luis de la Luz
Don Joaquín Girette
Don Andrés Hernández
Don Martín León
Don José Manuel Mora
Don José María Mora
Don Francisco Lastres
Don José Antonio Cintra
Don Gabriel Forcade
Don Antonio Janier
Don Juan Castellanos
Don Diego Rojas
Don Faustino Caballero
Don Antonio Gómez
Don Francisco Colás
Don Federico Laredo
Don César Pintó
Don Alberto Ilzarbe

Física
A cargo de don Carlos Sánchez
Materia. Fuerza. Movimiento. Nociones de Estática. Atracción universal.
Principios de hidrostática e hidrodinámica. Atmósfera.
Asisten además de los matriculados,
Don Rafael Girette,
Don Jesús María Castillo y
Don Manuel Sanguily.

Introducción a la historia natural
A cargo de don Joaquín Barnet

División. Clasificación. Anatomía y Fisiología de las funciones de nutrición y reproducción. Sistema muscular. Aparato huesoso. Sensibilidad. Nervios y sentidos.

Asiste además

Don Rafael Girette.

Historia antigua y cosmografía

A cargo de don Enrique Piñeyro

Definiciones y divisiones. Egipcios. Asirios. Medos. Persas, Babilonios y Fenicios. Grecia hasta después de la guerra del Peloponeso. Roma hasta su primera destrucción por los Galos. Geografía antigua.

Astronomía. Bóveda celeste. Leyes generales. Sistema solar. Monografía de los planetas y sus satélites. Luna. Eclipses.

Asisten además

Don Manuel Sanguily y

Don Rafael Girette.

Matemáticas

A cargo de don Joaquín G. Lebredo

Álgebra. Preliminares. Suma. Resta. Multiplicación y división. Potencias y raíces de los monomios. Quebrados literales. Ecuaciones de una y varias incógnitas. Método de sustitución, de igualación y de coeficientes idénticos. Principios de geometría elemental.

Segundo curso

Don Francisco de la Cuesta

Don Miguel Viondi

Don Francisco Guiral

Don Enrique Guiral

Don Juan Castellanos

Don Alberto Navarro

Don Juan O'Farrill

Física

A cargo de don Carlos Sánchez

Magnetismo. Electricidad estática y dinámica. Electromagnetismo. Inducción. Nociones de meteorología.

Historia de la Edad media
A cargo de don Enrique Piñeyro
Caracteres generales. Fundación de los estados modernos de Occidente. Imperios de Oriente y conquistas de los Árabes. Carlomagno y Alfredo el Grande. Normandos. Othón el Grande. La Iglesia. Cruzadas. Disertaciones.

Matemáticas
A cargo de don Joaquín G. Lebredo
Trigonometría rectilínea. Definiciones. Casos de resolución de triángulos. Líneas trigonométricas. Valores correlativos. Varias fórmulas. Tablas trigonométricas. Triángulos rectángulos. Analogía de éstos y de los oblicuángulos. Aplicación de esta analogía a la resolución de problemas. Principios de Geometría Analítica.

Botánica
A cargo de don Emilio Auber
Definición y división. Tejidos elementales y órganos similares. División de los órganos. Nutrición. Estructura de los vegetales. Reproducción. Clasificaciones. Ventajas del método dicótomo en sus aplicaciones a la Botánica. Sistema sexual de Linneo. Métodos de Jussieu y de De Candolle.

Química mineral
A cargo de don Joaquín F. Aenlle
Objeto de la Química. Moléculas. Átomos. Cuerpos simples y compuestos. Cohesión. Afinidad. Fuerza expansiva del calórico. Combinación. Mezcla. Disolución. Saturación. Proporciones químicas. Teoría atómica. Isomorfismo. Diformismo. Isomería. Alotropía. Notación. Diferencias entre metales y metaloides. Oxígeno. Hidrógeno. Ázoe. Cloro. Carbono. Boro. Silicio. Compuestos formados por el oxígeno con estos cuerpos.

Tercer curso

Don Antonio Bassave
Don Juan M. Ferrer
Don José M. Ponce
Don Perfecto Rojas
Don José M. Ponce
Don Emilio Petit
Don Manuel Cabrera
Don Francisco Gutiérrez
Don Ramón Petit
Don Alejandro del Río
Don Pelayo Vigil
Don Alfredo Lamar
Don José Govín

Química orgánica
A cargo de don Joaquín F. Aenlle
Composición de los cuerpos orgánicos. Grupos en que se dividen según los elementos que los constituyen. Principios inmediatos. Análisis elemental cualitativo y cuantitativo. Análisis inmediato. Productos nitrogenados. Fermentación y sus productos. Ácidos orgánicos.

Zoología
A cargo de don Francisco D. de Villegas
Clasificaciones en general. Descripción de las especies típicas.

Literatura
A cargo de don Enrique Piñeyro
Composiciones literarias. Clasificaciones y modelos que pueden presentarse. Estética. Lo bello y lo sublime. Lo maravilloso. La imaginación. Cuestión de las tres unidades. Bellas artes. Disertaciones.
Cuarto curso
Don José Castellanos
Don Nicolás Gómez
Don Pastor Hernández

Don Fernando Carrillo
Don Fernando Vallín
Don Domingo Ilzarbe

Literatura española
A cargo de don Enrique Piñeyro
Primeros monumentos. Poema del Cid. Poesía lírica hasta el siglo XVIII. Poesía popular. Romances. Poemas épicos. Disertaciones.

Religión A cargo de don Jesús B. Gálvez Desenvolvimiento del programa universitario. Historia y origen del dogma de la Trinidad. Historia y teoría de la Creación. Filosofía de lo absoluto. Escuelas socialista y humanitaria.

A cargo de don Emilio Auber Definiciones y divisiones. Forma y densidad de la tierra. Trastorno de la corteza mineral del globo y sus causas. Agentes exteriores. Enfriamiento del globo. Íntima conexión de los fenómenos volcánicos con la formación y modificaciones de las rocas. División general de éstas. Clasificación de los terrenos que componen la corteza de nuestro planeta. Necesidad de la Paleontología en la determinación de la edad relativa de los terrenos a que pertenecen los fósiles.

Griego
A cargo de don Claudio Vermay

Primer curso
Alfabeto según la pronunciación de los griegos modernos. Reglas de eufonía y acentuación. Declinación de los substantivos y sus contractos. Adjetivos y participios. Comparativos y superlativos. Numeración. Pronombres. Escrituras al dictado.
Don Manuel Cabrera
Don Alejandro Río
Don Juan Ferrer
Don Francisco Gutiérrez
Don Pelayo Vigil

Segundo curso

Conjugación de los verbos regulares y sus contractos. Conocimientos generales de la sintaxis. Traducción del curso de versiones de Bedel y de algunas Odas de Anacreonte.

Don José Castellanos
Don Fernando Carrillo
Don Nicolás Gómez
Don Domingo Ilzarbe

Filosofía

Presentarán sus disertaciones. Los alumnos del tercer año han de estudiar la Lógica y los de cuarto la Ética por Balmes.

Asiste también al curso de Lógica

Don Joaquín Roldán.

La filosofía es el bautismo de la razón.

Lógica

1. Su objeto y utilidad.

2. Operaciones intelectuales. Necesitan ser dirigidas por la Lógica.

3. Papel importante y doble de los signos.

4. Paralelismo entre los signos algebraicos, los del lenguaje y los experimentos físicos.

5. Caracteres de la inducción y de la deducción.

6. Según la índole de cada ciencia predomina en su formación uno de estos dos elementos, pero ninguna puede prescindir del segundo absolutamente.

7. En la inducción va envuelta la deducción (pensamiento de Funes).

8. En consecuencia, el silogismo no es una forma arbitraria, sino la más natural del pensamiento, y que los escolásticos hubieran llamado con razón su forma sustancial.

9. Varias especies de argumentación: son medios de indagar y persuadir la verdad.

10. Sofismas y falacias, lo son por el contrario de errar y de engañar a los demás.

11. Las prevenciones adoptadas para el recto uso de los sentidos y de su representante, la imaginación, así como las suministradas por la crítica, no pertenecen propiamente al orden lógico, siendo todas hijas de la experiencia.

12. Sin ellas, empero, sería deficiente cualquier disciplina sobre la dirección del espíritu humano.

13. Una es la verdad y uno el método para buscarla.

14. Podría decirse de uno y otro lo que la Iglesia de su doctrina: Unus Deus, una fides, et unum baptisma.

15. La verdad es la congruencia del concepto con el objeto.

16. Por eso no hay que distinguirla en objetiva y subjetiva, pues aunque esta distinción tiene tanta cabida en la ciencia, no hay verdad que no reúna ambos caracteres.

17. Luego no se distingue la verdad lógicamente según la ciencia a que pertenezca.

18. Naturaleza de la ciencia. Diversa y análoga.

19. Necesidad de conocerlas para juzgarlas. Imposibilidad en que para ello laboran los filósofos puramente metafísicos. Forzoso es imitar a los Platones, Aristóteles y Leibnitzes. Tu longe vestigia sequere.

20. Estas cuestiones son más trascendentales de lo que parece; procuraremos patentizarlo.

21. Filosofía y educación.

22. Su importancia para la educación. Entre nosotros le falta aún el elemento fecundador: la filosofía.

23. Se encuentran, es verdad, maestros que sepan su obligación, como suele decirse, pero se necesita la devoción en espíritu y verdad para el desempeño de esa obligación.

24. ¿Y el manejo de los alumnos? Ved aquí otra mina inagotable y aún por beneficiar.

25. Si no está subordinada la enseñanza a un principio superior, a un alma que la penetre toda, no es dable sacar todo el fruto posible de los educandos; en una palabra, no es lo mismo saber un ramo que tener inspiración (pues inspiración es todo el magisterio) y ser teórico y práctico en la pedagogía.

26. Necesidad imprescindible de las escuelas normales para conseguirlo.

27. Cuanto sabemos mana de cuatro fuentes: el sentido íntimo, los sentidos externos, el raciocinio y la autoridad; y sin embargo, apuntamos el año pasado, y aún sostenemos el presente:

28. «El criterio, no los criterios»

29. Hasta en el llamado de autoridad reluce el ejercicio de la razón.

30. Con sumo tino, pues, llama San Pablo a la fe, rationabile obsequium vestrum, deferencia racional de los dictados del Altísimo.[48]

Ética

31. De la combinación de la inteligencia y el libre albedrío nace la conciencia moral. De aquí las condiciones para la moralidad de un acto.

32. Naturaleza de la moralidad.

Elencos y discursos académicos

33. La unión de la moralidad con la utilidad, lo mismo que con la justicia, es íntima e inseparable, como relaciones distintas de un mismo objeto.

34. Origen y fundamento de la moral.

35. Varias especies de deberes.

36. Diferencia entre un tratado de Moral y la ciencia de la Moral. El primero comprende la enumeración y clasificación de todos los deberes; la segunda, sus fundamentos.

37. Por qué a la filosofía solo compete examinar las raíces del árbol, según la bella expresión de Balmes, y prescribir en consecuencia el método para cultivarlo.

33. Así como la existencia de Dios es el cimiento del mundo moral, la inmortalidad del alma es como la atmósfera de ese mundo.

39. Porque la humanidad si no aspira, no respira; y ved ahí la necesidad del ideal.

40. Relaciones entre la Moral, la Jurisprudencia, la Política y la Economía pública, con justa razón llamadas ciencias morales por excelencia.

---

48 En este Elenco se omiten las proposiciones correspondientes a Metafísica y a Ideología Pura del Elenco de 1850 (Roberto Agramonte).

41. Ningún filósofo ni publicista ha definido la ley tan precisa y atinadamente como el Aristóteles de la Edad Media: Santo Tomás.

42. Cuatro condiciones debe tener la pena para llenar su fin; veremos si las reúne la de muerte.

43. ¿Es posible que en pleno siglo XIX, todavía se defienda con descaro el suicidio? Compadézcase norabuena, pero sepan sus apologistas que la vida, cualquiera que sea su condición, es forzoso aceptarla como un deber: es un tesoro que ni siquiera se nos ha dado en préstamo, sino en precario.

44. El trabajo es esa la roca en que se asienta la propiedad.

45. Los que se rebelan contra ella, van contra la ley del progreso; y los que se resisten al estado de familia, caminan derecho a la barbarie, se degradan a la condición de bestias gregales.

46 Buscar el remedio de los males que afligen al cuerpo social fuera de la familia y de la propiedad, es matar al enfermo para curarle.

47. No hay síntesis ninguna social que pueda sustituirse al dogma cristiano.

48. Harto dista aún la humanidad de su completa realización; en ella está cifrada su porvenir.

49. La religión es el alma del alma, así que incluye y se sobrepone a todos los principios internos y externos de moralidad; pero todos ellos juntos no la pueden incluir ni reemplazar.

50. Ella es la única potencia que puede levantar la voz para armonizar la humanidad diciendo a las dos categorías en que está necesariamente dividida: Sperate miseri, cavete felices.

XIX. Exámenes del Colegio del Salvador

Dirigido por don José de la Luz

Empezarán el día 7 de diciembre, a las 5 de la tarde

HABANA IMPRENTA «EL TIEMPO» CALLE DE CUBA, NÚM. 37

1861

Que la razón de conveniencia esté siempre subordinada a la razón del deber; ésta acrisola y santifica el alma, aquélla suele adulterarla y amenguarla.

[Luz][49]

Educación primaria

Religión

Sección primera
A cargo de don José María Romay Ripalda
Explicación de las oraciones. Parte del Fleuri.
Don Julián Salazar
Don Domingo Lamadriz
Don Enrique Morado
Don Arturo Tejada
Don Francisco de la Luz
Don Guillermo Mesa
Don José María Bustillo
Don Carlos López
Don Antonio González
Don Miguel Jiménez
Don Miguel Sánchez
Don Felipe Arango
Don Tomás Sánchez
Don Manuel Barreto
Don Nicolás de Cárdenas y Jiménez
Don Enrique Schimper

---

49   Roberto Agramonte.

Don Gonzalo Hernández

Sección segunda
A cargo de don José María Prellezo
Historia sagrada. Doctrina cristiana. Explicación.
Don Antonio del Río
Don Melitón Marquetti
Don Pablo Barnet
Don Federico Anguera
Don Ramón Ortega
Don Andrés Arango
Don Ramón Betancourt
Don Rafael Enrique
Don José María Alum
Don Germán García
Don Juan Sánchez
Don Pedro Bustillo
Don Lino Cabrera
Don José V. Lanz
Don Miguel Darmany
Don Domingo Lamadriz
Don Carlos Parets
Don Nicolás de Cárdenas y don Antonio León Chappotín

Sección tercera
A cargo de don Francisco Díaz de Villegas
Doctrina cristiana. Libros históricos del Antiguo y el Nuevo Testamento.
Libro de los Proverbios.
Don Francisco Jústiz
Don Tomás Romay
Don Francisco Coimbra
Don Ramón Torres
Don Antonio Zelada
Don Joaquín Manjón

Don Vicente Laguardia
Don Gabriel de Cárdenas
Don Manuel Quesada
Menos adelantados.
Don Eduardo Terry
Don Alfredo Hernández
Don Francisco Terry
Don Francisco Ferregut

Lectura
Método explicativo

Sección primera
A cargo de don José María Romay
Leen regularmente.
Don Miguel Sánchez
Don Nicolás de Cárdenas y don Antonio González Jiménez
Don Enrique Schipper
Don Manuel Barreto
Don Enrique Morado
Menos adelantados.
Don Domingo Lamadriz
Don Guillermo Mesa
Don Miguel Jiménez
Don Julián Salazar
Don Carlos López
Don Tomás Sánchez
Menos que los anteriores.
Don José María Bustillo
Don Gonzalo Hernández
Don Felipe Arango
Don Francisco de la Luz
Don Arturo Tejada
Lectura en prosa y verso. Explicación. Trozos de memoria.

Don Antonio del Río
Don Ramón Betancourt
Don Juan M. Sánchez
Don Germán García
Don Pablo Barnet
Don Miguel Darmany
Don Melitón Marquetti
Don Antonio León
Don Andrés Arango
Don Pedro Bustillo
Don Rafael Henrique
Don Ramón Ortega
Don Lino Cabrera
Don José María Alum
Don José V. Lanz
Don Nicolás de Cárdenas y
Don Federico Anguera Chapottín
Don Carlos Parets

Sección tercera
A cargo de don Honorato Castillo
Leen en prosa o verso, habiendo servido de texto principalmente la Colección de artículos de
Don Anselmo Suárez y Romero.
Don Ramón Torres
Don Francisco Ferregut
Don Antonio Zelada
Don Luis F. Lamar
Don Vicente Laguardia
Don Manuel de Quesada
Don Alfredo Hernández
Don Pedro Castellanos
Don Francisco Terry
Don Gabriel de Cárdenas

Don Eduardo Terry
Don Enrique Coppinger
Don Francisco Coimbra
Don Joaquín Manjón

Sección cuarta
A cargo de don Ramón Ramos
Leen en cualquier libro en prosa o verso.
Don Manuel Hernández
Don Francisco Carrillo
Don Tomás Romay
Don Ricardo Villate
Don Lorenzo Romay
Don Pedro Castellanos
Don Sixto Encinosa
Don Tomás Waterland
Don Horacio Sánchez
Don Emilio Espinosa
Don Mateo García
Don Francisco Jústiz
Don Miguel Laca
Don Miguel Dubrocq
Don Patricio Laguardia
Don Rafael Orozco
Don Antonio Santo Domingo
Don Nicolás Harvey
Don Matías Galarraga
Don Manuel Pérez
Don Indalecio Fresneda
Don Alberto Mora

Escritura
A cargo de don Manuel T. Nathan y de
Don Juan Bautista Hevia

Presentarán sus trabajos y escribirán en presencia de los concurrentes.
Gramática castellana

Sección primera
A cargo de don José María Romay
Conjugan y declinan.
Don Domingo Lamadriz
Don Julián Salazar
Don Enrique Schipper
Don Felipe Arango
Don Nicolás de Cárdenas y Jiménez
Don José María Bustillo
Don Guillermo Mesa
Menos adelantados.
Don Enrique Morado
Don Manuel Barreto
Don Antonio González
Don Carlos López
Don Arturo Tejada Principiando.
Don Gonzalo Hernández
Don Miguel Sánchez
Don Tomás Sánchez
Don Miguel Jiménez
Don Francisco de la Luz Todo el texto de J. M. Zayas.

Escritura al dictado. Composiciones.
Don Antonio del Río
Don J. María Alum
Don Pablo Barnet
Don Lino Cabrera
Don Ramón Betancourt
Don Federico Anguera
Don Juan M. Sánchez
Don Germán García

Don Melitón Marquetti
Don Pedro Bustillo
Don Andrés Arango
Don Miguel Darmany
Don Rafael Henrique
Don Eduardo Terry
Don José V. Lanz
Don Francisco Terry
Don Carlos Parets
Don Antonio León
Don Nicolás de Cárdenas
Don Ramón Ortega y Chappotín

Sección tercera
A cargo de don Ramón Ramos
Partes de la oración. Análisis. Escritura al dictado.
Don Joaquín López
Don Manuel Quesada
Don Francisco Ferregut
Don Antonio Zelada
Don Joaquín Manjón
Don Alfredo Hernández
Don Antonio Santo Domingo
Don Máximo Mora
Don Francisco Coimbra
Don Alberto Mora
Don Gabriel de Cárdenas
Don Vicente Laguardia
Don Ramón Torres

Sección cuarta
A cargo del mismo
Análisis. Sintaxis. Ortografía. Composiciones.
Don Manuel Hernández

Don Juan María Cabrera
Don Lorenzo Romay
Don Emilio Espinosa
Don Tomás Romay
Don Sixto Encinosa
Don Indalecio Fresneda
Don Francisco Jústiz
Don Manuel Pérez
Don Horacio Sánchez
Don Francisco Carrillo
Don Miguel Dubrocq
Don Ricardo Villate
Don Rafael Orozco
Don Joaquín Vigil
Don Miguel Laca
Don Tomás Waterland
Don Nicolás Harvey
Don Patricio Laguardia
Don Gabriel Ruiz
Don Luis F. Lamar
Don Mateo García
Don Alfredo Colás
Don Emilio Hevia
Don Pedro Castellanos
Don Enrique Coppinger Aritmética

Sección primera
A cargo de don José María Romay y de
Don Manuel Carrera
Todos los alumnos de esta clase suman, restan, multiplican y dividen mentalmente.
Don Francisco de la Luz
Leer cantidades.
Sumar y restar.

Don Antonio González

Don Carlos López

Don Miguel Jiménez Multiplicar.

Don Gonzalo Hernández

Don Enrique Morado

Don Guillermo Mesa Dividir.

Don Julián Salazar

Don Miguel Sánchez

Don Tomás Sánchez

Don Arturo Tejada

Don Enrique Schimper

Don José María Bustillo

Don Nicolás de Cárdenas y Jiménez

Don Manuel Barreto

Sección segunda

A cargo del Vicedirector

Operaciones mentales sobre enteros, quebrados, denominados. Proporciones. Tanto por ciento y partes proporcionales.

Don Antonio del Río

Don Alberto Mora

Don Rafael Henrique

Don Pablo Barnet

Don Germán García

Don Nicolás de Cárdenas y

Don Pedro Bustillo Chapottín

Don José V. Lanz

Don Ramón Betancourt

Don José María Alum

Don Miguel Darmany

Don Carlos Parets

Don Juan M. Sánchez

Don Antonio León

Don Lino Cabrera

Don Domingo Lamadriz
Don Melitón Marquetti
Don Felipe Arango
Don Federico Anguera
Don Ramón Ortega
Don Andrés Arango

Sección tercera
A cargo de don Manuel Carrera
Hasta regla de tres inclusive. Problemas.
Don Eduardo Terry
Don Nicolás Narvey
Don Manuel Quesada
Don Miguel Dubrocq
Don Francisco Coimbra
Don Antonio Zelada
Don Ricardo Villate
Don Tomás Romay
Don Francisco Ferregut
Don Alfredo Hernández
Don Francisco Terry
Don Gabriel de Cárdenas

Sección cuarta
A cargo de don Carlos Guerrero
Hasta regla de tres y sus aplicaciones.
Don Indalecio Fresneda
Don Miguel de Laca
Don Ambrosio Lamadriz
Don Emilio Espinosa
Don Juan María Carrera
Don Pedro Castellanos
Don Mateo García
Don Ramón Torres

Don Rafael Cabrera
Don Antonio Santo Domingo
Don Francisco Carrillo
Don Vicente Laguardia
Don Joaquín López
Don Enrique Coppinger
Don Alfredo Colás
Don Rafael Orozco
Don Joaquín Vigil
Don Tomás Waterland

Sección quinta
A cargo de don Jesús María Castillo
Principios generales. Potencias y raíces. Razones y proporciones. Progresiones. Logaritmos. Regla de tres y sus aplicaciones. Sistemas de pesos y medidas, métrico, provincial y nacional. Problemas.
Don Ricardo Farrés
Don Gabriel Forcade
Don Manuel Hernández
Don Francisco Lastres
Don Sixto Encinosa
Don Luis F. Lamar
Don Miguel Miranda
Don Emilio Espinosa
Don Joaquín Morales
Don Eleuterio Fuentes
Don Matías Galarraga
Don Rafael Girette
Don Horacio Sánchez
Don Lorenzo Romay
Don Manuel Sanguily
Don Francisco Carrillo
Don Juan María Cabrera
Don Francisco Jústiz Dibujo lineal

Sección primera
A cargo de don Joaquín Barnet
Principiantes Trazado a ojo de líneas, superficies y sólidos.
Don Julián Salazar
Don Nicolás de Cárdenas y
Don Enrique Morado Jiménez
Don Francisco de la Luz
Don Arturo Tejada
Don José María Bustillo
Don Guillermo Mesa
Don Antonio González
Don Carlos López
Don Miguel Sánchez
Don Miguel Jiménez
Don Tomás Sánchez
Don Felipe Arango
Don Domingo Lamadriz
Don Enrique Schimper
Don Manuel Barreto
Don Gonzalo Hernández

Sección segunda
Texto: Thenot.
A cargo de don Carlos Guerrero
Trazado a ojo. Líneas. Ángulos. Polígonos. Curvas. Sólidos.
Don Andrés Arango
Don Lino Cabrera
Don Ramón Betancourt
Don Melitón Marquetti
Don José María Alum
Don Miguel Darmany
Don Juan M. Sánchez
Don Carlos Parets

Don Nicolás de Cárdenas
Don Germán García y Chapottín
Don Antonio León
Don Felipe Arango
Don Francisco Ferregut
Don Domingo Lamadriz
Don Pablo Barnet
Don Ramón Ortega
Don José V. Lanz
Don Pedro Bustillo
Don Federico Anguera
Don Julián Salazar
Don Rafael Henrique

Sección tercera
A cargo de don Carlos Sánchez
Líneas. Ángulos. Polígonos. Aplicaciones. Albañilería. Carpintería.
Texto: Thenot.
Don Ramón Torres
Don Manuel Quesada
Don Alfredo Hernández
Don Indalecio Fresneda
Don Gabriel de Cárdenas
Don Emilio Espinosa
Don Francisco Ferregut
Don Antonio Santo Domingo
Don Francisco Cimera
Don Patricio Laguardia
Don Vicente Laguardia
Don Antonio Zelada
Don Pedro Castellanos
Don Lorenzo Romay
Don Matías Galarraga
Don Manuel Hernández

Don Alberto Mora Geografía

Sección primera
A cargo de don Joaquín Barnet
Principiantes Nociones generales sobre las cinco partes del mundo y en particular sobre la Isla de Cuba.
Don Julián Salazar
Don Nicolás de Cárdenas y
Don Enrique Morado Jiménez
Don Francisco de la Luz
Don Arturo Tejada
Don Carlos López
Don Guillermo Mesa
Don Antonio González
Don José María Bustillo
Don Miguel Sánchez
Don Miguel Jiménez
Don Tomás Sánchez
Don Felipe Arango
Don Domingo Lamadriz
Don Enrique Schimper
Don Manuel Barreto
Don Gonzalo Hernández

Sección segunda
A cargo de don José María Romay y de
Don Juan Bautista Hevia
Nomenclatura. Europa.
Don Eduardo Terry
Don Joaquín López
Don Miguel Dubrocq
Don Francisco Terry
Don Manuel Quesada
Don Antonio Zelada

Don Gabriel de Cárdenas
Don Vicente Laguardia
Don Ramón Torres
Don Francisco Coimbra
Don Francisco Ferregut
Don Joaquín Manjón
Don Alfredo Hernández

Sección tercera
A cargo de don Joaquín Barnet
Generalidades. Descripción física y política de Europa y de América.
Mapas.
Don Antonio del Río
Don Rafael Henrique
Don Alberto Mora
Don Germán García
Don Pedro Bustillo
Don Pablo Barnet
Don José Valdés Lanz
Don Ramón Betancourt
Don José María Alum
Don Miguel Darmany
Don Carlos Parets
Don Juan M. Sánchez
Don Antonio León
Don Lino Cabrera
Don Domingo Lamadriz
Don Melitón Marquetti
Don Felipe Arango
Don Federico Anguera
Don Nicolás de Cárdenas
Don Andrés Arango y Chapottín

Sección cuarta

A cargo de don Juan Bautista Hevia

Descripción de las cinco partes del mundo. Nociones de geografía astronómica. Mapas.

Don Emilio Espinosa

Don Ricardo Villate

Don Miguel de Laca

Don Sixto Encinosa

Sección quinta

A cargo de don José Podbielski

Texto: Palacios. Nociones de geografía física y política. Estadística de las comunicaciones y de los productos más importantes del comercio. Mapas.

Don Alberto Torres

Don Fernando Lastres

Don Manuel Pérez

Don Patricio Laguardia

Don Juan María Cabrera Educación secundaria Religión A cargo de don Leonte Guerra Ética. Deberes. Composiciones.

Don Tomás Waterland

Don Ambrosio Lamadriz

Don Luis F. Lamar

Don Ricardo Villate

Don Ricardo Farrés

Don Antonio Santo Domingo

Don Francisco Carrillo

Don Joaquín López

Don Rafael Orozco

Don Manuel Hernández

Don Pedro Castellanos

Don Patricio Laguardia

Don Lorenzo Romay

Don Matías Galarraga

Don Horacio Sánchez

Don Emilio Espinosa

Don Sixto Encinosa
Don Máximo Mora

Gramática castellana
A cargo de don Luis F. Mantilla
Texto: Bello. Analizarán cualquier trozo. Sinonimia. Etimología. Composiciones. Recitación.
Don Carlos Gutiérrez
Don Gabriel Forcade
Don Federico Laredo
Don Francisco Colás
Don Martín León
Don Juan O'Farrill
Don José M. Ponce
Don Antonio Bassave
Don Matías Galarraga
Don Miguel de Cárdenas
Don Alberto Torres
Don Francisco Guiral
Don Rafael Girette
Don Manuel Sanguily

Latín

Sección primera
A cargo de don José María Prellezo
Declinan y conjugan.
Don Patricio Laguardia
Don Manuel Quesada
Don Francisco Coimbra Raíces y formación de los tiempos. Traducción de las Fábulas de *Fedro*.
Don Rafael Girette
Don Manuel Hernández
Don Tomás Romay

Don Joaquín López
Don Ricardo Farrés
Don Miguel Miranda
Don Antonio Zelada
Don Luis F. Lamar
Don Rafael Orozco
Don Francisco Carrillo
Don Ramón Torres
Don Horacio Sánchez

Sección segunda
A cargo del mismo
Fedro. Comentarios de julio César. Una elegía de Ovidio.
Don José Benítez
Don Rafael Cabrera
Don Ambrosio Lamadriz
Don Miguel Marín

Sección tercera
A cargo de don Luis F. Mantilla
Texto: Burnouf. Temas. Libro I de la Eneida. Odas de Horacio.
Don José Romay
Don Francisco Cuesta
Don Juan Vizcay
Don julio Barroso
Don Carlos Gutiérrez
Don Martín León
Don Francisco Lastres
Don Juan O'Farrill

Clase de francés
A cargo de don Adolfo G. Duplessis

Sección primera Texto: Laverdure. Primera parte de la gramática.

Don Rafael Henrique
Don Lorenzo Romay
Don Francisco Jústiz
Don Martín León
Don Francisco Lastres
Don Tomás Sánchez
Don Miguel Sánchez
Don Eduardo Terry
Don Francisco Terry
Don José Zelada
Don Jesús María Castillo

Sección segunda
Texto: Chantreau. Hablan. Traducen. Empiezan a componer. Analizan. Estudian la sintaxis. Trozos de memoria.
Don Alberto Torres
Don Matías Galarraga
Don Gabriel de Cárdenas
Don Ramón Sánchez
Don Francisco Guiral
Don J. Manuel Sánchez
Don Juan M. Ferrer
Don Luis Ayestarán
Don Francisco Gutiérrez
Don Francisco Cuesta
Don Enrique Coppinger
Don Manuel Cabrera
Don José María Mora
Don Alberto Mora
Don Francisco Colás
Don Alberto Colás
Don Rafael Sánchez
Don José Benítez

Sección tercera

Texto: Noel y Chapsal. Componen. Hablan. Comparan los dos idiomas. Estudian la sintaxis. Trozos de memoria.

Don Eulogio Martínez
Don Gabriel Forcade
Don Juan O'Farrill
Don Miguel Viondi
Don Miguel de Cárdenas
Don Máximo Mora
Don Juan Vizcay
Don Rafael Girette
Don Emilio Hevia
Don Manuel Sanguily
Don julio Barroso

Inglés

Sección primera

A cargo de don José M. Ponce

Texto: Ochoa. Guía de la conversación. Verbos regulares. Empiezan a formar frases.

Don Lino Cabrera
Don Nicolás de Cárdenas y
Don José V. Lanz Chappottín
Don José María Alum
Don Ramón Betancourt
Don Pedro Bustillo
Don Joaquín Manjón
Don Arturo Tejada
Don Joaquín Morales
Don Felipe Arango
Don Julián Salazar
Don Francisco Ferregut
Don Guillermo Mesa

Don Carlos Parets
Don Andrés Arango
Don Miguel Darmany
Don Tomás Sánchez
Don Miguel Sánchez
Don Antonio del Río
Don Domingo Lamadriz
Don Vicente Laguardia
Don Alfredo Hernández
Don Gonzalo Hernández

Sección segunda
A cargo de don Ramón Ramos
Pronombres. Frases interrogativas. Texto: Aparicio.
Don Emilio Espinosa
Don Manuel Pérez
Don Ricardo Villate
Don Antonio Santo Domingo
Don Miguel Dubrocq
Don Miguel Laca
Don Sixto Encinosa
A cargo de don José M. Ponce
Leen y traducen en el *Introduction to the American Popular Lessons*. Escritura al dictado. Principios gramaticales. Verbos regulares e irregulares.
Don Federico Anguera
Don Tomás Romay
Don Ramón Ortega
Don Luis F. Lamar
Don Pablo Barnet
Don Juan M. Sánchez
Don Melitón Marquetti
Don Ramón Torres
Don Rafael Orozco
Don Antonio Bassave

Don Patricio Laguardia
Don Francisco Coimbra
Don Francisco Carrillo

Sección cuarta
A cargo de don Juan C. Zenea
Texto: Aparicio. Traducen los primeros capítulos del Vicario de Wakefield y responden hasta la lección novena de la gramática.
Don José Benítez
Don Lorenzo Romay
Don Rafael Girette
Don Juan María Cabrera
Don Ricardo Farrés
Don Martín León
Don Horacio Sánchez
Don Matías Galarraga
Don Alberto Torres
Don Carlos Gutiérrez
Don Manuel Hernández
Don Nicolás Harvey
Don Manuel Sanguily
El último aprende el castellano, escribe al dictado y habla con facilidad este idioma.

Sección quinta
A cargo del mismo
Traducen en el drama *The School for Scandal*. Responden hasta la lección décima de la gramática. Escriben al dictado y hablan algo. Composiciones.
Don Miguel Miranda
Don Francisco Gutiérrez
Don Calixto Miranda
Don Rafael María de Soria
Don Indalecio Fresneda
Don Juan O'Farrill

Sección sexta

A cargo del mismo

Escriben al dictado. Traducen del inglés al castellano y viceversa.
Hablan. Han traducido el *Othello* y el primer acto del *Merchant of Venice*.
Composiciones.

Don Gabriel Forcade
Don Tomás Waterland
Don Juan M. Ferrer
Don Luis Ayestarán
Don José María Mora
Don Eulogio Martínez
Don Rafael Sánchez

Geografía

A cargo de José Podbielski

Conversaciones en inglés según el texto de Cornell. Mapas.

Don Alberto Mora
Don José María Mora
Don Nicolás Harvey
Don Tomás Waterland
Don Luis Ayestarán
Don Matías Galarraga
Don Máximo Mora

HISTORIA

A cargo de don José María Ponce

Conversaciones en inglés sobre la historia de Inglaterra, desde los tiempos primitivos hasta el reinado de Isabel.

Don Juan M. Ferrer
Don Nicolás Harvey
Don Calixto Miranda
Don Juan O'Farrill
Don Miguel Miranda

Don Tomás Waterland
Don José María Mora

Alemán
A cargo de don José Podbielski
Texto: Adler. Principian a leer, a traducir y escribir. Recitan trozos de memoria.
Don Alberto Torres
Don Matías Galarraga
Don José M. Ponce
Don Tomás Waterland
Don Rafael Sánchez
Don Manuel Cabrera

Historia de España
A cargo de don José M. Ponce
Texto: Escosura. Hasta el reinado de Enrique II.
Don Francisco Lastres
Don Francisco Jústiz

Teneduría de libros y aritmética mercantil
A cargo de don Leonte Guerra
Curso completo de Teneduría y principiantes en Aritmética. Presentarán sus trabajos y se ejercitarán en lo que se les indique.
Don Alberto Torres
Don Indalecio Fresneda
Don Manuel Hernández
Don Manuel Pérez
Don Ricardo Villate
Don Miguel de Laca
Don Antonio Santo Domingo

Álgebra
A cargo de don Carlos Sánchez

Hasta ecuaciones de primer grado inclusive.
Don Manuel Pérez
Don Patricio Laguardia
Don Antonio Santo Domingo
Don Indalecio Fresneda
Don Joaquín López
Don Lorenzo Romay
Don Ramón Torres
Don Matías Galarraga
Don Máximo Mora

Dibujo natural
A cargo de don Tomás Codezo
Principios y cabezas.
Don Enrique Coppinger
Don Alberto Mora
Don Felipe Arango
Don Patricio Laguardia
Don Andrés Arango
Don Francisco Ferregut
Don Vicente Laguardia
Don Miguel Darmany
Don Rafael Henrique
Don Ramón Ortega
Don Miguel Jiménez
Grandes estudios de cabezas. Medios cuerpos y cuerpos enteros a uno
y dos creyones.
Don José María Mora
Don Lorenzo Romay
Don Federico Anguera
Don Rafael Girette
Don Eduardo Terry
Paisajes a uno y dos creyones.
Don José María Mora

Don Enrique Coppinger
Don Federico Anguera
Don Eduardo Terry
Don Lorenzo Romay
Don Rafael Girette

Música
A cargo de don Enrique González
Principios elementales de la música.
Don Antonio del Río
Don Enrique Schimper
Don Miguel de Cárdenas
Don Juan María Ferrer
Don Matías Galarraga
Don Rafael María de Soria
Don Gabriel Forcade
Don José V. Lanz
Don Máximo Mora

Clase de piano
Don Antonio del Río ... Obertura de la Muda de Pórtici,
Don Juan M. Ferrer... De Auber, arreglada a cuatro manos por Chaulieu.
Don José V. Lanz ... Vals de Strauss, a cuatro mad. Enrique Schimper...
Nos, arreglado por Enrique Lemoine.
Don Miguel de Cárdenas... Fantasía sobre temas de la
Don Matías Galarraga ... Traviata a cuatro manos, por Krugg.
Don Enrique Schimper... Canción de «La Gitana», en el segundo acto del
Trovador.
Don Juan Miguel Ferrer ... Miserere del Trovador, por Espadero.
Don Antonio del Río ... Plegaria y rondó final de la «Sonámbula».

Clases universitarias

Primer curso

Don Jesús María Castillo
Don Eleuterio Fuentes
Don Luis Ayestarán
Don José Benítez
Don Rafael Cabrera
Don Francisco Carrillo
Don Pedro Castellanos
Don Alfredo Colás
Don Enrique Coppinger
Don Ricardo Farrés
Don Mateo García
Don Manuel Hernández
Don Emilio Hevia
Don Ambrosio Lamadriz
Don Luis F. Lamar
Don Calixto Miranda
Don Miguel Miranda
Don José María Mora
Don Joaquín Morales
Don Rafael Orozco
Don Gabriel Ruiz
Don Horacio Sánchez
Don Manuel Sanguily
Don Joaquín Vigil
Don Rafael Girette

Física
A cargo de don Carlos Sánchez
Texto: Ganot. Nociones generales. Principios de Estática e Hidrostática. Gases.
Asisten además a esta clase:
Don Juan María Cabrera
Don Alberto Torres

Introducción a la historia natural
A cargo de don Joaquín Barnet
División. Clasificación. Anatomía y fisiología de las funciones de nutrición y de locomoción. Sensibilidad. Nervios. Sentidos.
Asiste, además,
Don Alberto Torres.

Historia antigua
A Cosmografía
A cargo de don Luis F. Mantilla
Astronomía. Círculos de la esfera armilar. Astros. La Tierra y sus movimientos. Estaciones. Sol. Luna y eclipses. Estrellas, cometas.
Historia. Texto: Leví. Primeros imperios. Egipto, sus monumentos e instituciones. Reyes más notables hasta la conquista de Cambrises. Imperio persa bajo Ciro y sus sucesores, hasta su destrucción por Alejandro Magno. Grecia, primeras colonias hasta la guerra del Peloponeso. Roma. Reyes hasta la abolición de la Monarquía. Geografía antigua. Composiciones.
Asisten además a esta clase.
Don Alberto Torres
Don Antenor Lescano

Matemáticas
A cargo de don Joaquín G. Lebredo
Nociones preliminares. Álgebra. Simplificación. Suma. Resta. Multiplicación y división. Potencias y raíces de los monomios. Elevación al cuadrado de los polinomios. Diferentes potencias de un binomio. Quebrados literales. Ecuaciones de primer grado. Cuatro métodos de resolución de los problemas con varias incógnitas. Ecuaciones de segundo grado. Progresiones. Logaritmos.
Segundo curso
Don Carlos Gutiérrez
Don Francisco Colás
Don Juan Vizcay

Don Miguel Martín
Don Martín Aróstegui
Don Federico Laredo
Don Martín León
Don Ramón Crucet
Don Gabriel Forcade
Don José Romay
Don Eulogio Martínez
Don Ramón Sánchez
Don Miguel de Cárdenas
Don Gabriel Barroso
Don Francisco Lastres
Don José Zelada
Don Diego Rojas

Física
A cargo de don Carlos Sánchez
Magnetismo. Electricidad estática y dinámica. Meteorología. Asiste además a esta clase:
Don Jesús María del Castillo.

Historia de la edad media
A cargo de don Luis F. Mantilla
Invasión de los bárbaros. Fundación de los estados modernos de Occidente. Imperio de Oriente. Carlomagno y sus sucesores. Normandos. España. Invasión de los sarracenos. Reino de Asturias y de León. Composiciones.

Matemáticas
A cargo de don Joaquín G. Lebredo
Trigonometría rectilínea. Definición. División. Casos de resolución de los triángulos, líneas y colíneas. Valores correlativos. Fórmula del seno y coseno en la suma y diferencia de dos arcos, del arco duplo y triplo, de la mitad del arco. Fórmulas relativas a la tangente. Otras fórmulas. Triángulos, rec-

tángulos. Casos de resolución. Tablas trigonométricas y su uso. Analogía. Problemas.

Asisten además a esta clase:

Don Jesús María Castillo

Don Juan M. Ferrer

Botánica

A cargo de don Emilio Auber

Definición y división. Tejidos elementales y órganos similares. División de los órganos. Nutrición. Estructura de los vegetales. Reproducción. Clasificaciones. Ventajas del método dicótomo en sus aplicaciones a la Botánica. Sistema sexual de Linneo. Métodos de Jusieu y de De Candolle.

Asiste además a esta clase:

Don Alejandro del Río.

Química mineral

A cargo de don Joaquín F. Aenlle

Objeto de la química. Moléculas. Átomos. Cuerpos simples y compuestos. Cohesión. Afinidad. Fuerza expansiva del calórico. Combinación. Mezcla. Disolución. Saturación. Proporciones químicas. Teoría atómica. Isomorfismo. Dimorfismo. Isomería. Alatropía, Notación. Diferencia entre metales y metaloides. Oxígeno. Hidrógeno. Ázoe. Cloro. Compuestos formados por el oxígeno con estos cuerpos.

Asisten además a esta clase:

Don Jesús María del Castillo

Don Francisco Gutiérrez

Don Alejandro del Río

Tercer curso

Don Francisco Cuesta

Don Francisco Guiral

Don Miguel Viondi

Don Juan O'Farrill

Don Joaquín M. Pérez

Química orgánica

A cargo de don Joaquín F. Aenlle

Composición de los cuerpos orgánicos. Grupos en que se dividen según los elementos que los constituyen. Principios inmediatos. Análisis elemental cualitativo y cuantitativo. Análisis inmediato. Productos nitrogenados. Fermentación y sus efectos. Ácidos orgánicos.

Asisten además a esta clase:

Don Alejandro del Río

Don Francisco Gutiérrez

Zoología

A cargo de don Francisco Díaz de Villegas

Clasificación. Descripción de las especies típicas de los mamíferos, aves y reptiles.

Literatura

A cargo de don Jesús B. Gálvez

Principios de Retórica. Composiciones literarias. Clasificaciones y modelos que pueden presentarse. ¿Pertenece la critica a la parte especulativa o a la práctica de la Literatura? Estética. Lo bello. Lo sublime. Lo maravilloso. Imaginación estética. Bellas artes. Clasicismo y romanticismo.

Asiste, además, a esta clase:

Don Antenor Lescano.

Cuarto curso

Don José Manuel Ponce

Don Alejandro del Río

Don Juan M. Ferrer

Don Rafael María de Soria

Don Pelayo Vigil

Don Perfecto de Rojas

Don Rafael Sánchez

Don Manuel Cabrera

Don Antonio Bassave

Don Alfredo Lamar
Don Francisco Gutiérrez

Literatura española
A cargo de don Jesús B. Gálvez
Primeros monumentos de la lengua. Poema del Cid. Fuero Juzgo. Poesía lírica hasta el siglo XVIII. Poesía popular. Romances. Crónicas. Libros de caballería. Disertaciones. Texto: Gil y Zárate.

Religión
A cargo del mismo
Desenvolvimiento del programa universitario. Breve historia de la Teología. Teodiceas de Platón y de Aristóteles. Teodiceas cristianas. Historia del dogma de la creación. Del de la Trinidad. Herejías antitrinitarias. Filosofía de lo absoluto.

Geología
A cargo de don Emilio Auber
Definiciones y divisiones. Forma y densidad de la Tierra. Trastorno de la corteza mineral del globo y sus causas. Agentes exteriores. Enfriamiento del globo. Íntima conexión de los fenómenos volcánicos con la formación y modificación de las rocas. División general de éstas. Clasificación de los terrenos que componen la corteza de nuestro planeta. Necesidad de la Paleontología en la determinación de la edad relativa de los terrenos a que pertenecen los fósiles.

Griego
A cargo de don Carlos Guerrero

Primer curso
Alfabeto según la pronunciación de los griegos modernos. Reglas de eufonía. Declinación de los sustantivos y sus contractos. Adjetivos y participios. Comparativos y superlativos. Numeración. Pronombres. Escritura al dictado.

Don Francisco Guiral

Don Francisco Cuesta

Segundo curso

Conjugación de verbos regulares y sus contractos. Proposiciones. Adverbios. Conjunciones. Interjecciones. Traducen del Curso de Versiones de Bedel y de algunas «Odas» de Anacreonte.

Don Manuel Cabrera

Don Alejandro del Río

Don Juan M. Ferrer

Don Francisco Gutiérrez

Don Pedro Vigil

Filosofía[50]

Presentarán sus disertaciones. Los alumnos de tercer año se examinarán en Lógica e Ideología y los del cuarto en Metafísica y Ética. Texto: Balmes.

La Filosofía es el bautismo de la razón

Lógica[51]

1. Su objeto y utilidad.

2. Operaciones intelectuales. Necesitan ser dirigidas por la lógica.

3. Papel importante y doble de los signos.

4. Paralelismo entre los signos algebraicos, los del lenguaje y los experimentos físicos.

5. Caracteres de la inducción y de la deducción.

6. Según la índole de cada ciencia predomina en su formación uno de estos dos elementos, pero ninguno puede prescindir del segundo absolutamente.

7. En la inducción va envuelta la deducción (pensamiento de Funes).

---

50   En este Elenco de 1861 se repiten textualmente proposiciones filosóficas de Elencos de 1850 y siguientes, pero las reproducimos por componerse solo de 65 proposiciones, lo cual cambia su estructura. Muere Luz el 22 de junio de 1862 (Roberto Agramonte).

51   Se suprime del Elenco de 1850 la Introducción (Roberto Agramonte).

482

8. En consecuencia, el silogismo no es una forma arbitraria, sino la más natural del pensamiento; y que los escolásticos hubieran llamado con razón su forma sustancial.

9. Varias especies de argumentación; son medios de indagar y persuadir la verdad.

10. Sofismas y falacias: lo son, por el contrario, de errar y de engañar a los demás.

11. Las prevenciones adoptadas para el recto uso de los sentidos y de su representante, la imaginación, así como las suministradas por la crítica, no pertenecen propiamente al orden lógico, siendo todas hijas de la experiencia.

12. Sin ellas empero será deficiente cualquier disciplina sobre la dirección del espíritu humano.

13. Una es la verdad y uno el método para buscarla.

14. Podría decirse de uno y otro lo que la Iglesia de su doctrina: Unus Deus, una fides et unum baptisma.

15. La verdad es la congruencia del concepto con el objeto.

16. Por eso no hay que distinguirla en objetiva y subjetiva, pues aunque esta distinción tiene tanta cabida en la ciencia, no hay verdad que no reúna ambos caracteres.

17. Luego no se distingue la verdad lógicamente según la ciencia a que pertenezca.

18. Naturaleza de las ciencias. Diversa y análoga.

19. Necesidad de conocerlas para juzgarlas: imposibilidad en que para ello laboran los filósofos puramente metafísicos. Forzoso es imitar a los Platones, Aristóteles y Leibnitzes. Tu longe vestigia sequere.

20. Estas cuestiones son más trascendentales de lo que parece. Procuraremos patentizarlo.

21. Su importancia para la educación. Entre nosotros le falta aún el elemento fecundador: la Filosofía.

22. Se encuentran, es verdad, maestros que sepan su obligación, como suele decirse; pero se necesita la devoción en espíritu y verdad para el desempeño de esa obligación.

23. ¿Y el manejo de los alumnos? Ved aquí otra mina inagotable y aún por beneficiar.

24. Si no está subordinada la enseñanza a un principio superior, a un alma que le penetre toda, no es dable sacar todo el fruto posible de los educandos; en una palabra, no es lo mismo saber un ramo que tener inspiración (pues la inspiración es todo el magisterio), y ser teórico y práctico en la pedagogía.

25. Necesidad imprescindible de las escuelas normales para conseguirlo.

26. Cuanto sabemos mana de cuatro fuentes: el sentido íntimo, los sentidos externos, el raciocinio y la autoridad; y sin embargo, apuntamos el año pasado, y aún sostenemos el presente:

27 «El criterio, no los criterios».

28. Hasta en el llamado de autoridad reluce el ejercicio de la razón.

29. Con sumo tino, pues, llama San Pablo a la fe rationabile obsequium vestrum, deferencia racional a los dictados del Altísimo.

Metafísica

30. Es ley de la razón someter a su examen cuantas cuestiones se le presentan, aun cuando toque su impotencia para resolverla.[52]

31. La razón es el distintivo del hombre: la sensibilidad, la condición para el ejercicio de sus facultades.

32. Por lo mismo es inseparable de todos nuestros actos intelectuales y morales.

33. Los fenómenos de la sensibilidad son las sensaciones, y abrazan, aunque no constituyen, nuestra naturaleza toda.

34. El alma recibe sus sensaciones por medio de órganos apropiados al efecto: tales son los cinco sentidos y en general todo nuestro organismo.

35. Las sensaciones son fenómenos reales que nos dan a conocer la existencia real de los objetos y fenómenos interiores y exteriores a nosotros.

36. Por tanto nos enseñan la realidad de nuestra existencia y del mundo exterior, echando por tierra las civilizaciones del escepticismo; de aquí la certeza de nuestros conocimientos.

37. La sensibilidad aunque diversificada, es tan una como la inteligencia.

---

52   Esta proposición no está en el Elenco de 1850 (Roberto Agramonte).

484

38. Quimera es asentar que solo hay sensaciones en lo intelectual; pero realidad grande, que son la única entrada para formar su historia.

Ideología pura

39. Las sensaciones consideradas como percibidas por nuestro entendimiento se llaman ideas; la idea es, pues, el conocimiento o la representación intelectual de un objeto o de una propiedad.

40. Por tanto, la sensibilidad impresionada de los objetos y fenómenos exteriores forma el manantial de las ideas.

41. Esto se demostrará analizando las varias especies de ideas.

42. ¿Es o no bien llamada imagen la idea?

43. Procuraremos derramar alguna luz sobre este punto tan controvertido, siguiendo estos trámites de nuestras facultades: 1.º sensación, representación, concepto, abstracción, comparación, nuevo concepto. 2.º, y en otros casos: sensación e inducción forzosa, sin otros[53] trámites.

44. ¿En cuál de estas dos categorías se colocarán las idea de tiempo y espacio? Parecen hallarse en terreno neutral; su análisis será el mejor comprobante de nuestro modo de ver.[54]

Ética

45. De la combinación de la inteligencia y libre albedrío nace la conciencia moral. De aquí las condiciones para la moralidad de un acto.

46. Naturaleza de la moralidad.

47. La unión de la moralidad con la utilidad, lo mismo que con la justicia, es inseparable, como relaciones distintas de un mismo objeto.

48. Origen y fundamento de la moral.

49. Varias especies de deberes.

50. Diferencia entre un tratado de Moral y la ciencia de la Moral. El primero comprende la enumeración y clasificación de todos los deberes, la segunda sus fundamentos.

---

53 «esos» en el Elenco de 1850 (Roberto Agramonte).

54 Se suprimen en este Elenco las cinco proposiciones sobre «Psicología» y las nueve de «Teodicea» (Roberto Agramonte).

51. Porque a la Filosofía solo compete examinar las raíces del árbol, según la bella expresión de Balmes, y prescribir en consecuencia el método para cultivarlo.

52. Así como la existencia de Dios es el cimiento del mundo moral, la inmortalidad del alma es como la atmósfera de este mundo.

53. Porque la humanidad si no aspira no respira, y ved ahí la necesidad del ideal.

54. Relaciones entre la Moral, la Jurisprudencia, la Política y la Economía pública, con justa razón llamadas ciencias morales por excelencia.

55. Ningún filósofo ni publicista ha definido la ley tan precisa y atinadamente como el Aristóteles de la Edad Media: Santo Tomás.

56. Cuatro condiciones debe tener la pena para llenar su fin: veremos si las reúne la de muerte.

57. ¿Es posible que en pleno siglo XIX todavía se defienda con descaro el suicidio? Compadézcase, norabuena; pero sepan sus apologistas que la vida, cualquiera que sea su condición, es forzoso aceptarla como un deber, es un tesoro que ni siquiera se nos ha dado en préstamo, sino en precario.

58. El trabajo es la roca en que se asienta la propiedad.

59. Los que se rebelan contra ella van contra la ley del progreso, y los que se resisten al estado de familia caminan derecho a la barbarie, se degradan a la condición de bestias gregales.

60. Buscar el remedio de los males que afligen al cuerpo social fuera de la familia y de la propiedad, es matar al enfermo para curarle.

61. No hay síntesis ninguna social que pueda sustituirse al dogma cristiano.

62. Entre los manantiales de la actual civilización brilla en primera línea el cristianismo.

63. Harto dista aún la humanidad de su completa realización; en ella está cifrado su porvenir.

64. La religión es el alma del alma; así que incluye y se sobrepone a todos los principios internos y externos de moralidad, pero todos ellos juntos no la pueden incluir ni reemplazar.

65. Ella es la única que puede levantar la voz para armonizar la humanidad, diciendo a las dos categorías en que está necesariamente dividida: Sperate, miseri, cavete felices.

XX. Dos discursos leídos en los exámenes del Colegio del Salvador

El día 16 de diciembre de 1861

HABANA IMPRENTA DEL TIEMPO CALLE DE CUBA NO. 37

1861

Quod si sal evanuerit, in quo salietur?

Jesucristo

Advertencia

Los siguientes discursos, escritos a nombre del señor don José de la Luz, por dos de sus discípulos, don Enrique Piñeyro y don Jesús B. Gálvez, fueron leídos en el Colegio del Salvador la noche en que concluyeron los exámenes generales del instituto. Después de ellos tomó la palabra el señor Luz y dijo que esos discursos en los cuales sus discípulos habían desenvuelto hábilmente sus ideas y entretejido, por decirlo así, las fibras de su corazón, encerraban cuanto creía oportuno recomendar en aquellos momentos en materia de educación. Enseguida improvisó una oración en la que daba a sus alumnos algunos consejos que les sirvieran de guía cuando pasasen de la vida del colegio a la vida práctica de la sociedad, les hizo ver cuánto vale y de cuánto puede servirles la luz de la razón, y siguió animándolos a no confundir nunca la fortuna y el triunfo con la justicia, finalizando con estas palabras: «Antes quisiera yo ver desplomadas, no digo las instituciones de los hombres, sino los astros todos del firmamento, que ver caer del pecho humano el sentimiento de la justicia, ese Sol del mundo moral!».

Hombres más bien que académicos es la necesidad de la época.

[Luz]

Señores: Animados del mismo espíritu que en años anteriores, volvemos a reunirnos todos en igual ocasión: vosotros a oír la palabra sincera de un viejo educador, y yo a entregaros, por decirlo así, algunos de los sentimientos que me agitan en estos momentos por que ansío siempre, y que son de los más bellos que mi profesión puede presentarme. Después del acto solemne en que recoge cada alumno el modesto premio de tantos y tan prolijos afanes, de tantas largas horas de estudio, corresponde naturalmente elevarse a la voz del maestro que los ha llevado de la mano por los espléndidos peristilos de la ciencia, la voz del artista que se ha empeñado en darles forma y vida, porque paréceme, señores, que no es indigno el educador de este hermoso título. Es idea que he visto apuntada en un libro americano, y a poco que sobre ella reflexionéis, convendréis conmigo en que tiene mucho de verdadera. Así como el pintor, el poeta y el escultor hacen nacer en medio de una inspiración divina multitud de seres que eternamente veremos moverse y agitarse porque se hallan dotados de una verdadera vida, así también el educador crea nuevos seres, los hace hombres, les infunde la vida del espíritu y les inspira los invariables y verdaderos principios de su existencia, principios que han de ser tanto más grandes cuanto que conforme a ellos han de realizarse muchas esperanzas allí cifradas por su patria y su familia. Artista de alma muy grande ha de ser, señores, quien con inalterable constancia, profunda fe y esperanza sublime consagra toda su vida a la educación de la humanidad, quien se decide a emprender tan espinoso sendero y correr siempre tras de un ideal gigantesco, quien abandona los goces más o menos pasajeros de la vida para no probar más que las amarguras, quien todo lo arrastra por satisfacer un ardiente impulso de su espíritu, seguro de que ningún premio le aguarda al concluir su larga jornada, ni aun el triste lote de la celebridad, que el mundo guarda para los que la conquistan a costa del mal de sus semejantes. ¿Qué fruto recoge casi siempre después de tantos sacrificios? Ninguno, bien lo sabéis, amargos suelen ser sus últimos días, y nada le queda para consuelo, excepto la inapreciable tranquilidad de su conciencia.

Tomar el niño tal cual viene de casa de sus padres, verdadera imagen de la virginidad, flor brillante cayo cáliz se cierra a la primera impresión y cuya corola perfumada hemos de guardar del soplo de la borrasca, tomar ese niño que llega al educador como el trozo de mármol a las manos del escultor, y modelar sobre esa preciosa arcilla un hombre lo más conforme posible al tipo ideal que lleva en su mente, es el más bello de los sueños, el más puro de los placeres, pero ¡ay! que es también la más terrible de las responsabilidades.

Llega un punto, pues, en que el artista y el educador se separan profundamente. Hasta aquí hemos visto idénticas ambas profesiones, pero si damos un paso hacia adelante, veremos la última elevarse entre todas las demás quantum lenta solent inter viburna cupressi. Miguel Ángel crea el Moisés, Shakespeare crea el Hamlet, obras admirables que siempre serán la admiración de las edades, pero el maestro crea un hombre. Aquellas figuras viven en la esfera para que las formó su autor, allí tienen bien marcada su individualidad, mas el discípulo va a vivir en el mundo real; es decir, en ese inmenso torbellino en que se cruzan tantos principios opuestos, en que se revuelven y chocan tantas cosas produciendo tan grande ruido y tanta confusión.

Es la educación una tarea eminentemente práctica; todo en ella ha de tener una constante y directa aplicación a los usos de la vida. La práctica en su más alta significación; no el empirismo vulgar de algunos, sino el profundo conocimiento científico del hombre y la sociedad, constituye uno de sus principales elementos. La práctica, lo mismo que la teoría, vale poco por sí sola, pero ambas íntimamente unidas y armonizadas pueden producir brillantes resultados. Millares de libros se han escrito sobre educación; ¿creéis que puede sacarse gran provecho de su estudio? Por mi parte no vacilo en aseguraros que es más fácil hacer un libro que educar un niño.

El manejo de un colegio supone algo más, porque es un mundo en miniatura; en él encontrará el discípulo muchas de sus inconsecuencias, vivirá entre muchos compañeros, cada cual con un carácter, sus hábitos, sus defectos y sus cualidades; inevitablemente ha de retratar, por tanto, aunque en pequeño, ese mundo que aguarda después y que no es una sociedad perfecta, no es la república que soñaba Platón, el educador poeta. Allí el maestro es el único, todos los papeles los desempeña y de todos debe rendir a sí mismo y a los demás estrecha cuenta. Su atención, sus facultades, sus desvelos dirigidos a ese único fin no serán quizás suficientes, pues se necesita en primer lugar la devoción en espíritu y verdad, un tino admirable, un golpe de vista seguro, un tacto exquisito para saberse rodear de personas que coadyuven al mismo fin, que tengan ese brío, ese impulso irresistible que es cualidad inseparable de la verdadera juventud y que solo tienen los viejos cuando arde en su pecho el fuego del entusiasmo.

Si se me pidiera que señalase el sistema que considero como el mejor, muy perplejo me vería en dar una respuesta categórica, porque no conozco, ni creo que pueda haber ninguno, que concebido de antemano sea susceptible de aplicarse, llenando todos los requisitos indispensables en un buen sistema. Mucho se ha discutido sobre ello y muchas son las utopías formadas por la filosofía; pero ¿cuál es la que puede aplicarse por completo? Ha dicho el primer poeta moderno que hay muchas más cosas en el cielo y en la tierra que las que puede soñar la filosofía, y ha dicho una gran verdad. Aplicar y doblegar con férrea voluntad la educación de la juventud a una idea más o menos exacta, tras de ser casi imposible, es terriblemente peligroso, corriéndose el riesgo de arruinar cosa tan respetable como una inteligencia; pero si esa idea es de aquellas que le arrancan al hombre sus más bellos privilegios para sumirlo en la inercia y el marasmo, no podremos imaginarnos resultados más funestos, pues aunque al fin y al cabo quede siempre triunfante la verdad, conservamos por largo tiempo las cicatrices de ese rudo combate. El mal queda hecho aunque no pueda ser eterno, pues es la verdad fuego tan tenaz que por más que se empeñen en ahogarla, tanto más se enciende y más terreno gana. He aquí por qué creo, señores, que solo debe haber la base filosófica para que las demás partes vayan desarrollándose y adaptándose a las necesidades del momento, de modo que el orden salga siempre de las cosas y no las cosas del orden.

Este niño, cuya vida y perspicaz inteligencia recorre en momentos un largo trecho, y aquél cuyo carácter reposado y cuyas facultades al parecer lentas en obrar llegan despacio pero con firmeza al mismo fin, este otro que se cubre de rubor a la menor indicación, y aquél que una habitual pereza encierra, y lo hace inexpugnable detrás de la más glacial indiferencia, ¿podrán marchar todos al mismo paso y por un mismo camino? ¿No sería mejor dirigirlos conforme a diversos impulsos, iguales todos en el fondo, distintos en el orden de su ejercicio? Entre nosotros, donde una antigua costumbre aglomera los estudios sin tener en cuenta la edad del alumno, dándole a la instrucción un carácter enciclopédico que solo sirve para producir esas inteligencias superficiales, por desgracia demasiado frecuentes, las dificultades que hemos de vencer son más numerosas, y tan profundamente están arraigados ciertos abusos, que a pesar de ser ése el norte invariable a que tiende la mayor parte de mis esfuerzos, no puedo aseguraros que lo haya conseguido todo. ¡Cuántas veces veo con indecible dolor un alumno que el orden vicioso de sus estudios obliga a estudiar literatura sin saber gramática, matemáticas sin aritmética, filosofía, en fin, sin haber aprendido a pensar y meditar por sí solo! Lo mismo os diría de los estudios de memoria, aunque en parte creo haber alejado este vicio, también muy común. Ciertas cosas hay que el niño debe empezar por aprenderlas así para llegar mejor al raciocinio, pero solo como un medio pasajero que debemos empeñarnos en que dure poco. Yo ni aun siquiera comprendo cómo pueden enseñarse de memoria ciertas ciencias sin que el mismo que las enseña se horrorice de los resultados que alcanza, y muy pobre idea debe tener de la naturaleza humana quien encadene tan cruelmente la razón que por sí sola es capaz de tantas maravillas! Algunos de vosotros que habéis venido por espacio de trece años a escucharme en igual ocasión, comprenderéis que estas ideas que desde entonces vengo repitiendo son el eterno lamento de mi corazón y que al trazároslas nada exagero. Comprendedlo así también respecto de esta otra cuestión más importante y delicada que voy ahora a tratar. Si graves son los inconvenientes que presenta el desarrollo intelectual de los educandos, mucho mayores los ofrece su educación moral, indispensable fundamento de lo que ha de venir después. Hacerles comprender su deber, inculcarles que la virtud consiste en practicarla, y enseñarles que acudan siempre a buscar en su corazón, como en fuente inextinguible, el estímulo para hacer el bien. Tal es la base de mi método. Cuando se convenzan que a ello solo me mueve un cariño profundo, un amor puro y desinteresado, un afán insaciable por hacerlos buenos, se dejarán llevar por un camino si bien no siempre cómodo y agradable, siempre al menos noble, grande y digno; nacerán entonces sin sentirlo la docilidad y la veneración, porque yo no quiero esa ciega obediencia, que será muy oportuna en otros casos, pero que de nada puede servirme a mí que trato de encender, no de apagar, de crear hombres, no máquinas.

Tampoco les enseñaré eso que llaman tacto de la vida, que no es más que una falsa experiencia, la mentira elevada a una categoría que está bien lejos de merecer; sí les amonestaré a amar la vida como un tesoro que estamos obligados a cuidar y mejorar, a amar a sus semejantes. Con frecuencia oímos a algunos declamar contra la sociedad, oímos continuas invectivas por el mal estado de las costumbres, que en balde según ellos se esfuerzan por disfrazar los innegables portentos de la ciencia y de la industria. Esos gritos no son sin embargo nuevos en el mundo; el que abra la historia verá que ha sido siempre el recurso de aquellos pocos de ánimo mezquino, que no comprenden el progreso de la humanidad y que la civilización en su marcha triunfal ha dejado siempre detrás de sí. Esos mismos adelantos en otra esfera que no se atreven a negar, son su más completa refutación, porque ambas cosas son incompatibles y lo uno siempre viene después de lo otro. Observemos, pues, nuestra alma libre de toda mancha, y si desgraciadamente fuera cierto que estuviésemos condenados a vivir en una sociedad destituida de toda grandeza y formada solo de vicios y de crímenes, seamos entonces los únicos árboles en pie en medio del tal yermo de virtudes.[55] Por convencimiento y por carácter nunca he desesperado de la especie humana, y desde muy temprano me convencí de cuánto es capaz la razón y cuánto debemos esperar de ella el día que se vea libre de todas las trabas que embarazan su marcha, sin que deje por eso de deplorar los numerosísimos errores por que ha pasado y pasará antes de obtener la verdad. Nunca he experimentado ese desencanto de que muchos hablan, y con orgullo, señores, os confieso que no sé lo que es. Perdono a los poetas muchas de sus declamaciones, porque comprendo que una excesiva sensibilidad les haga tomar por signo de muerte el malestar inherente a toda sociedad en los momentos de transición; mas en cualquier otro caso lo tengo por un alarde de insuficiencia y de frivolidad, que si bien es cierto que el mundo moral presenta a veces rasgos que cubren algunas de sus partes de un tinte sombrío, sobran otros horizontes bellos, magníficos y encantadores a que dirigir nuestra vista. Para mí también siempre es bella la naturaleza, siempre afecta profundamente mi alma el espectáculo grandioso de la salida del astro del día, siempre y a pesar de todo, me hechiza y me arroba ese cielo eternamente espléndido de mi patria.

¿Cómo no he de esperar y confiar en esta multitud de inteligencias que vienen aquí a fortificarse, a adquirir toda clase de conocimientos, a robustecer su espíritu? ¿Cómo dudar de ellos que muestran tanta aplicación, tanta bondad de alma, que me dan continuas pruebas del más entrañable amor, brindándome así el único premio que ansía mi corazón? Difícilmente llego

---

55 Esta frase fue tachada por el censor real en el discurso de Luz sobre Escobedo (Roberto Agramonte).

nunca a desconfiar, aunque algunas veces descubra con amargo pesar los gérmenes de las malas pasiones, aun cuando mis esfuerzos se estrellen ante el más punible abandono, y el carácter más helado. Pocas veces, por fortuna, los encuentro, poquísimos son los que una tenaz vigilancia no consigue poner en el buen sendero; mas ¡cuánto sufro si tropiezo con alguno! no podéis imaginaros dolor más fiero que el que eso me produce. Lucho a brazo partido contra la índole viciada de tales discípulos, punzantes saetas que necesito clavarme para arrancarles el dardo, y si al fin nada consigo...; permitidme, señores, que no continúe, estas palabras me amargan la boca antes de pronunciarlas, y con ellas os voy presentando a pedazos mi corazón.

He aquí, pues, trazadas a grandes rasgos algunas de las muchas reflexiones que me sugiere la práctica de mi magisterio. Siento verdaderamente que las alternativas de mi salud no me permitan cumplir cual quisiera esta deuda de palabra que es ya para mí una necesidad. Hoy, lo mismo que otras veces, me vuelvo a los padres de familia para solicitar de ellos esa cooperación que hace más segura y provechosa la obra del colegio. Habéis visto cuán difícil es llevarla a cabo, y si en vez de ese apoyo y de esa comunidad de miras solo se presentan inconveniencias por parte del hogar doméstico, con dolor os digo que tantos obstáculos surgiendo por todos lados llegarán a hacerla imposible, aunque me sea duro usar esta palabra. El colegio necesita de la familia porque su oficio es continuar y amplificar el trabajo que en ella debe haberse incoado, necesita imprescindiblemente su sanción como necesitan las leyes para ser cumplidas la confirmación de la opinión pública. Si un niño que de suyo no sea muy activo en el estudio, satisface en su casa sus más caprichosos e injustos deseos, y no encuentra freno alguno en la inagotable condescendencia de sus padres, verá su casa como un Edén de delicias, y el colegio como un lugar de penitencia, un infierno pasajero en que debe sufrir algunos días de martirio, su único empleo será el hacer pasar el tiempo con la mayor prontitud posible, el dulcificar esos momentos de amargura con el recuerdo de los placeres que para el día de fiesta le aguardan, su cuerpo estará en el colegio, pero su imaginación vaga muy lejos por otros lugares bien diversos, que son la negación del adelanto y del estudio. Todos comprenderán sin necesidad de que yo lo esfuerce más, que lo contrario es lo que debiera suceder. La estancia del niño fuera del instituto, casi no puede ser sino el tiempo preciso para recibir de su madre un beso de amor y algunos tiernos consejos. De ellas, sí, de las madres hay mucho que esperar, y el día que todas a una se propusieran ayudar al maestro, su impulso sería mucho más veloz y correría por una pendiente más fácil y agradable. Ellas son las que apretando al niño contra su seno cariñoso, pueden hacerle variar completamente el carácter e infundirle esa docilidad tan conveniente en los primeros años; ellas son las únicas que pueden ofrecerle al hombre el bálsamo consolador y saludable que cicatriza las profundas desgarraduras que los escollos del mundo causen en su corazón. Nada grande ni sublime pueden producir sin ellas las generaciones, ni sin ellas es posible la educación.

¿No se ha visto muchas veces ser la ausencia de una madre causa suficiente para producir la eterna infelicidad de un hombre? Su pérdida durante la niñez es un mal irreparable, la peor de las desgracias que pueden sobrevenirnos: aun en la edad madura deja impresa en el alma una huella de fuego que nada en la tierra es capaz de borrar.

Nada más me queda hoy que deciros y me despido de vosotros hasta otro nuevo año, si es ésa la voluntad del Ser Eterno, que cuenta loa días del hombre sobre la tierra, porque ya yo, señores, me voy acercando al término que Dios concede a la vida en estos climas, como decía ese ilustre padre Varela, cuya memoria vive conmigo y me acompaña por do quiera; ya veo formada la infausta nube de la ancianidad y diviso a lo lejos los lúgubres confines del imperio de la muerte; como él también, llegaré yo al borde del sepulcro haciendo, en el último suspiro, un voto fervoroso por la prosperidad de mi patria.

Cuanto me habéis oído es fruto de una larga experiencia; es lo que pongo en práctica, parte de mi sistema, si así puede llamarse, y en cuanto es posible explicar la completa tarea de un educador.

No terminaré, sin embargo, sin dirigir alguna frase a estos mis hijos que ahora mismo me rodean, sin encarecerles el cariño que de continuo les manifiesto. En vosotros cifro yo todo mi anhelo y quisiera poder amontonar sobre vuestras cabezas todos los triunfos y todas las glorias. Mucho aguardo de vosotros, y ya creo leer en vuestras fisonomías el anuncio de grandes aventuras para el porvenir. Así será, sin duda alguna, si guardáis inmaculado en vuestro pecho el sentimiento del deber, norte seguro en todas las borrascas que os pueden sorprender, único talismán con que habéis de conjurar las inconsecuencias de la vida. Sosteneos siempre con energía y sencillez, firmemente apoyados en la virtud, que nadie os mirará sin un vivo sentimiento de admiración, y al veros conservar para vuestra alma e ileso vuestro honor en los trances más difíciles, todos dirán: he aquí un hombre. Simple palabra que vale más que pomposas apologías.

Espinoso apostolado es la enseñanza, que no hay apóstol sin sentir la fuerza de la verdad y el impulso de propagarla.

[Luz]

Señores: Sembremos fe y brotaran a raudales la esperanza y la caridad, he dicho en ocasión análoga a la presente. Sembremos fe, repito ahora, porque sin fe marcharemos siempre a oscuras por el sendero de la vida, porque sin fe jamás lucirá para nosotros el iris de la esperanza, de la esperanza que nos alienta y nos sostiene; porque sin fe nos faltará el impulso de la caridad que nos empuja hacia nuestra patria celestial. Sembremos fe, vuelvo a decir, porque sin ella vanos serán nuestros esfuerzos por la mejora de nuestra condición moral; inútiles nuestras tentativas por afirmar el imperio de la verdad en nuestra tierra.

¡La verdad y la fe! ¿Quién lograra apoderarse de aquélla sin el auxilio de ésta? ¿Quién que no tenga fe en su corazón podrá nunca alcanzar la posesión de la verdad? ¡La fe, siempre la fe! ¡La fe, que es el telescopio de la inteligencia, sin la que el espíritu humano no podrá salir de la esfera limitada de los sentidos, sin la que no podrá conseguir el alimento que el Señor le señalaba! Si, señores, porque la verdad es alimento que la Providencia divina ha señalado al espíritu durante su peregrinación sobre la tierra; la verdad es la luz de la inteligencia; en su atmósfera es donde únicamente puede el alma respirar contenta y feliz, como en su elemento. El espíritu humano necesita conocer; la conciencia del desarrollo intelectual le produce una satisfacción viva y profunda; los obstáculos le disgustan, la duda lo quebranta. Colocado en medio del mundo, rodeado de sus mil maravillas, siente el hombre un ansia profunda de darse cuenta de todo: la luz que hiere sus ojos, el aire que lleva a su oído las más armoniosas vibraciones, su misma existencia, todo lo impele a indagar la naturaleza de cuanto le rodea, y no contento con saber que ve y que oye, y con explicarse lo que ve y lo que oye, quiere en alas de su entusiasmo volar hasta el seno de la causa, para averiguar el por qué de las maravillas que contempla. ¿Quién describirá la satisfacción del que logra descubrir alguna causa? ¿Quién pintará el gozo con que el físico siciliano recorría las calles de Siracusa, ni el placer del genio más eminente de los tiempos modernos, al deducir del hecho más vulgar la ley fundamental del mecanismo celeste? La causa refresca, aligera y consuela; félix qui potuit rerum cognoscere causas! ¡Noble y gloriosa curiosidad que revela el espíritu humano desde los primeros albores de su existencia! Obsérvese si no ese deseo que se manifiesta en los niños de averiguar el por qué de todo cuanto ven, ese contento y esa satisfacción en que rebosan cuando logran por fin la solución de algún problema que les parecía difícil.

Y es, señores, porque en esa edad de inocencia y de candor, libre aún el espíritu de las influencias del mundo, este sentimiento noble y precioso de la verdad aparece en toda su pureza, el espíritu quiere entonces vivir en su atmósfera, e instintivamente busca la verdad, sin darse cuenta tal vez de que la busca. ¡Feliz él si encuentra quien guiándolo en sus primeros pasos, lo lleva de la mano por el buen camino, que grande y hermoso será el premio de la jornada! ¡Feliz si halla quien desenvolviendo los gérmenes con que viene al mundo, le ofrece generosamente el aire puro que necesita! Pero desgraciado, mil veces desgraciado si al empezar la vida ese aire se vicia o se contamina! Desgraciado si aquel a quien se encomienda su dirección, lejos de guiarlo por la senda de la verdad, lo lleva por falsas veredas y por caminos torcidos.

Calculad, pues, señores, si será importante la obra de la enseñanza, calculad si será difícil desempeñarla como es debido. Porque la enseñanza no se propone tan solo la transmisión de conocimientos; para un educador que tenga profundamente arraigado en su corazón el sentimiento religioso, el objeto de la enseñanza es un alma hecha a imagen y semejanza de Dios, un alma que viene al mundo con gérmenes que han de ser desarrollados para volver mejorada por el cultivo al seno del Creador. Para él, pues, no se trata solo de instruir, única tarea que generalmente preocupa a los espíritus superficiales, no se trata solo de disipar en el niño las tinieblas de la ignorancia; se trata antes que todo del desarrollo armónico y completo de sus facultades inmortales, del cultivo de sus sentimientos, de la recta dirección de sus ideas; se trata de moralizarlo, de indicarle amor a la virtud, de hacerle bueno, en una palabra. La instrucción no debe ser por consiguiente el único objeto que excite al interés del maestro; antes que en ella debe pensar en otro objeto superior. Solo cuando cultiva, moraliza e instruye a la vez, es cuando cumple con los fines de su ministerio, porque cultivar las facultades todas, moralizar al individuo y transmitirle conocimientos: tales son los fines de la enseñanza, de la verdadera enseñanza.

Pero, señores, ¡cuán difícil es poder cultivar, moralizar e instruir como es debido! ¡Cuán áspera se presenta por donde quiera la tarea del educador! ¡Cuántos escollos tiene que vencer, cuántas espinas que sufrir para lograr el fin a que dirige todos sus esfuerzos! Para promover la difusión de las luces, para asegurar el triunfo de la verdad, enseñando y predicando las sanas doctrinas y las buenas costumbres, a qué lucha tan encarnizada no tiene que entregarse el buen maestro, primero consigo mismo, y después con tantos elementos perturbadores como se oponen a la realización de su obra! Y así es lo cierto, señores, la vida del educador es una lucha perpetua, una lucha a brazo partido con todo lo que se opone a la propagación de la verdad, para que ésta triunfe, la primera victoria debe conseguirla el educador sobre sí mismo: sin estos laureles, sin esta victoria previa, toda victoria posterior será imposible, será imposible todo triunfo decisivo. ¡Lucha bendita en que se pelea por la mas santa de las santas causas! Lucha que no arranca una sola lagrima a la humanidad, y que lejos de dejar sangrientas huellas en el campo del combate, ofrece por el contrario lozanos frutos y flores de bendición! El mundo no levanta al educador arcos de triunfos como a los conquistadores de la tierra, la pública admiración no le erige estatua, ni la fama se encarga de grabar su nombre con letras inmortales; pero en el fondo de cada pecho le levanta un altar de gratitud; y la voz de la conciencia diciéndole a cada instante: «cumpliste con tu deber», es mas grata que la fama que pregona los altos hechos en todas las regiones, y el monumento de ciencia y de virtud que dedica a la patria es más digno y apreciable que todas las conquistas. No son sin duda tan deslumbradores los trofeos de su victoria; su triunfo es más modesto, pero los más hermosos laureles, señores, no son comparables a los de ganar almas para el cielo y sectarios para la verdad.

Detengámonos, pues, a ver que circunstancias deben concurrir en todo buen maestro para qué merezca dignamente el nombre de tal, porque de ellas depende el éxito de la enseñanza. El asunto es importante en alto grado: no basta la prenda de la instrucción; si con ella no concurre la de moralidad, y al mismo tiempo no posee el maestro otras cualidades que son absolutamente indispensables. Así debe poseer uniformidad de carácter, porque donde esto falle será de todo punto imposible enseñar ni dirigir bien. Un carácter mudable no puede ser uniforme en la apreciación de los hechos que ocurren, y el profesor que lo tenga, en vano procurará hacerse respetar de sus alumnos. Así también debe estar dotado de aquella facultad especial por la cual las cosas se ven como deben verse. ¡Cuántos maestros hay perfectamente instruidos, que sin embargo cometen mil despropósitos en la apreciación de los hechos de la vida por carecer de esa cualidad indispensable! De la propia manera debe saber distinguir los diversos caracteres de los niños y de los jóvenes, porque son tan variadas las disposiciones de estos y tan diferentes la educación y trato que en sus casas reciben, que es necesario adoptar para cada uno una dirección especial. El institutor que no tiene el tino suficiente para distinguirlos y los considera a todos de la misma manera, se expone a ofender a muchos. La menor expresión de desaprobación a uno produce a veces mas efecto que la más severa reprehensión a otro: una simple palabra basta frecuentemente para que un alumno atienda, mientras que otros necesitan medios mas eficaces. Solo apreciando el carácter particular de cada alumno es como puede el institutor dirigirlos convenientemente: de lo contrario fracasarán sus mejor combinados esfuerzos.

¿Y qué se puede esperar de un maestro que no tiene energía, esto es, la fuerza suficiente para darse a respetar y para hacer cumplir en todo tiempo la regla establecida? ¿Y qué del que no posea un justo discernimiento moral? Sin esta circunstancia, sobre todo, mal podrá cumplir con sus deberes. El hombre virtuoso, aunque falto de conocimientos, puede ser feliz y proporcionar beneficios a los otros, mientras que el vicioso y corrompido, por muy sabio que sea, será tanto mas desgraciado y perjudicial cuanto mayor instrucción posea. El hombre inmoral con su aliento deletéreo todo lo mata y lo envenena, y ¡ay de los infelices a quienes se ponga bajo su dirección! Despertar el hombre a la virtud y a la verdad, comunicarle buenos principios, grabar en su corazón las más sanas máximas de moralidad, tal debe ser el fin primordial de todo educador. El que no tiene el verdadero sentimiento moral y consiente que en sus alumnos se arraiguen malos hábitos, permitiéndoles que mientan, no solo labra la infelicidad de éstos, sino que falta gravemente a los padres, a la patria y a la humanidad.

Ved, señores, por qué he dicho que la primera victoria debe conseguirla el educador sobre sí mismo, porque para poder merecer el nombre de maestro, para poder aprender las funciones de su ministerio, tiene que vencer sus pasiones, adquirir todas las cualidades que hemos enumerado, hacerse un hombre científico y la ciencia, señores, no se adquiere sino a fuerza de desvelo y de fatiga. Ved, pues, si será espinosa esta preparación, esta entrada a la vida austera del profesorado. Después será necesario que se olvide del mundo, para que el mundo no lo distraiga del cumplimiento de sus santos deberes. Sí, señores, porque el maestro no se pertenece a sí mismo; el que se dedica a la profesión de la enseñanza hace donación de su existencia, a los otros, como les hace también donación de sus conocimientos. Todos sus cuidados, todos los momentos de su vida deben ser para sus alumnos. Y no se crea que es tan solo el tiempo lo que sacrifica el maestro, sino también la libertad y el ejercicio combinado de todas sus facultades. ¡Cuán inalterable no debe ser también su paciencia! Rodeado de toda clase de niños indisciplinados unos, mal educados otros, le será forzoso bajar hasta ellos y hacerse en cierto modo niño también. A cada paso encontrara obstáculos y dificultades continuas que solo podrá vencer a fuerza de tranquila perseverancia, obstáculos que a veces suelen suscitar los mismos padres por sus preocupaciones. Experimentará contrariedades, sinsabores, y acaso al luchar con tantas dificultades, no encontrará a su lado ni apoyo ni guía, teniendo que buscar en sí propio todos los recursos, para lo cual a una instrucción sólida, como ya dijimos, debe reunir el don de enseñar, cosa rara y que no se adquiere sino con gran trabajo: a la prudencia, firmeza e indulgencia de carácter, a una vida sin mancha, al ascendiente que impone siempre a los demás hombres el arte de dirigirlos, de subordinarlos, de moralizarlos y de penetrar hasta lo más recondido del alma.

Por eso el primero de todos sus deberes debe ser el de dar buen ejemplo a sus alumnos. El ejemplo, señores, es más eficaz que las reglas mejor expuestas, que las palabras más persuasivas. Predíquese norabuena, enséñense las máximas más saludables, incúlquense buenos principios, pero únase la acción a la palabra; las palabras, por elocuentes que sean, no bastan para los fines de la educación; la infancia, aunque candorosa, es observadora. Es necesario, pues, poner ante sus ojos el cuadro de las buenas acciones, porque no hay natural, ni inclinación, ni hábito, que no ceda al irresistible poder del buen ejemplo: es necesario que los niños no solo oigan hablar de la virtud, sino también que la vean practicar. El menor descuido de parte del educador podrá ser causa de fatales resultados, porque en esa edad feliz en que el alma aún no ha sufrido extrañas influencias, germinará con igual facilidad la buena y la mala semilla, casi germinan en un terreno virgen el trigo y la cizaña. Los niños son por esencia imitadores; si les han dado buenos ejemplos, buena será su conducta. Si han visto practicar el vicio, el vicio se arraigará en ellos; si han tenido a la vista el ejemplo de la indiferencia, la indiferencia con su soplo helado helará su corazón, marchitará su sentimiento, apagará su entusiasmo; en su alma limpia como el cristal se reflejarán las acciones de los que los rodean, cual se reflejan en las aguas cristalinas de la fuente así las peñas y los abrojos como las flores de las orillas. En una palabra, el maestro debe más bien decir a sus discípulos «haced lo que hago» que «oíd lo que digo».

El sentimiento de la verdad es el primero a que debe atender todo educador, porque si bien es cierto que este sentimiento es natural al espíritu del hombre, si es verdad que se manifiesta tan pronto como viene al mundo, también lo es que, como todo sentimiento, es susceptible de cultivo, y que el abandono o negligencia suelen hacerlo perder en muchos casos. Aún más, admitida la desigualdad de las facultades de los hombres, admitido que con unos ha sido la naturaleza más pródiga que con otros, es forzoso convenir en que el sentimiento de la verdad no se manifiesta en todos con la misma vehemencia. Hay hombres que desde sus primeros años revelan su decidida afición al saber, mientras que con otros no resulta lo mismo.

Al educador toca, pues, fomentar la obra de la naturaleza y suplirla en los casos necesarios, inspirando amor a la verdad y deseo de conquistarla. Porque todo el problema de la educación, señores, se encierra en éste: en implantar este amor y este deseo en el corazón de los jóvenes, dando vigor al carácter, doblegando la voluntad a la verdad e inspirando una resolución; firme e irresistible de someterse a ella en todas las circunstancias de la vida.

Si pasamos ahora a los inconvenientes que oponen a la enseñanza los que a ella debieran cooperar, encontraremos nuevos motivos para justificar nuestro aserto. Ardua tarea sería enumerar, por someramente que fuera, los gravísimos inconvenientes con que tiene que luchar el educador: molesto es en demasía ocuparnos de los impedimentos con que tropieza, impedimentos que hacen de su profesión la más espinosa de las profesiones. Porque suponiendo en él todas las cualidades de que debe estar adornado, suponiendo en él las prendas de moralidad y de instrucción que le exigimos, encuentra aun multitud de obstáculos que le presentan tanto los mismos alumnos como los que con ellos tienen relación, obstáculos que le es muy difícil superar y que son verdaderas y punzantes espinas.

En efecto, señores, el niño viene al colegio con las impresiones de la casa. El hogar doméstico es la primera escuela de educación que encontramos al venir al mundo, los padres los primeros educadores que la naturaleza nos proporciona. «El padre que da existencia y mantiene a sus hijos —dice un autor célebre— no cumple con esto sino la tercera parte de sus deberes; él no debe limitarse como los animales a dar individuos a la especie; debe dar individuos sociables a la sociedad, ciudadanos al Estado. El que pudiendo pagar esta triple deuda no lo hace, es culpable, y más culpable acaso si la paga a medias. Quien no puede llenar los deberes de padre no tiene derecho a serlo: no hay pobreza ni trabajo ni respeto humano que le dispense de alimentar a sus hijos ni de educarlos él mismo. Podéis creerme: vaticino al que tenga entrañas y descuide tan santos deberes, que derramará lágrimas amargas por su falta y no hallará jamás consuelo». Pero nosotros no exigimos tanto como el autor del Emilio. Locura sería en efecto pretender que los padres dedicasen enteramente su existencia a la educación de sus hijos. Por otra parte, es imposible que los padres reúnan siempre los conocimientos indispensables para una completa educación, y aun cuando los reunieran, lucharíamos todavía con los muchos inconvenientes de la enseñanza privada. Mas lo que sí les exigimos es la educación moral y religiosa, base sin la cual será siempre débil y deleznable el edificio de toda educación intelectual, lo que sí les exigimos es el ejemplo constante, la práctica de las virtudes, que hagan nacer en sus hijos el amor a la verdad, que cultiven este precioso sentimiento, que dirijan su alma a todo lo que es bello y lo que es noble, que les hagan tributar culto a la belleza moral, que es la más sublime de todas las bellezas, que les hagan amar y respetar el orden, porque el orden es la primera ley de los cielos, que les hagan amar y respetar el trabajo, porque el trabajo es la primera ley de la naturaleza humana; en una palabra, que no solo atienda a su desarrollo físico, sino que pongan también las bases de su desarrollo moral e intelectual. Así tanto el cuerpo como el espíritu deben ser objeto de su tierna solicitud, porque como dijo el poeta: gratior est pulchro veniens in corpore virtus. Solo acostumbrando los niños al orden y al trabajo es como puede dirigírseles convenientemente, y calculad qué dosis de paciencia y de perseverancia necesitara el educador para suplir los efectos de la enseñanza domestica.

Otro inconveniente sobre el que se para muy poco la atención, es, el de la edad a que se envían los niños al colegio. Los padres reflexionan poco en este punto, que es sin embargo de la mayor importancia. Hay, en efecto, cierta época en la vida del hombre en que las facultades todas están, por decirlo así, más amoldables; su desarrollo, por consiguiente, es entonces mas fácil, y si se deja pasar esa época se corre el riesgo de no alcanzarlo. ¡Cuántos hay que malgastan los primeros años, y después cuando vuelven en sí tratan inútilmente de recuperar el tiempo perdido! Es preciso desengañarnos: lo que no se aprende en cierta edad no se aprende nunca, y así es necesario no desperdiciar esa oportunidad que solo se presenta una vez en el curso de la vida. El desarrollo físico y el intelectual deben guardar cierta relación. Si aquél se halla muy adelantado con respecto a éste, es muy difícil restablecer la armonía que solo podrá conseguirse por medio de procedimientos especiales.

Por la inversa, el deseo inmoderado de algunos padres de que sus hijos progresen suele ser muchas veces falta de éstos, bien porque los dediquen a ejercicios intelectuales antes de tiempo, bien porque les hagan abrazar muchos estudios a la vez. Escuchad cómo se expresaba hace muchos siglos un amigo de la humanidad. «Conozco padres que son realmente los enemigos de sus hijos. Ansiosos de verlos hacer los mas rápidos progreso y de obtener en todo una superioridad extraordinaria, los recargan de trabajos cuyo peso los abruma. De aquí resulta un desaliento que les hace odiar las ciencias. Las plantas regadas con moderación crecen fácilmente, mientras que la demasiada agua las mata. Así también el alma se nutre y se fortifica con un trabajo prudente, mientras que el exceso la abate y la aniquila». Así hablaba Plutarco hace centenares de años, y sin embargo, ¡cuántos padres hay hoy todavía a quienes convendría darles su consejo! ¡Cuantos hay que deseando ver en cada hijo suyo un pequeño sabio, solo consiguen apagar su inteligencia y sus facultades todas! Es preciso que se convenzan de que el exceso de trabajo en los primeros años conduce a la imbecilidad, porque todo exceso supone una violación de una ley y cuando se infringen las de la naturaleza, ésta hace pagar muy caro la ofensa que se le hace.

Otro inconveniente quiero apuntar, señores, y es el del cambio frecuente de colegios, porque es lo mas perjudicial para la enseñanza. Entre nosotros, sobre todo, raros son los que concluyen su educación en el mismo instituto donde la empezaron. ¿Qué resulta de aquí? Resulta que aparte del tiempo que se pierde siempre en los intermedios de estos cambios, los alumnos tienen que resentirse necesariamente de la mudanza, mientras se acostumbran a los nuevos métodos, a los nuevos sistemas, al carácter de los nuevos profesores. Si hay algo que reclama unidad y constancia es la educación, y nada mas desagradable para un institutor que el que así se interrumpa su obra a cada paso.

He aquí por qué es tan ardua la enseñanza: porque el educador, además de los impedimentos que en sí mismo encuentra, y que solo a fuerza de paciencia y de perseverancia puede vencer, tiene que luchar con los que le oponen los que debían auxiliarle, desde el niño, objeto de sus cuidados y de sus desvelos, hasta el ultimo ser que con él tenga relación. Así, la enseñanza es indudablemente un apostolado: su obra es de propaganda y el educador un verdadero apóstol: es el enviado, el Mesías de la Verdad! Que el que no sienta arder en su interior el santo fuego y no abrigue un amor profundo a la verdad, renuncie para siempre a la ardua empresa de la formación de las almas. Si al emprender la tarea de enseñar lo hace tal vez movido por miras interesadas, que abandone el puesto desde luego, pues solo con el pensamiento bastará para que profane el santo templo de la educación e injurie gravemente a la deidad que en él habita. Si lo hace acaso impulsado por la persuasión en que está de que le ofrecerá menos dificultades que otro género de trabajos a que se dedique, ha desconocido sin duda la naturaleza de sus obligaciones, se ha engañado completamente. Pero estas ilusiones se desvanecerán tan pronto como empiece sus tareas y advertirá desde luego cuan grosero fue su error, cuanto infundadas sus esperanzas. El espectáculo de una juventud cuyos ojos inocentes se dirigen hacia él en actitud de pedirle ciencia y consejos, de una juventud que viene a colocarse bajo su dirección, le dirá en lenguaje mas elocuente, que sobre él pesa una grave responsabilidad, que los padres delegan en él sus facultades, que la patria funda en él sus esperanzas. Recuerde que los niños que le entregan son seres cuyas oscuras inteligencias han de ser despertadas por él a la luz de la verdad; recuerde que son criaturas ignorantes de todo, y que él ha de ilustrarlas; que son almas sedientas de saber, que él ha de llevarlas de la mano a la fuente donde calmen su sed; recuerde que son débiles tallos, aptos para recibir cualquiera dirección que se les dé, tiernos botones que para abrirse necesitan del calor de la verdad y el soplo de la virtud, y que ese calor vivificante y ese soplo bienhechor han de venir de él; recuerde, en fin, que son hombres en miniatura, que mañana reemplazarán a los que hoy ocupan el escenario de la vida. ¡Y quién sabe si merced a sus buenos consejos se corregirán los mas pervertidos instintos, o si por su mala dirección y por su culpable apatía se perderán las mejores inclinaciones y las más nobles tendencias! ¡Quién sabe si de la banca de sus escolares sacará para ofrecerlo al mundo algún Washington o Franklin, algún Bonaparte o Newton, o si le entregará por el contrario un oprobio del género humano! En una época como la nuestra y en un siglo en que solo se reconoce la supremacía del talento y del saber, a pesar de cuanto digan los que declaman contra su mal llamado positivismo; en una época como la nuestra, digo, el carácter moral del individuo formado bajo su dirección y bajo sus auspicios es el único pasaporte para lograr una sólida reputación y para conseguir la verdadera felicidad en este mundo. Ved aquí por qué se agrava tanto la responsabilidad del educador, y ved aquí por qué, como dice Lord Brougham, no el cañón sino el institutor será en lo adelante el árbitro de los destinos del mundo.

En efecto, si se considera la influencia que el educador puede ejercer sobre sus educandos, se comprenderá más la importancia de su ministerio. Si logra captarse su amor y su afecto, su influencia puede a veces superar a las de los mismos padres, y le será fácil conseguir de ellos lo que quiera, encaminarlos por cualquier senda que escoja. Así, podrá hacer que adquieran hábitos de estudio y aplicación, o bien por su abandono será causa de su apatía e indiferencia; podrá inculcarles amor al saber y respeto a la virtud, o por su negligencia los hará indiferentes a tan santos objetos; podrá hacerlos benévolos, humanos, amantes de lo bueno y de lo bello, podrá cultivar sus afecciones sociales, o ser causa, por el contrario, de que se perviertan las más nobles tendencias de su corazón. Por eso dijo el gran Leibnitz que siempre había creído que se reformaría el género humano si se reformase la educación de la juventud, y así es la verdad, porque la juventud es la humanidad, en su estación florida, y el educador es el jardinero que ha de cuidar de mejorarla por su inteligente cultivo.

Pero nada haría el educador si no tuviese una fe profunda en la santa causa a que se consagra, si no la amase sinceramente. La fe y el amor, he aquí los dos polos de la educación, la fe que inspira el entusiasmo, que da el valor y la energía, que anima para conseguir el triunfo: el amor que hace al hombre capaz de los más heroicos sacrificios. La firme creencia de que la educación es la única garantía de felicidad para los pueblos, el amor puro y desinteresado de la verdad, para conquistar la cual hemos venido al mundo. La confianza en que con paciencia y perseverancia se asegurará el imperio de la buena causa, el amor que da firmeza a la voluntad, que hace desechar todos los peligros y vencer todas las dificultades.

Porque, ¿qué apóstol puede haber sin fe ni amor? ¿Quién que no crea en una doctrina podrá amarla, ni quién que no la ame podrá dedicarse a su propagación? Por eso he dicho que no hay apóstol sin sentir la fuerza de la verdad, porque cuando la verdad no se hace sentir con todo su poder, se expone a ser vencida por otros poderes, y cuando la fuerza de los otros poderes obra con más energía que la de la verdad, ésta palidece o se oculta, como avergonzada de su injusta derrota. El espíritu del hombre es como el punto de aplicación de muchas fuerzas contrarias, necesario es que entre ellas haya una que no solo las contrapese a todas, sino que las arrastre y las domine, y ésta debe ser la fuerza de la verdad.

Pero no basta sentir esa fuerza. ¡Cuántos hay que creen en la verdad y la aman sinceramente, y no pueden sin embargo hacer nada para su propagación! ¡Cuántos hay que ven la notoria falsedad de una doctrina, que palpan y deploran sus fatales consecuencias, y no se sienten a pesar de eso con las fuerzas para combatirla! Por eso he dicho que todo apóstol debe sentir también el impulso de propagar la verdad, y en la enseñanza, como en todo apostolado, ese impulso es indispensable. Solo así es como podrá el educador remover los obstáculos que se oponen a la realización de su obra; solo así es como podrá tener el valor y el carácter suficientes para oponerse a la mala doctrina y para predicar la verdad, solo así es como podrá echar a un lado toda humana consideración en obsequio de sus nobles y santos propósitos. Para el que siente la fuerza de la verdad y el impulso de propagarla no hay ningún miramiento que lo detenga, la verdad es por naturaleza expansiva: una vez dado el impulso ¿quién puede contenerla? ¿Quién puede evitar la salida del proyectil una vez desarrollada la fuerza de la pólvora? Así, señores, el apóstol debe unificarse con su doctrina, hasta el punto de menospreciarlo todo y de no temer ni a la muerte, si la muerte es necesaria para obtener su triunfo y su propagación. «Quiero morir por Cristo: morir por él es ganancia para mi, decía el apóstol San Pablo». Que el educador, si es preciso, muera también por la educación y la verdad, que el que muere por la educación y la verdad muere por el amor, y el que muere por el amor muere por Dios! ¿Y qué virtudes no presupone esa unificación en el apóstol de la verdad, ese sentimiento profundo de su fuerza, ese impulso incontrastable de propagarla? Supone, señores, la abnegación más completa, el desprecio de todo lo mundano, la ausencia de miras interesadas (porque nada, sea dicho de paso, más opuesto a la dignidad del magisterio que el espíritu mercantil que tan a menudo encontramos); supone una caridad ferviente, un amor puro y desinteresado, una dosis de firmeza para sostenerse en su embarazosa posición, un valor para sufrir con inalterable tranquilidad las punzantes espinas de que encuentra erizado su camino. Y todo por amor a los hombres, por conseguir su mejora, por labrar los cimientos de su felicidad futura: todo por amor a la verdad, por extender la esfera de las ciencias que elevan y enaltecen el espíritu humano. Supone una devoción en espíritu y verdad, un perfecto conocimiento de los deberes de su ministerio, supone en fin una inteligencia convenientemente ilustrada, una instrucción que le da el justo sentimiento de su dignidad y que le hace amar también la de los otros. Esta instrucción cuando es verdadera y sólida no solo sirve como medio de mejora al que la posea, sino también a los demás. La verdadera instrucción, lejos de exaltar la vanidad ni de ser jamás un objeto de ostentación, ilustra y fortalece la razón. La vanidad corrompe las mejores cosas desde el momento en que las toca, al paso que la verdadera instrucción hace al hombre modesto, porque a medida que lo introduce en los misterios de las ciencias, le hace comprender cuán vastas son éstas, cuán infinitos sus arcanos. Así dice La Bruyére que la modestia es al verdadero mérito lo que las sombras a las figuras de un cuadro. Así también el hombre científico tiene que ser por precisión eminentemente religioso, porque ¿cómo concebir la verdad sin admitir la existencia de una verdad Suprema a la cual la refiramos? La verdad es una especie de mediadora entre la Inteligencia Divina y la del hombre, «Estudiad la naturaleza, elevaos a las leyes que la rigen y que hacen de ella una verdad viva; mientras más profundicéis en esas leyes, más os acercaréis a Dios. Estudiad sobre todo la humanidad; la humanidad es más grande aún que la naturaleza, porque sabe que procede de Dios, mientras que la naturaleza lo ignora». Ved aquí el débil pensamiento de Pascal que se conoce a sí mismo y conoce al mundo, mientras que el mundo no se conoce. «Buscad la verdad y amadla, refiriéndola al Ser inmortal de quien procede: mientras más os familiaricéis con la verdad, más os familiarizaréis con Dios. Así lejos de apartar las ciencias de la religión conducen a ella. La física con sus leyes, las matemáticas con sus nociones sublimes, la filosofía sobre todo que no puede dar un paso sin tropezar con principios universales y absolutos, son otros tantos grados para subir a Dios, y por decirlo así, otros tantos templos en que se le tributa un perpetuo homenaje». Por eso he dicho que las ciencias son ríos que nos llevan al mar insondable de la divinidad.

He apuntado, señores, ligeramente las cualidades que debe tener todo buen educador, he indicado sus deberes y lo espinoso de su cargo. No extrañéis que insista siempre en lo mismo, que llame sin cesar vuestra atención hacia un asunto de importancia tan capital. Hay cosas, dice Sócrates, que nadie sabe precisamente porque todos creen saberlas. Enseñemos, pues, esas cosas, que de su enseñanza se han de reportar beneficios inmensos. Por eso en estas noches en que un lazo de fraternidad une nuestros corazones, en estas noches de efusión y sentimiento en que después de haberos presentado el fruto de nuestras tareas, venís aquí a exigirme que os hable, satisfago vuestra exigencia, que la costumbre ha convertido para mí en deuda obligatoria, y procuro hacerla provechosa. Porque si el estado de una inutilidad casi absoluta a que me han reducido mis males, apenas me permite dedicarme a vosotros cual quisiera; si engañado siempre en la esperanza de ver lucir para mí la aurora de un mejor día, solo consigo añadir hora tras hora un eslabón más a la cadena de mis padecimientos, y si esos padecimientos agotando por instantes la energía y fuerza vitales, me van insensiblemente arrebatando del mundo, hay dentro de mí algo que no se me puede arrebatar, algo que es mi misma sustancia, algo que es condición de mi existencia, y es el culto ferviente de la verdad! Mientras más viejo, más espartano —he dicho a veces en conversación con mis amigos— mientras más viejo, más amante de la verdad, más ardiente en desear su triunfo, más fervoroso en propagarla! Por eso os hablo siempre sin rebozo, por eso os digo la verdad con desenfado, y aprovecho toda oportunidad que se me presenta de dirigiros alguna palabra edificante. Que, como ya otra vez os dije, por mis aspiraciones y mis deseos soy hombre del porvenir, y la aspiración más ardiente de mi pecho es hacer lo más fecunda posible mi existencia, contribuyendo con mi pequeño óbolo a la gran obra de la felicidad futura de nuestra patria.

Y a propósito, recuerdo que entre los temas propuestos por el Liceo de Matanzas para los juegos florales que tendrán lugar el año entrante en el citado Instituto, hay uno en que se propone la cuestión de si nuestra Isla es rica e ilustrada. Prescindiendo de si es o no lo primero, yo veo por donde quiera tristísimos signos de lo segundo, veo donde quiera deplorables síntomas de su falta de ilustración, y uno de esos síntomas lo encuentro en el hecho desconsolador, pero verdadero, de que entre nosotros no existe la fuerza de esa hija predilecta del Altísimo. Nuestra Isla no es ilustrada porque en ella no se ha elevado todavía el profesorado a la altura que le corresponde, porque el magisterio no es en ella una profesión. Salgamos del hogar doméstico, aunque hartos motivos tendríamos para penetrar en él y señalar a los padres circunstancias en que no reflexionan, y que son también evidentes señales de falta de ilustración, entremos en los institutos, y averigüemos si los profesores tienen, generalmente hablando, perfecta conciencia de su misión, indaguemos si la opinión pública respeta y considera el magisterio como su dignidad lo exige, veamos si la ciencia es el patrimonio de las masas, si se le rinde un culto fervoroso. La investigación será penosa y desfavorable, porque para buscar la ilustración es necesario que huyamos de los centros de población, o que prescindamos en ellos de ciertos círculos pobres y reducidos; ni los círculos literarios podrán darnos jamás idea del adelanto de un país; ese adelanto debemos buscarlo en lo que se llama pueblo, y el pueblo de Cuba, señores, esta por desgracia en un estado de lamentable atraso.

Solo cuando entre nosotros exista esa armonía que tanto he predicado, solo cuando marchen de consuno los tres factores de la educación, es cuando podremos tener justos motivos para preciarnos de ilustrados. Tristissimus hoec scribo, decía un antiguo a un amigo suyo, y yo también al desplegar mis labios para decir estas verdades, lo hago con la más profunda tristeza, y lo hago, como ya otra vez os he dicho, no porque tenga hiel en el corazón, sino porque solo señalando los males es como pueden prescribirse los remedios para curarlos con mayores probabilidades de buen éxito. Dios ha hecho curables a las naciones, sanabiles fecit nationes orbia terrarum: tengamos, pues, la fe más profunda en la eficacia de esa panacea de los males de los pueblos, la educación. Los pueblos, señores, necesitan hombres, y la educación es quien ha de dárselos. «¡Gran Dios! —decía Napoleón en Italia— he buscado hombres en este país, y he podido encontrar tan solo dos: Dandolo y Melgi!» Procuremos que no haya tal carestía entre nosotros, y para ello eduquemos bien a nuestros hijos, inspirémosles virtudes sociales, pacifiquemos sin cesar el ambiente de nuestros hogares. Solo así lograremos dar hombres a la patria que la ilustren y la hagan feliz, solo así cumpliremos con el deber que todo hombre tiene de contribuir con su parte a la obra del progreso, porque el progreso es un caudaloso río que, pobre y mezquino en su origen, ha ido aumentando con el transcurso de los siglos, y a cuya corriente debe contribuir todo el que forma parte de la humanidad para que desemboque fuerte e impetuoso en el océano infinito de la Verdad Suprema. Aprovechemos los dones con que a la Providencia Divina plugo favorecernos, no dejemos perder las bellas dotes que revela nuestra juventud. «Acaso —decía un gran poeta en el cementerio de un pueblo—, acaso descansa aquí un corazón animado en otro tiempo de celeste llama, acaso hay allí manos dignas de sostener un cetro o de despertar las armonías sublimes de la lira. Pero la ciencia no ha desarrollado jamás en su presencia esas grandes páginas enriquecidas con los despojos del tiempo, la fría miseria reprimía sus nobles impulsos, y helaba en su alma las inspiraciones del genio. ¡Cuántas piedras preciosas del más puro brillo están perdidas en los abismos del océano! ¡Cuántas encantadoras flores abren su cáliz, ostentan sus bellos matices y prodigan sus perfumes a las brisas del desierto». Abramos, pues, el libro de la ciencia, e inspiremos a la patria toda el ansia profunda de devorar sus páginas, que si lo conseguimos, al tender entonces la vista por nuestro alrededor, encontraremos por dondequiera motivos de complacencia, y al discurrir por los cementerios lloramos acaso la pérdida de algún amigo, de alguna persona querida, de alguna gloria de la patria, no diremos entonces como el poeta ingles: «prodigó sus perfumes a las brisas del desierto»; diremos solo: pasó, pero al pasar hizo fecunda su existencia, se marchitó la flor, pero dejó su perfume en la copa de la civilización! ¡Ah! si algún día llegamos a alcanzar esa era de felicidad que tanto anhelo, si proscritos de nuestra tierra el vicio y la ignorancia, logramos ver la ciencia entronizada, solo a la educación seremos deudores de esa bendición del cielo. Y si entonces en el entusiasmo de la gratitud y del reconocimiento, algún tierno recuerdo despertara la memoria de mis amorosos consejos y de los débiles esfuerzos de mi celo, de este celo ardiente que sin cesar me consume, entonces —os diré con Jovellanos—, entonces mis yertas cenizas estarán todavía con vosotros, y desde el fondo del sepulcro donde ya mis males me habrán precipitado, todavía ira mi espíritu a importunaros y a predicaros que estudiéis la ciencia con ardor, que la améis profundamente, que os esforcéis por conquistar y difundir la verdad, y que consagréis toda vuestra aplicación, todo vuestro celo, toda vuestra sabiduría al bien de la patria y al consuelo de la humanidad! 16 de diciembre de 1861.

Libros a la carta

A la carta es un servicio especializado para
empresas,
librerías,
bibliotecas,
editoriales
y centros de enseñanza;
y permite confeccionar libros que, por su formato y concepción, sirven a los propósitos más específicos de estas instituciones.

Las empresas nos encargan ediciones personalizadas para marketing editorial o para regalos institucionales. Y los interesados solicitan, a título personal, ediciones antiguas, o no disponibles en el mercado; y las acompañan con notas y comentarios críticos.

Las ediciones tienen como apoyo un libro de estilo con todo tipo de referencias sobre los criterios de tratamiento tipográfico aplicados a nuestros libros que puede ser consultado en Linkgua-ediciones.com.

Linkgua edita por encargo diferentes versiones de una misma obra con distintos tratamientos ortotipográficos (actualizaciones de carácter divulgativo de un clásico, o versiones estrictamente fieles a la edición original de referencia).

Este servicio de ediciones a la carta le permitirá, si usted se dedica a la enseñanza, tener una forma de hacer pública su interpretación de un texto y, sobre una versión digitalizada «base», usted podrá introducir interpretaciones del texto fuente. Es un tópico que los profesores denuncien en clase los desmanes de una edición, o vayan comentando errores de interpretación de un texto y esta es una solución útil a esa necesidad del mundo académico.

Asimismo publicamos de manera sistemática, en un mismo catálogo, tesis doctorales y actas de congresos académicos, que son distribuidas a través de nuestra Web.

El servicio de «libros a la carta» funciona de dos formas.

1. Tenemos un fondo de libros digitalizados que usted puede personalizar en tiradas de al menos cinco ejemplares. Estas personalizaciones pueden

ser de todo tipo: añadir notas de clase para uso de un grupo de estudiantes, introducir logos corporativos para uso con fines de marketing empresarial, etc. etc.

2. Buscamos libros descatalogados de otras editoriales y los reeditamos en tiradas cortas a petición de un cliente.